러브 유어셀프

지은이 **크리스틴 네프**   옮긴이 **서광스님 · 이경욱**

러브 유어셀프

Love Yourself

세상에 오직 하나뿐인
나를 사랑하라

\

'흔들리는 삶에게 드리는 따뜻한 위로'

세상의 흔들림에 우리는 마음의 멀미를 앓곤 합니다. 불쑥 나타난 아픔과 상처를 털어 버리고 다시 길을 나서는 것이 쉽지 않습니다. 가슴속에 켜켜이 쌓인 아픔은 우리를 그저 누군가의 배경으로 살도록 방치하면서 끊임없이 타인들의 언어로 우리의 삶을 번역하도록 내버려 둡니다.

다시 내가 나를 사랑할 수는 없을까요?

'나의 사랑을 배반한 것은 나'입니다. 주인 없이 살아온 나에게 다시 돌아가세요.

'나를 사랑하는 것'은 인생의 씨앗입니다. 썩지 않고 무너지지 않는 인생의 중심입니다. 씨앗이 있는 사람은 다시 일어날 수 있습니다. '너'가 아닌 '나'를 진심으로 아끼고 친절히 대하며 존중할 때 삶은 넉넉히 무르익게 됩니다.

흔들리지 않는 삶은 없습니다. 이 책을 번역하면서 이런 상상을 해 봅니다.

우리 모두가 자기연민을 통해, 내 자신을 사랑할 수 있는 '마음의 씨앗'을 심고, 그 씨앗이 잘 피어나도록 정성스럽게 가꾸며, 어디선가 불어오는 바람에 온몸이 흔들리더라도 단단히 붙잡아 줄 건강한 마음의 뿌리가 생겨나는 것을요.

이 책은 특히 자녀교육이나 자녀와의 관계에서 어려움을 겪는 모든 부모님들과 심리상담가, 복지사 등 누군가를 돌보는 모든 이들이 꼭 읽어 보시길 권합니다. 또 Mindful Self-Compassion 프로그램 지도자분들은 반드시 읽어야 할 필독서입니다. 이 책을 권하는 4가지 이유는 다음과 같습니다.

우선 이 책의 저자 크리스틴 네프는 심리학교수로서 자신의 전문적 학문적 기반을 바탕으로 자기연민과 마음챙김 수행이 어떤 기제와 작용을 통해서 우리 삶의 정신적 사회적 인간관계, 영적 성숙과 발달에 도움을 주는지 뇌과학을 비롯한 다양하고 풍부한 실험과 연구결과들을 통해 이해하기 쉽게 잘 설명해 주고 있습니다.

두 번째, 크리스 거머와 함께 Mindful Self-Compassion(MSC) 프로그램을 공동으로 계발하고 전 세계적으로 천 명의 MSC명상 지도자를 배출한 저자는 이 책을 통해서 마음챙김과 자기연민 수행을 일상의 삶에서 매우 실질적이고 실용적으로 사용할 수 있도록 다양한 명상기법들을 소개하고 누구나 따라 할 수 있도록 안내해 주고 있습니다.

세 번째, 저자는 자폐아 아들을 둔 엄마로서 절망과 고통, 불행을 자기연민과 마음챙김을 통해 어떻게 행복과 기쁨으로 승화시켰는지와 있는 그대로의 조건을 수용하고 날마다 새롭게 성장할 수 있었는지 생생하게 서술하고 있습니다.

네 번째, 심리학자로서가 아니라 아동기 트라우마를 경험한 한 여성으로서 남편과의 관계, 외도 등 인생의 실패감, 수치심, 죄책감 등을 진솔하게 고백하면서 자기연민과 마음챙김 수행이 어떻게 그러한 위기들을 극복하게 해 주었는지 설명해 줄 뿐만 아니라 자기연민과 마음챙김 수행을 친절하고 알기 쉽게 설명해 주고 있습니다.

그러므로 자신을 사랑하는 법을 배우고 싶은 모든 분들 그리고 Mindful Self-Compassion명상프로그램에 관심을 둔 사람들, 또는 명상을 지도하는 사람들, 아이들 교육으로 힘들어하는 모든 부모님들, 아동기 때의 상처로 힘들어하는 모든 성인들, 누군가를 위해 봉사하며 누군가를 돌보고 있는 모든 분들에게 이 책을 권합니다. 이 책에는 이런저런 삶의 문제들로 흔들리고 아파하는 모든 이들을 위로해 줄 마음의 해법이 담겨 있습니다.

2019년 가을
따뜻한 공명으로 서광, 이경욱

러브 유어셀프

"자신의 약점을 인정할 수 없다면 어떻게 성장할 수 있을까? 자신의 결점을 모른척 하거나 자신이 겪는 힘겨움이 다른 누군가의 잘못이라고 믿을 때 일시적으로는 기분이 좋을 수도 있다. 그러나 길게 보면 결국 침체와 갈등이 계속 반복되는 상황 속에서 갇혀 자신을 해칠 뿐이다."

차례

2부

자기연민의 핵심 요소

3 자신에게 친절하기

4 우리는 모두 함께다

3부

자기연민의 혜택

7 자존감 게임에 관여하지 않기

8 동기와 개인적 성장

4부

다른 사람과의 관계에서 자기연민

5부

자기연민의 즐거움

"우리 자신에게 연민을 보내면 부정적으로 단단히 매듭지어진 자기판단이
풀어지면서 평화롭고 연결된 정서로 자기를 수용하게 된다. 석탄 사이에서
빛나는 다이어몬드가 나오는 것처럼."

1부

왜 자기연민인가?

자기연민 발견하기

믿을 수 없을 만큼 경쟁적인 우리 사회에서 과연 얼마나 많은 사람들이 진심으로 자기 자신에 대해 긍정적으로 느끼고 있을까? 자신의 가치를 느끼기 위해 자기가 특별하다거나 평균 이상이라고 생각함으로써 자신이 가치 있다고 느끼는 것은 한순간일 뿐이다. 반면에 다른 사람들보다 못하다는 느낌은 실패처럼 여겨진다. 나는 대학교 1학년 때 파티에 가려고 몇 시간 동안이나 준비하고 나서 남자친구에게 머리 모양이니 화장이니 옷이 다 엉망이라고 불평한 적이 있다. 남자친구는 나를 안심시키려고 노력했다.

"걱정 마. 보기 좋아."

"좋다고? 맞아. 나는 항상 좋게 보이기를 원했어."

특별하게 보이고 싶은 갈망은 이해할 수 있다. 문제는 특별함

러브 유어셀프

이 무엇이냐 하는 정의에 있다. 모든 사람이 동시에 평균 이상이 되는 것은 불가능하다.

우리가 뛰어날 수 있는 방법은 더러 있지만, 항상 더 똑똑하고 더 예쁘고 더 성공한 사람들이 있기 마련이다. 우리는 이러한 상황에 어떻게 대처하는가? 잘 대응하지 못한다. 우리는 자신을 긍정적으로 보기 위해 자아를 부풀리고 다른 사람들을 깎아내린다. 그렇게 비교해서 기분이 좋아질 수는 있다. 그러나 그런 전략에는 대가가 따른다. 완전한 잠재력을 실현하는 데 도리어 방해가 되기 때문이다.

왜곡하는 거울

만약 내가 다른 사람보다 더 잘났다는 자신감과 긍정적인 느낌을 가져야만 한다면 나 자신과 타인을 진실하게 바라볼 수 있을까? 내가 회사에서 힘든 하루를 보내고 그날 저녁 늦게 들어온 남편에게 투덜대며 짜증을 냈다고 하자. (물론 순전히 가정이다.) 만약 자기 이미지를 긍정적으로 만드는 데 상당히 신경쓰고 자신을 부정적으로 보는 위험 부담을 원치 않는 사람이라면 부부 사이에 있는 어떠한 갈등도 자신의 잘못이 아니라 남편의 잘못으로 보이게 하기 위해 사건을 왜곡되게 해석하려고 할 것이다.

"어? 당신 왔어? 내가 부탁한 식료품 사왔어?"

"나 지금 막 문 열고 들어왔잖아. '어서 와. 당신 왔어? 오늘 어땠어?' 이렇게 좀 말해주면 안 돼?"

"그러게. 매번 잊어버리지만 않는다면 내가 잔소리할 필요도 없겠지."

"알았다. 알았어. 나 식료품 사왔거든."

"오… 그래. 맨날 잊어버리더니 오늘은 예외네. 나는 당신이 좀 믿을 만한 사람이면 좋겠어."

이것은 행복해지기 위한 올바른 레시피가 아니다. 그렇다면 우리가 선을 넘거나 예의 없고 참을성 없이 행동할 때 왜 그것을 인정하기가 어려울까? 우리 자아는 우리의 결점과 단점을 누군가에게 투사할 때 훨씬 더 기분 좋게 느끼기 때문이다. '당신 잘못이지 내 잘못은 아니야.' 이런 단순한 관계 역학에서 나오는 모든 논쟁과 싸움에 대해 한번 생각해보자. 사람들은 마치 자신의 온 인생이 달린 것처럼 자신의 행위를 정당화하면서 상대방의 잘못된 말과 행동을 비난한다. 그러나 마음 깊은 곳에서는 탱고를 추려면 두 사람이 필요하다는 사실을 알고 있다. 우리는 얼마나 많은 시간을 이렇게 낭비하고 있을까? 솔직하게 고백하고 정정당당하게 행동하는 것이 훨씬 더 낫지 않을까?

하지만 변화는 말처럼 쉽지가 않다. 우리가 스스로를 분명하게 바라보지 않고서는 다른 사람들과 문제를 일으키거나 자신의 잠재력에 완전하게 도달하는 것을 방해하는 모습들을 알아차릴 수 없다.

자신의 약점을 인정할 수 없다면 어떻게 성장할 수 있을까? 자신의 결점을 모른 척하거나 자신이 겪는 힘겨움이 다른 누군가의 잘못이라고 믿을 때 일시적으로는 기분이 좋을 수도 있다. 그러나 길게 보면 결국 침체와 갈등이 계속 반복되는 상황 속에 갇혀 자신을 해칠 뿐이다.

자기판단의 대가

긍정적인 자기평가라는 욕구를 계속 채우려는 것은 자신에게 사탕을 잔뜩 먹이는 것과 같다. 잠깐 동안 당이 높아졌다가 급격히 떨어져버리는 것과 같은 이치다. 그후에는 자신의 문제를 항상 다른 누군가의 탓으로만 돌릴 수 없다는 사실을 깨닫고 좌절하게 된다. 우리는 항상 특별할 수도, 평균 이상이라고 느낄 수도 없다. 그것은 종종 파괴적인 결과를 낳는다. 우리는 거울을 보면서 거울 속의 모습(당신은 안 그러겠지만)을 좋아하는 대신 부끄러움이나 부족함을 본다. 우리 대부분은 자신의 어떤 결점이나 단점들을 인정하는 순간 믿을 수 없을 만큼 스스로에게 혹독해진다. 자신의 결점이나 단점을 인정하게 될 때, "나는 별로야. 나는 쓸모없어" 같은 가혹한 비난과 맞닥뜨리게 되기 때문에 우리가 자신에게 진실을 숨기는 일은 어쩌면 당연한지도 모르겠다.

자신을 속이기 힘든 경우에―예를 들어, 잡지 모델들과 자기 몸무게를 비교한다거나 성공한 부자와 자신의 통장을 비교할 때―우리는 믿을 수 없을 만큼 감정적으로 고통을 느낀다. 자신에 대한 믿음이 사라지고 자신이 가진 잠재력을 의심하기 시작한다. 그리고 희망이 없어진다. 이런 안타까운 상태에서는 자연히 낙오자에 불과한 자신을 더 많이 비난하게 되고 점점 더 나락으로 떨어지게 된다.

아무리 우리가 전열을 가다듬는다 할지라도 '만족한' 상태에 도달하는 골대는 항상 우리 손이 미치지 않는 곳에 있는 것처럼 보인다. 우리는 똑똑하고 건강하고 패션 감각도 있고 재미있고 성공하고 섹시해야 한다. 게다가 영적이기까지 해야 한다. 그리고 우리가 이 모든 것을 아무리 잘한다 해도 항상 다른 사람들이 더 잘하는 것처럼 보인다.

이런 식으로 생각하게 되면 정신이 번쩍 드는 결말을 만나게 되고 만다. 수백만의 사람이 일상을 살아가기 위해 매일 약을 복용한다. 불안, 걱정, 우울이 믿을 수 없을 만큼 우리 사회에 만연해 있고, 이런 증상은 대개 인생이라는 과정에서 우리가 실패했다고 느낄 때 자기를 비난하고 자신을 몰아세우는 과정에서 발생한다.

또 다른 방법

그렇다면 어떻게 해야 할까? **자신을 비난하고 판단하기를 모두 멈춰야 한다.** 스스로에게 '훌륭한' 또는 '형편없는'이라는 딱지 붙이기를 멈추고 열린 마음으로 자신을 수용해야 한다. 좋아하는 친구 혹은 심지어 처음 보는 사람에게도 보여주는 친절과 돌봄, 연민을 우리 자신에게 베풀어야 한다. 하지만 우리는 그 누구보다도 우리 자신을 가장 혹독하게 대한다.

자기연민self-compassion에 대한 개념을 접하고 난 후 내 인생은 단숨에 변했다. 그때 나는 UC 버클리에서 인간발달Human Development 박사 과정 마지막 해를 보내면서 논문을 손보고 있었다. 첫 결혼이 실패로 끝나 아주 힘든 시기를 보내고 있었고 내 안에는 수치심과 자기혐오가 가득 차 있었다.

나는 지역 사찰에서 운영하는 명상 프로그램에 참여해 도움을 받고자 했다. 로스앤젤레스 외곽에서 아무런 편견이 없는 어머니에게서 자란 나는 어릴 적부터 동양 영성에 많은 관심을 가지고 있었다. 하지만 진지하게 명상을 생각해본 적은 없었다. 또한 동양사상을 접하게 된 것도 캘리포니아 지역의 뉴에이지 영향을 더 많이 받은 것일 뿐, 불교철학을 검증해본 적은 없었다. 그러나 나는 샤론 샐즈버그Sharon Salzberg의 고전《행복을 위한 혁명적 기술, 자애》를 읽고 완전히 달라졌다.

나는 연민의 중요성에 대한 불교의 많은 가르침에 대해 알고 있었다. 하지만 타인에 대한 연민만큼 '자신에 대한 연민'도 중요하다는 것은 생각해본 적이 없었다. 불교의 관점에서 봤을 때 당신이 다른 사람들을 진정으로 보살필 수 있으려면 먼저 당신 자신을 보살펴야만 한다.

만약 다른 사람들에게 친절하려고 노력하면서 자신을 계속 비난하고 비판한다면 스스로에게 고립감만을 가져오는 인위적인 차별과 경계를 만들어낼 뿐이다. 이것은 어떤 전통에서든 영적인 여정의 궁극적 목표인 일체성, 상호연결성, 우주적 사랑과는 반대되는 것이다.

매주 불교 소모임에 함께 참여한 나의 새 약혼자 루퍼트와 이야기를 나누고 나서 놀라움에 고개를 좌우로 흔들었던 일이 기억난다.

"일을 그르치거나 정말로 힘든 시기를 겪을 때 자신에게 친절하고 스스로에게 연민을 가져야 한다고 하는데 잘 모르겠어요…. 스스로에게 연민을 품고 친절하게 대한다는 것은 좀 이기적이고 어떻게 보면 게을러 보이는 것이 아닐까요?"

나는 이 개념을 이해하는 데 시간이 걸렸다. 하지만 자기비난은 자신에게 전혀 도움이 되지 않고 객관적으로 상황을 더 악화시킨다는 것을 조금씩 깨닫게 되었다. 매번 나 자신을 몰아세우는 것으로는 나를 더 나은 사람으로 만들 수 없었다. 오히려 자신을 부족하고 불안정하다고 느끼게 만들었고, 그런 다음 그 좌절감을 가장 가까운 사람들에게 터뜨렸다. 무엇보다 나는 진실을 받아들일 때 뒤따라올 수 있는 자기혐오가 두려워서 많은 것을 인정하지 않았다.

결국 루퍼트와 내가 배운 것은 서로에게 의지하며 관계를 통해 충족시켰던 사랑, 수용, 안전함을 스스로에게도 직접 줄 수 있다는 사실이었다. 그리고 이것은 우리가 서로에게 줄 수 있는 무언가가 우리 안에 훨씬 더 많이 있음을 의미했다. 우리 둘은 자기연민이라는 개념에 매우 감동 받아 그해 결혼식에서 "무엇보다 가장 먼저 나는 당신이 성장하고 행복할 수 있게 자신에 대한 연민을 갖도록 도움을 줄 것을 약속합니다"라고 말했다.

박사 학위를 받은 후 나는 2년 동안 자존감 연구 분야에서 선구적인 학자와 함께 박사후 과정을 마쳤다. 나는 사람들이 어떻게 자존감을 결정하는지에 대해 좀 더 알고 싶었다. 나는 심리학 분야가 정신 건강의 궁극적인 지표로서 자존감에 대해 애정을 쏟지 않는다는 것을 바로 알아차렸다. 수많은 논문이 자존감의 중요성에 대해 강조해왔지만 이제 연구자들은 사람들이 높은 자존감을 성취하고 유지하려고 할 때 빠질 수 있는 함정들을 지적하기 시작했다. 나르시시즘, 자아도취, 자기 독선적 분노, 편견, 차별 등이 그것이다. 나는 자존감을 끊임없이 추구함으로써 생기는 부작용에 대한 완벽한 대안이 자기연민이라는 사실을 깨달았다. 자기연민은 자존감과 마찬가지로 가혹한 자기비난으로부터 스스로를 보호해주지만 우리 자신을 남들보다 더 낫다거나 완벽하다고 볼 필요가 없기 때문이다. 자기연민은 높은 자존감과 동일한 이로움을 주면서도 자존감과는 달리 결점이 없다.

오스틴 텍사스 대학교 조교수 자리를 얻었을 때 나는 어느 정도 적응을 하고 나면 곧장 자기연민에 관한 연구를 하기로 마음먹었다. 아직 어느 누구도 자기연민에 대해서 연구는 고사하고 학문적인 관점으로 정의조차 하지 않았던 상황이었다. 나는 이것이 내 인생의 작업이 되리라는 것을 직감했다.

그렇다면 자기연민이란 무엇인가? 정확히 무엇을 의미하는가? 자기연민을 설명하기 위해서는 좀 더 익숙한 경험인 타자에 대한 연민부터 설명하는 것이 가장 좋은 방법이다. 연민이란 결국 우리 자신을 향하는 것이나 다른 사람을 향하는 것이나 똑같기 때문이다.

타인을 위한 **연민**

상상해보자. 출근길 혼잡한 도로에 한 노숙자가 갑자기 나타나 자동차 앞 유리를 닦아준 대가로 돈을 요구하고 있다. 그는 막무가내로 유리창을 닦으려 한다. 당신은 속으로 생각한다. 저 사람 **때문에 신호를 놓쳐서 회사에 늦을 거야. 그는 술이나 마약 때문에 돈을 원하는 거야. 그냥 모른 척하면 되겠지?** 하지만 그는 당신을 그냥 내버려두지 않는다. 당신은 차 안에 앉아 그가 창문을 닦는 동안 그에게 돈을 던져주지 않으면 죄책감이 들 것이고 돈을 주면 분한 마음이 들 것이라고 생각하면서 그를 미워한다.

그런데 어느 날 마치 벼락을 세게 맞은 것 같은 일이 당신에게 일어난다. 당신은 똑같은 장소와 시간, 똑같은 신호, 똑같은 출근길 교통 체증에 걸려 있고 그 노숙자는 여느 때처럼 양동이와 고무 롤러를 가지고 당신 앞에 서 있다. 하지만 당신은 무슨 이유에서인지 그를 단지 귀찮은 존재가 아닌 **한 인간**으로 보게 된다. 그리고 당신은 그의 고통을 알아차리게 된다.

저 사람은 어떻게 먹고 살아가나? 사람들은 그에게 저리 가라고 손짓하겠지. 이 도로 위 차량들 사이에 있으면서 하루 종일 매연

을 들이마시고 돈도 많이 벌지 못하겠지. 적어도 그는 돈을 받은 대가로 뭔가를 해주려고 애쓰고 있다. 자기 때문에 항상 사람들이 짜증을 낸다는 사실은 정말로 힘겨운 일이다. 나는 **그가 왜 그런 일을 하면서 사는지 궁금하다. 어떻게 그는 이 도로 위로 나오게 되었을까?**

그를 고통을 겪는 한 인간으로 보는 순간 당신의 마음은 그와 연결된다. 그를 무시하는 대신 그의 삶이 얼마나 힘들까 걱정하는 자신을 발견하게 된다. 당신은 그의 고통으로 인해 마음이 움직이고 어떤 식으로든 그를 돕고자 하는 마음이 생긴다. 만약 당신이 느낀 것이 단지 동정이 아닌 진정한 연민이라면 당신은 마음속으로 이렇게 말한다. **신의 은총이 없었다면 나도 저렇게 되었을 것이다. 내가 다른 환경에서 태어났거나 불운했더라면 나 또한 저렇게 생존하기 위해 힘들게 애쓰고 있었을 텐데. 우리 모두는 취약한 존재인 것을.**

물론 결국에는 덥수룩한 수염에 누더기를 걸친 불쾌한 그 사람을 무시하는 것으로 끝을 맺으면서 당신의 가슴을 완전히 굳어버리게 할 수도 있다. 대부분의 사람이 그렇게 한다. 하지만 그렇게 한다고 해서 우리가 행복해지는 것은 아니다. 스트레스를 해소하는 데 도움이 되지도 않는다. 자기 내면에 있는 두려움을 직면하도록 도와주지도 않는다. 오히려 노숙자보다 더 낫다고 생각하는 그 굳어진 마음이 상황을 더 안 좋게 만든다.

하지만 당신이 마음의 문을 닫지 않고 그 노숙자의 불운에 진정으로 연민을 느낀다고 해보자. 어떤 느낌이 드는가? 훨씬 좋은 기분이 든다. 당신의 마음이 열릴 때 그것은 경이로움 그 자체다. 당신은 즉시 더 깊은 연결감, 살아 있음, 현존을 느낀다. 자, 이제는 그 남자가 돈은 원하면서도 창문은 닦을 생각이 없다고 해보자. 그가 술이나 마약을 사기 위해 돈을 구걸하고 있는 거라면? 당신은 그래도 여전히 그에게 연민을 느껴야 하나? 물론이다. 당신은 그를 집으로 초대해야 하는 것도 아니고 심지어 돈을 줄 필요도 없다. 당신이 뭔가 주고 싶다면 돈 대신 친절한 미소나 샌드위치를 줄 수도 있지 않은가. 그럼에도 불구하고 여전히 그는 연민을 받을 자격이 있다. 그건 우리 모두 마찬가지다.

연민은 아무 죄 없는 피해자뿐만 아니라 실패나 개인적인 약점, 잘못된 결정으로 인해 고통받는 사람에게도 의미가 있다. 당신과 내가 매일 그렇듯이.

연민은 고통을 인정하고 고통을 명확하게 바라보는 것이다. 또한 고통받고 있는 사람의 상황이 나아지도록 도와주고자 하는 열망이 일어나게 한다. 마지막으로 연민은 인간이라면 누구나 결점과 연약함을 가지고 있다는 사실을 인식하는 것이다.

우리 자신을 위한 **연민**

자기연민의 의미도 똑같다. 자신의 고통을 인정하려면 일단 멈춰야 한다. 고통이 존재한다는 것을 인정하지 않으면 자신의 고통에 주의를 기울일 수가 없다. 때로는 우리가 고통 안에 있다는 사실이 너무 확실해서 아무런 생각을 할 수 없을 때도 있다. 하지만 우리가 생각하는 것 이상으로 우리는 자신이 아파하고 있는 순간을 알아차리지 못하는 경우가 많다.

서양 문화에는 '불굴의 정신' 전통이 있다. 불평해서는 안 되고 단지 앞으로 **계속 나아가야 한다**고 배운다. 우리는 힘들 때나 스트레스 상황에 놓였을 때 한 발 뒤로 물러나 그 순간 그것이 우리에게 얼마나 힘든지 인식하는 시간을 갖지 않는다.

게다가 그 고통이 자기비난으로 인해 생긴 것이라면—만일 당신이 누군가를 잘못 대했거나 아니면 파티에서 바보 같은 말을 해서 당신 자신에게 화가 났다면—그것을 고통의 순간으로 알아차리기가 더욱 어렵다.

오랫동안 보지 못했던 친구가 배가 나온 것을 보며, "임신했니?" 라고 물었는데 그녀가 "어… 아니, 요즘 살이 좀 쪘어"라고 대답했고 나는 얼굴이 홍당무가 되어 말했다. "아….."

우리는 보통 이런 순간을 연민 어린 반응을 해야 할 정도의 고통으로 인식하지는 않는다. 내가 일을 망쳤지만 그렇다고 내가 벌을 받아야 하는 것은 아니다. 당신의 친구나 가족이 일을 망쳤을 때 당신은 그들에게 벌을 주는가? 때로는 그럴 수도 있다. 하지만 그렇게 한다고 기분이 좋아지는가?

모든 사람은 이런저런 실수를 한다. 그것이 인생이다. 그렇다면 당신이 왜 무언가 다른 것을 기대해야 하는가? 당신이 태어나기 전에 당신은 완벽해야 하며 당신 삶은 당신이 원하는 방식대로 반드시 흘러가야 한다고 맹세하면서 사인한 계약서가 어디에 있는가? 음, 실례합니다. 뭔가 실수가 있는 게 분명하네요. '내가 죽는 그날까지 모든 일이 물 흐르듯이 순조롭게 흘러갈 것이다'에 사인했어요. 관리부와 통화할 수 있을까요? 터무니없는 것처럼보이지만 우리 중 대부분은 살면서 실패하거나 예상치 못한 시기를 겪을 때 무언가 완전히 엉망이 된 것처럼 행동한다.

독립심과 개인적 성공에 가치를 두는 삶의 문화가 가진 단점은 우리가 이상적인 목표에 도달하지 못하면 비난받을 사람은 오직 나 자신이라고 느끼게 한다는 것이다. 그리고 실수를 하면 우리는 연민을 받을 자격이 없다고 생각한다. 그렇지 않은가? 하지만 **우리 모두**는 진정으로 연민을 받을 가치가 있다. 이 지구상에서 의식을 가지고 인생을 살아가야 하는 인간이라는 바로 그 사실만으로도 우리는 소중한 존재이고 보살핌을 받을 자격이 충분히 있다. 달라이 라마는 "인간은 본능적으로 행복을 원하고 고통은 원하지 않는다. 그런 마음에서 모든 사람은 행복을 추구하고 고통을 없애려고 한다. 그리고 모든 사람은 그렇게 할 권리를 가지고 있다.…근본적으로 진정한 인간의 가치라는 관점에서 보면 우리 모두는 똑같다"라고 말했다.

이러한 가치는 미국 독립선언문에 영감을 준 정서이기도 하다. "우리는 다음의 진리를 자명한 것으로 생각한다. 모든 사람은 평등하게 태어났고 조물주에 의해 몇몇 양도할 수 없는 권리를 부여받았으며 그 권리 중에는 생명과 자유와 행복 추구가 있다." 우리는 연민이라는 권리를 따로 구할 필요가 없다. 그것은 우리의 타고난 권리다. 인간인 우리는 생각하고 느낄 수 있는 능력을 가지

러브 유어셀프

고 있으며 고통보다는 행복하고 싶은 욕구와 연결되어 있다는 사실 자체가 연민을 정당화시켜준다.

하지만 많은 사람이 자기연민이라는 개념을 거부한다. 자기연민은 자기동정과 같은 말 아닌가? 또는 자기탐닉을 가장한 것이 아닌가? 나는 이 책에서 그러한 가정들은 잘못된 것이며 자기연민의 실제 의미와 완전히 반대임을 보여줄 것이다. 앞으로 알게 되겠지만 자기연민은 자신의 건강과 행복을 바라는 마음과 연결되어 있고 자신의 상황을 개선하기 위해 적극적인 행동을 이끌어낸다. 자기연민은 내 문제가 당신 문제보다 더 중요하다는 의미가 아니라 내 문제 또한 주의를 기울일 가치가 있고 중요하다는 의미다.

그러므로 당신이 실수하고 실패한 것에 대해 스스로 비난하는 대신 당신의 마음을 누그러뜨리기 위해 고통받은 경험을 이용할 수 있다. 당신을 만족할 수 없게 만든 비현실적인 완벽함에 대한 기대를 내려놓고, 실질적이고 지속 가능한 만족의 문을 여는 것이다. 당신은 그저 필요한 연민을 자신에게 주기만 하면 된다.

나는 동료들과 함께 지난 십여 년에 걸쳐 자기연민이 우리 삶에 심리적인 만족과 행복을 주는 강력한 해결책이라는 사실을 입증하는 연구들을 해왔다. 아무리 힘든 경험일지라도 그 경험을 포용하면서 자신에게 무조건적인 친절과 위안을 준다면 두려움, 부정, 소외 같은 파괴적인 패턴을 피할 수 있다. 동시에 자기연민은 행복과 낙관주의 같은 긍정적인 마음을 갖게 해준다.

자기연민에 담긴 이런 보살핌은 환난 중에도 인생의 아름다움과 풍부함을 알아차리면서 성숙할 수 있게 해준다. 자기연민을 가짐으로 흥분된 마음을 가라앉히면 무엇이 옳고 무엇이 그른지 더 잘 분별할 수 있고, 기쁨을 주는 방향으로 우리 자신을 이끌어 갈 수 있다.

자기연민은 끊임없이 긍정과 부정으로 자기를 판단하는 폭풍의 바다에서 우리를 끌어내어 안전한 지대인 평온의 섬으로 데려다준다. 우리는 마침내 '내가 그들만큼 괜찮나? 내가 충분히 훌륭한가?' 같은 질문을 멈춘다. 바로 지금 우리 손안에 마음속 깊은 곳에서부터 우리가 갈망하는 따뜻한 응원과 보살핌을 얻을 수 있는 방법이 있다. 우리는 모두 완전하지 않다. 우리의 불완전함을 수용하면 우리는 더 안전하고 받아들여지고 살아 있다고 느끼게 된다.

여러 면에서 자기연민은 마술과도 같다. 고통을 기쁨으로 전환하는 힘을 가지고 있기 때문이다. 타라 베넷 골먼Tara Bennett-Goleman은 자신의 책《감정의 연금술Emotional Alchemy》에서 우리의 고통을 보살핌으로 끌어안을 때 일어날 수 있는 영적이고 정서적인 전환을 연금술이라는 은유로 설명했다. 우리 자신에게 연민을 보내면 부정적으로 단단히 매듭지어진 자기판단이 풀어지면서 평화롭고 연결된 정서로 자신을 수용하게 된다. 석탄 사이에서 빛나는 다이아몬드가 나오는 것처럼.

당신은 당신 자신과 삶에 어떻게 반응하는가?

당신은 대개 자신에게 어떻게 반응하나요?

• 당신은 보통 어떤 일들에서 자신을 판단하고 비난하나요? (외모, 직업, 관계, 양육 등등)

• 자신의 단점을 발견하거나 실수를 했을 때 자신에게 어떤 말을 사용하나요? (자신을 모욕하는지 아니면 좀 더 친절하고 이해하는 어조를 취하는지)

• 자신을 심하게 비난할 때 어떤 느낌이 드나요?

• 자신을 가혹하게 대했을 때 어떤 영향이 있나요? 그것이 당신을 좀 더 의욕적이 되도록 하나요, 아니면 의욕을 떨어뜨리고 우울하게 만드나요?

• 자신을 있는 그대로 정확히 수용한다면 어떤 느낌이 들 것이라고 생각하나요? 이런 가능성이 두려움을 주나요, 아니면 희망을 주나요? 또는 둘 다인가요?

당신은 일반적으로 어려움을 겪을 때 어떻게 반응하나요?

• 삶에서 도전적인 상황들을 만날 때 당신은 자신을 어떻게 대하나요? 자신이 고통스럽다는 사실을 무시하고 전적으로 그 문제를 고치려고만 하나요, 아니면 멈춰서 자신에게 보살핌과 위안을 주나요?

• 당신은 힘든 상황에 빠지면 필요 이상으로 과장되게 생각하나요, 아니면 균형 잡힌 관점으로 그 상황을 보려고 하나요?

• 상황이 안 좋을 때 당신은 자신만 빼고 모두 행복한 시간을 보내고 있다는 불합리한 느낌이 들면서 그들에게서 소외감을 느끼나요, 아니면 모든 사람은 살면서 역경을 겪는다는 사실을 스스로에게 상기시키려고 하나요?

만일 당신이 스스로에 대한 연민이 충분치 않다고 느낀다면 이 일로 자신을 비난하고 있는지 점검해보세요. 만일 그렇다면 당장 멈추세요. 이렇게 극도로 경쟁적인 사회에서 불완전한 존재로 있는 것이 얼마나 힘든지에 대해 연민을 느끼려고 노력하세요. 우리 문화는 자기연민을 중요시하지 않을 뿐 아니라 그 반대로 나아가고 있습니다. 우리는 최선을 다하는 것으로는 충분치 않다는 말을 들어왔어요. 이제 뭔가 달라져야 할 때입니다.

이 책에는 끊임없는 자기 판단이 당신에게 얼마나 해로운지 이해할 수 있는 실습들이 수록되어 있다. 일상적인 습관처럼 더 많은 자기연민을 개발하여 자신과의 관계를 훨씬 더 건강하게 만들어가도록 돕는 실습들도 있다. 내가 개발한 자기연민척도Ⅰself-compassion scaleⅠ를 이용하여 자기연민 수준을 확인할 수 있다. 웹사이트 www.self-compassion.org로 가서 '자기연민 레벨테스트(Test your level of self-compassion)'를 클릭하고 문항들에 답변을 하면 자기연민 수준이 계산될 것이다. 그 수치를 기록해놓고 이 책을 다 읽은 후 다시 테스트할 수도 있다. 그러면 자기연민 수준이 향상되었는지 확인할 수 있을 것이다.

선택은 당신 몫이다. 당신이 항상 높은 자존감을 가질 수는 없으며 삶은 계속 결함이 있고 불완전할 것이다. 그러나 자기연민은 안전한 안식처에서 당신을 기다리고 있을 것이다. 좋을 때나 나쁠 때나, 당신이 세상 꼭대기에 있거나 바닥에 있거나 당신이 더 나은 곳을 향해 계속 나아갈 수 있도록 도울 것이다. 자기연민은 평생 해왔던 자기비난 습관을 버리게 한다. 하루를 마감할 때 당신에게 그저 휴식하라고 권하고 있는 그대로의 삶을 허용하라고 요구한다. 그리고 당신 자신을 향해 가슴을 열라고 말한다. 자기연민은 당신이 생각하는 것보다 훨씬 쉬우며 당신의 삶을 바꿀 수 있다.

편지 쓰기를 통한 자기연민 개발

1단계

누구나 자기 자신에 대해 좋아하지 않는 면이 있습니다. 어떤 것은 우리에게 수치심이나 안전하지 않은 느낌을 주고 충분치 않다고 여기게 만듭니다. 그러나 인간은 모두 불완전한 존재이고 실패한 것 같거나 부족하다는 느낌은 일상적으로 늘 따라옵니다. 자신을 부족하다거나 기분 나쁘게 느끼도록 만드는 것들(외모, 일, 관계 등)에 대해 생각해보세요. 그러한 것들은 당신 내면에 어떤 느낌이 들게 만드나요? 두려움, 슬픔, 우울, 불안, 화? 당신 자신의 이런 면을 생각할 때 어떤 감정이 올라오나요? 가능한 한 감정에 솔직한 상태로 어떤 감정도 억누르지 않도록 하세요. 하지만 멜로 드라마 같은 감정 역시 피해야 합니다. 정확히 있는 그대로의 감정을 느껴보세요.

2단계

이제 무조건적으로 당신을 사랑하고 수용하며 당신에게 친절하게 대하고 당신에 대해 연민 어린 마음을 가진 상상 속의 친구에 대해 생각해봅시다. 이 친구는 방금 당신이 생각한 측면들을 포함해 당신의 모든 강점과 약점을 볼 수 있습니다. 이 친구가 당신이 가진 모든 인간적인 불완전함에도 불구하고 당신의 있는 모습 그대로를 어떻게 사랑하고 수용하는지 곰곰이 생각해보세요. 이 친구는 인간 본연의 한계를

34

인식하면서 당신을 친절하고 너그럽게 대합니다. 이 친구는 위대한 지혜로 당신의 개인사와 지금 이 순간 당신을 있게 한 수백만 가지의 일을 이해합니다. 당신이 특별히 부족하다고 느끼는 것들은 당신이 선택한 것만이 아닙니다. 여러 조건과 서로 연결되어 있지요. 당신의 유전자, 가족의 역사, 삶의 환경 등과 같이 우리가 통제할 수 있는 조건이 아닙니다.

이 상상 속 친구의 관점에서 당신 자신에게 편지를 써보세요. 자신이 부족하다고 여기는 연에 초점을 맞추어서요. 이 친구는 무한한 연민을 담아 당신의 '결점'에 대해 어떻게 말할까요?

이 친구는 당신이 매우 가혹하게 자신을 판단할 때 당신이 느끼는 불편함에 대해 어떤 연민을 보낼까요? 이 친구는 당신에게 모든 사람은 장점과 단점을 가지고 있으며 당신 또한 인간임을 상기시키기 위해 어떤 말들을 할까요? 그리고 만약 이 친구가 당신에게 변화하라고 제안한다면 어떻게 그 제안에 무조건적인 이해와 연민의 감정을 녹여낼까요? 이 상상 속 친구의 시각에서 편지를 쓰면서 그 속에 인간적 수용, 친절, 보살핌, 건강과 행복에 대한 강렬한 열망을 불어넣으려고 해보세요.

편지를 다 쓰고 나면 그것을 잠시 내려놓습니다. 그런 다음 다시 한 문장 한 문장 충분히 이해하면서 읽어보세요. 무더운 날 한 줄기 시원한 바람처럼 당신을 위로하고 달래주는 연민을 느껴보세요. 사랑, 연결감, 수용은 당신에게 주어진 타고난 권리입니다. 이 권리들을 되찾기 위해 당신은 오직 자신의 내면을 보기만 하면 됩니다.

어리석은 짓 끝내기

우리 안에 있는 이 자아, 이 침묵의 관찰자,
엄격한 무언의 이 비평가는 누구인가?
우리를 공포에 사로잡히게 하고, 쓸데없는 행위를 하게 만들고,
결국에는 스스로를 비난함으로써 우리를 실수로 내몰고,
그것 때문에 우리를 더욱더 가혹하게 심판하는
이 자아는 무엇인가?

— T. S. 엘리엇, 《노정치가》

자기연민에 대해 좀 더 상세하게 살펴보기 전에 우리의 습관적이고 건강하지 못한 마음 상태가 어떤 것인지 생각해보자. 우리의 정신 작용을 좀 더 분명하게 보게 되면 우리 자신을 좋게 생각하기 위해 우리가 얼마나 세상에 대한 인식을 왜곡하는지 이해하게 될 것이다. 이는 현실을 곡해해서라도 자신의 이미지를 좋은 방향으로 수정하려는 것과 같다. 동시에 우리 이상에 미치지 못하면 무자비하게 자신을 심판하고 가혹하게 반응하면서 현실을 그만큼 반대 방향으로 왜곡시킨다. 그 결과 마치 살바도르 달리 그림 같이 과도한 변형이 일어난다. 그러한 어리석은 행동에 대한 해결책으로 자기연민에 대해 배우게 되면 '난 나밖에 모르는 것 같아. 조금 겸손할 필요가 있어' 또는 '난 날 너무 무시해. 나

러브 유어셀프

를 있는 그대로 받아들이고 친절해질 필요가 있어'라는 식으로 자아의 역기능 자체를 심판하는 것으로 끝맺기 쉽다. 이런 생각 패턴으로 무익하게 자신을 비난하는 것을 멈추는 것이 매우 중요하다. 자기연민을 하는 유일한 방법은 이런 신경증적인 생각 패턴이 당신 자신이 선택한 것이 아니라 자연스럽고 보편적이라는 사실을 깨닫는 것이다. 솔직히 우리는 우리의 역기능을 물려받았다. 그것은 우리 인간이 가진 유산의 일부다.

그러면 왜 우리는 자신에게 유리하게 현실을 왜곡하거나 무자비하게 자기비난을 하는 것 사이에서 흔들리는 걸까? 우리가 안전하기를 원하기 때문이다. 생물학적인 종으로서나 개별 인간으로서 우리의 진화적인 발달은 기본적인 생존 본능에 근거를 둔다. 인간은 보통 위계적인 사회 집단 안에서 살기 때문에 집단 내에서 우세한 사람들은 배척될 가능성이 적고 귀중한 자원을 좀 더 쉽게 이용한다.

집단 내에서 종속적인 위치에 있는 사람들은 낮은 현실 상황을 수용함으로써 안전을 보장받게 된다. 안전을 보장하는 상위자들에게 버림받을 위험을 감수할 필요는 없다. 살아남기를 원하는 한 이런 행동은 비난받지 않는다. 모든 살아 있는 유기체에게 안전하기를 바라는 것보다 더 정상적이고 자연스러운 욕구가 어디에 있겠는가?

남보다 더 낫다고 느끼려는 **욕구**

소설가 개리슨 케일러Garrison Keillor는 워비곤 호수Lake Wobegon라는 가상 마을을 만들어 "모든 여성은 강하고 모든 남성은 잘생기고 모든 아이는 평균 이상"인 장소로 그려냈다. 심리학자들은 자기 자신이 다른 사람들보다 더 우월하다고 생각하는 경향을 묘사하기 위해 바람직한 성격 특질을 길게 나열한 목록을 작성하면서 때때로 이 '워비곤 호수 효과'를 사용한다. 이 연구 결과를 보면 무려 85퍼센트의 학생이 다른 사람들과 어울리는 데 자신들이 평균 이상이라고 생각한다. 대학 교수의 94퍼센트가 자신이 다른 동료 교수에 비해 더 잘 가르친다고 생각하고, 90퍼센트의 운전자는 자신이 동료들보다 더 운전에 능숙하다고 생각한다. 심지어 최근에 교통사고를 낸 사람들도 자신이 뛰어난 운전자라고 생각한다!

이 연구는 사람들이 다른 사람들보다 자신이 더 재미있고 더 논리적이고 더 유명하고 더 잘생기고 더 믿음직스럽고 더 현명하고 더 지적이라고 생각하는 경향이 있음을 보여준다. 게다가 역설적이게도 대부분의 사람은 자신을 객관적으로 볼 수 있는 능력 면에서도 자신이 평균 이상이라고 생각한다. 논리적으로 생각했을 때 우리의 자각이 정확하다면 어느 특정 자질에 대해 우리의 절반만 평균 이상이라 말하고 나머지 반은 평균 이하라는 것을 받아들여야 한다. 하지만 이런 일은 거의 일어나지 않는다. 우리 사회에서는 사람들이 자신이 '단지' 평균 수준이라는 현실을 받아들이지 못한다. 그래서 많은 사람들이 장밋빛 안경을 쓴다. 특히 거울에 비친 자기 모습을 볼 때 더욱 심하다. 거의 비슷비슷한 재능을 가진 〈아메리칸 아이돌American Idol〉 참가자들이 쇼에서 탈락했을 때 놀라거나 황당해하는 경우가 있는데 그러한 상황을 이것 말고는 어떻게 설명할 수가 없다. 물론 다른 사람보다 자신이 더 낫고 우월하다고 생각하는 경향은 주로 자기 홍보가 삶의 한 방식이 되어버린 미국 같은 개인주의 문화권에서만 발견된다고 생각할 수도 있다. 무하마드 알리가 "나는 가장 위대한 사람이 아니다. 나는 두 배로 가장 위대한 사람이다"라고 말했던 것이 여기 말고 어디에 더 어울릴 수 있겠는가? 그렇다면 자만심을 경계하며 집단을 중요시하는 아시아 문화권 사람들은 좀 더 겸손하지 않을까? 결론은 맞다. 대부분의 아시아인은 자신이 다른 사람들보다 좀 더 겸손하다고 생각한다. 모든 사람은 그들 문화의 가치 기준에 따라 자신이 타인보다 더 탁월하다고 생각한다. 미국인들은 자신이 평균보다 더 독립적이고 독창적이고 리더 기질을 가지고 있다고 생각하는 반면, 아시아인들은 자신이 또래보다 더 협력적이고 자기희생적이고 공손하고 겸손하다고 생각하는 경향이 있다. **나는 당신보다 그다지 대단하지는 않아요! 그러나 나는 평균 이상이에요**라고 생각하는 현상은 거의 어디에서나 똑같다.

그리고 자신을 단지 '더 낫다'고 볼 뿐 아니라 다른 사람들을 '더 못한' 사람으로 본다. 심리학자들은 다른 사람들을 부정적인 시각으로 봄으로써 우리가 반대 급부로 더 우월하게 느끼는 경향을 설명하기 위해 '하향적 사회적 비교downward social comparison'라는 말을 사용한다. 만약 내가 나의 자아에 금박을 두르려고 한다면 당신은 내가 당신의 자아를 더럽히려 한다고 확신할 것이다. "그래, 너 부자 맞아. 근데 머리가 대머리네!" 이런 식으로 반응하는 경향은 영화 〈퀸카로 살아남는 법Mean Girls〉에 아주 잘 묘사되어 있다. 이 영화는 로잘린드 와이즈먼Rosalind Wiseman의 논픽션《여왕벌과 그 신봉자들Queen Bees and Wannabes》을 원작으로 하는데 어떻게 고등학교에서 일명 퀸카 군단이 자신의 사회적 지위를 유지하는가를 잘 보여준다. 〈퀸카로 살아남는 법〉은 예쁘고 돈 많고 옷잘 입는, 모든 것을 다 가진 것처럼 보이는 세 명의 여학생에 관한 이야기다. 그녀들도 스스로를 그렇게 생각한다. 소위 하나같이 "사람들이 나를 너무 질투해서 안타까워. 내가 그렇게 인기 있는 걸 어쩌겠어"라고 말한다. 하지만 소녀들은 인기가 있음에도 불구하고 미움을 받는다. 그들은 '번북Burn Book'이라는 책을 가지고 있는데 그 학교 다른 여학생들에 관한 소문, 비밀, 험담으로 가득 찬 일급비밀 노트다. 한 명이 말한다. "봐, 우리가 졸업 앨범에서 애들 사진 오려서 평가를 해놨어. 트랭 팩은 재수 없는 암캐. 여전히 사실이지. 던 슈바이처는 남자들이 거들떠도 안 보는 뚱보. 아직도 반은 사실이지." 결국 그 노트를 다른 학생들이 발견하게 되었고 그 일로 인해 전교생이 들고 일어난다. 이 영화는 미국에서 히트를 쳤고 대중에게 큰 반향을 불러일으켰다. 코믹한 요소로 과장되긴 했지만 그 퀸카 소녀 (또는 소년) 현상은 우리 모두에게 꽤 익숙하다.

우리 중 대부분은 '번북'을 소유할 만큼은 아니지만 우리 자신에 대해 더 좋게 느끼기 위해 다른 사람들의 결점과 약점을 찾는다. 수영복에서 살이 삐져나오거나 옷을 잘 못 입었거나 아니면 헤어스타일을 망친 스타의 사진을 좋아하는 이유가 거기에 있다. 그러한 태도는 잠시 잠깐 에고를 만족시키지만 심각한 문제를 일으킨다. 우리가 항상 다른 사람들의 '최악'만을 보려고 할 때 우리의 지각은 부정적인 검은 구름에 가려져서 모호해진다. 우리의 생각은 악의적으로 변하고 우리는 그러한 정신세계에 안주하게 된다. 하향적 사회적 비교는 사실 우리를 돕기보다는 해롭게 만든다. 자신을 대단하게 여기기 위해 다른 사람을 깎아내리는 것은 혹 떼려다 혹 붙이는 격이어서 실제로는 우리가 피하려고 애쓰는 단절되고 고립된 상태를 만들고 유지시킨다.

실습
1

자신을 있는 그대로 보기

많은 사람이 사회가 가치를 두는 개인적 특성들에 대해—더 착하고 더 똑똑하고 더 매력적인—자신들을 평균 이상이라고 생각합니다. 이런 경향은 자신에 대해 좋게 느끼게 만들기도 하지만 한편으로는 우리를 타인들에게서 떼어놓음으로써 더 많은 분리감을 느끼게 할 수도 있습니다. 이 훈련은 우리 자신을 명확하게 있는 그대로 보고 수용할 수 있게 도와주도록 구성되었습니다. 모든 사람은 자신이 평균보다 더 낮거나, 단지 평균이거나 평균 이하라고 생각하게 만드는 문화적 특성을

가지고 있습니다. 우리는 그러한 현실을 친절과 평정심으로 받아들일

수 있을까요?

A. 우리 문화가 가치를 두는 특성 중 당신이 평균 이상이라고 생각

되는 것 다섯 가지를 적어보세요.

1.

2.

3.

4.

5.

B. 우리 문화가 가치를 두는 특성 중 당신이 딱 평균이라고 생각되

는 것 다섯 가지를 적어보세요.

1.

2.

3.

4.

5.

C. 우리 문화가 가치를 두는 특성 중 당신이 평균 이하라고 생각되

는 것 다섯 가지를 적어보세요.

1.

2.

3.

4.

5.

D. 위에 적은 목록들을 살펴보세요. 자신의 이러한 점들을 모두 수용할 수 있습니까? 인간으로 살아간다는 것이 꼭 다른 사람보다 더 나아야 한다는 것을 의미하지는 않습니다. 인간으로 살아간다는 것은 당신이 모든 경험—긍정적인 것, 부정적인 것, 중립적인 것—을 다 아우른다는 것을 의미합니다. 인간으로 존재한다는 것은 많은 면에서 평균으로 **존재한다**는 것을 의미합니다. 당신은 지구상에서 겪는 복잡하고 놀라운 일들을 삶의 경험으로 맞이할 수 있나요?

왜 자책을 멈추는 것이 어려울까?

더 당황스러운 건 자신을 좋게 생각하려는 욕구만큼 자기를 비난하는 강한 경향이다. 영국 소설가 안소니 포웰Anthony Powell이 말했던 것처럼 "자기애는 종종 짝사랑처럼 보인다." 우리가 다른 사람들보다 더 낫다고 생각하기 위해 현실을 재구성하는 데 실패했으며 결과적으로 자신의 이미지보다 더 많은 흠집이 있다는 사실을 직면했을 때 무슨 일이 일어날까? 크루엘라 드 빌Cruella De Vil이나 하이드 씨Mr. Hyde가 어둠 속에서 나와 놀라울 정도로 잔인하게 우리의 완벽하지 않은 자아를 공격하는 일은 너무도 흔하게 일어난다. 그리고 자기비난의 언어는 날카로운 칼날이 되어 우리에게 상처를 입힌다.

대부분의 자기비판적인 생각은 우리의 경험에 대해 끊임없이 논평하고 평가하는 내적 대화의 형태를 취한다. 우리 내면의 대화는 가혹하거나 냉담해도 어떤 사회적 비난이 뒤따르지 않기 때문에 우리는 종종 더 잔인한 방법으로 말하게 된다. "너는 뚱뚱하고 역겨워!" "그걸 말로 하는 것조차 완전히 멍청이 같은 짓이야!" "너는 완전 실패자야. 누구도 너를 원하지 않는 것이 당연해." 이런 자기비난은 믿을 수 없을 정도로 흔하게 일어난다. 우리가 왜 이렇게까지 해야 하는지는 영어의 긴 단어 가운데 하나인 '무언가를 무가치한 것으로 여기는 습관floccinaucinihilipilification'을 어떻게 발음하는지만큼이나 당혹스럽다.

하지만 자기확대처럼 자기비난도 더 큰 사회 집단 내에서 인정을 보장받기 위해 고안된 일종의 '안전 행동' 방식이라는 사실을 염두에 두게 되면 우리의 행동을 좀 더 이해할 수 있다. 우두머리 개가 가장 먼저 좋은 것을 먹지만 항복의 표시로 배를 보여준 개 역시 자신의 몫을 챙기게 된다. 그 개는 서열상 바닥일지라도 무리 내에서 안전한 위치가 주어진다. 자기비난은 우리를 심판하는 가상의 사람들 앞에서 자신을 바닥으로 떨어뜨림으로써 순종적인 행위를 하게 한다. 그러면 그 대가로 작은 빵부스러기를 얻게 된다. 우리는 실패를 인정해야 할 때 우리에 대한 그들의 부정적인 의견을 묵인함으로써 마음속 재판관들을 달랠 수 있다.

예를 들어, 사람들이 얼마나 자주 다른 사람들 앞에서 자기 자신을 비난하는지 생각해보라. "이 드레스 입으니까 뚱녀 같아." "난 정말 구제불능 컴맹이야." "난 완전 최악의 길치야!" (특히 나의 경우 친구를 태우고 가면서 여러 번 길을 잃었을 때 이러한 표현이 거침없이 튀어나온다.)

이것은 마치 "나는 너를 주먹으로 한 대 치고 네가 하기 전에 나 자신을 비난할 거야. 내가 얼마나 결점이 많고 불완전한지 알고 있으니 너는 내 콧대를 꺾을 필요도 없고 이미 내가 알고 있는 것을 나한테 말할 필요도 없지. 제발 나를 판단하는 대신 동정심으로 내가 생각하는 것만큼 그렇게 내가 나쁘지 않다는 것만 확인해줘"라고 말하는 것과 같다. 이런 방어적인 자세는 우리가 거절당하거나 버림받지 않으려는 자연스러운 열망에서 비롯된 것이기 때문에 우리의 가장 기본적인 생존 본능으로 보는 것이 합리적이다.

부모의 **역할**

생존을 위해 가장 중요한 사회적 그룹은 바로 직계 가족이다. 아이들은 음식, 편안함, 따뜻함, 보금자리를 제공해주는 부모에게 의지한다. 상황에 대한 의미를 해석해주고, 두렵고 새로운 도전적 문제를 해결하도록 도와주고, 위협으로부터 안전하게 보호해주는 부모를 아이들은 본능적으로 신뢰한다. 그들은 이 세상에서 살아남기 위해 부모에게 의지할 수밖에 없다. 하지만 아쉽게도 많은 부모가 위안과 지지를 주는 것이 아니라 오히려 아이들을 계속적으로 비판하며 통제하려고 한다. 대부분의 어른이 이런 방식으로 성장해왔다.

부모가 아이들을 곤란한 상황에 노출시키지 않으려고 ("그렇게 바보같이 굴면 차에 치인다"), 또는 그들의 행동을 개선하기 위해 ("그런 한심한 점수를 계속 받으면 너는 대학에 들어가지 못해") 호된 비판을 사용할 때 아이들은 비판이 유용하고 동기를 부여해주는 도구라고 생각하게 된다.

코미디언 필리스 딜러Phyllis Diller가 지적한 것처럼 "우리는 첫 12개월 동안은 걷고 말하는 것을 가르치는 데 시간을 보내고, 그 다음 12개월은 아이들에게 입 다물고 앉아 있으라고 가르치는 데 시간을 보낸다." 어린 시절 매우 비판적인 부모 밑에서 자란 사람이 성인이 되었을 때 자신을 향해 비판적이 될 가능성이 훨씬 더 높다는 사실을 보여주는 연구는 어찌 보면 당연하다.

사람들은 부모의 비판을 깊이 내면화하는데 이는 자신의 내면에서 계속 들려오는 비난적인 말이 부모의 목소리를 반영한다는 것을 의미한다. 이는 때때로 대를 이어 전수되고 되풀이된다.

누군가는 나에게 이렇게 말했다. "그 목소리를 멈출 수가 없어요. 우리 엄마는 내가 무엇을 하든 계속 비난을 했어요. 돼지처럼 밥을 먹는다, 교회에 어울리는 옷이 아니다, 텔레비전을 너무 많이 본다, 뭐든지 비난했어요. '너는 사람이 되긴 틀렸어'라고 반복해서 얘기하곤 했죠. 나는 엄마가 싫었고 내 아이는 절대로 그렇게 키우지 않겠다고 맹세했어요. 저는 사랑이 많고 아이들을 믿어주는 아버지가 되었지만 나 자신에게는 완전히 나쁜 놈이에요. 나 자신을 항상 갈기갈기 찢었어요. 엄마가 나에게 했던 것보다 더 나쁘게요." 비판적인 부모에게서 자란 사람들은 어려서부터 그들은 너무 잘못되고 결함이 많기 때문에 있는 그대로의 모습으로는 인정받을 수 없다는 메시지를 학습하게 된다.

비판적인 부모는 아이들을 그들이 원하는 틀에 넣어 만들 수 있다고 생각하고, 아이들에게 좋은 경찰과 나쁜 경찰이라는 이중적인 역할을 하는 경향이 있다. 나쁜 경찰은 바람직하지 못한 행동에 대해 처벌하고 좋은 경찰관은 바람직한 행동에 대해 보상을 준다. 그 결과 아이들은 두려움과 불신에 사로잡혀 오로지 완벽한 경우에만 사랑받을 가치가 있다고 믿게 된다. 만약 완벽해지는 것이 불가능해지면 아이들은 자기가 거절당하는 것이 불가피하다고 예측하게 된다.

자기비난의 기원에 대한 연구는 대부분 부모에게 초점이 맞춰져 있다. 그러나 어린 시절 중요한 주변 인물에게 끊임없이 비판을 받은 경험 또한 훗날 내면의 악마를 마주하게 만든다. 영국인 친구 케네스는 자신을 지나치게 거칠게 다룬다. 아무리 많은 성공을 거두어도 그는 끊임없이 부족함과 불안에 시달렸다. 하루는 그 친구가 나에게 어린 시절 얘기를 해주었는데 나는 그제야 그동안 보인 그의 행동이 이해가 갔다. "내 인생에서 만났던 거의 모든 사람은 내가 얼마나 형편없는지 말하곤 했어. 내 누나는 최악이었지. 누나는 내가 숨을 너무 크게 쉰다면서 그 이유만으로 '넌 정말 역겨워!'라고 비명을 질러댔어. 그리고 내가 그 방을 나갈 때까지 자기 침대 밑에 들어가서 안 나왔어. 엄마는 나를 지켜주기는 커녕 나더러 누나에게 사과하라고 했어. 누나를 안정시켜서 평화를 지키는 방법으로 말이야."

언어폭력을 당하는 아이들의 자연스러운 반응은 자신을 방어하는 것이고 가장 확실한 방어 방법은 그 어떤 공격 수단도 갖지 않는 것이다. 아이들은 자기비난이 앞으로 실수하지 않게 해주고 다른 사람들의 비판을 면하게 할 것이라고 믿게 된다. 적어도 그들은 장황하게 자기비판을 함으로써 다른 사람들의 비판을 무디게 할 수 있다고 믿는다. 언어폭력은 당신이 당신 자신에게 이미 말한 언어폭력인 경우 다른 누군가가 당신에게 그 내용을 반복하게 되더라도 동일한 힘을 발휘할 수 없기 때문이다.

문화의 **역할**

우리 자신을 비판하고 그 결과 스스로를 가치 없게 여기게 되는 경향은 부분적으로는 좀 더 넓은 문화적 맥락으로 거슬러 올라간다. 달라이 라마를 만난 서양학자들의 유명한 일화가 있다. 그들은 달라이 라마에게 자존감이 낮아서 고통받는 사람들을 어떻게 도울 수 있는지를 물었다. 달라이 라마는 어리둥절해했고 우리는 자존감이 무엇인지를 설명해야만 했다. 그는 그 방에 있는 학식 있고 성공한 사람들을 둘러보면서 "누가 여기서 낮은 자존감을 느끼나요?"라고 물었다. 모든 사람은 서로 쳐다보면서 "우리

러브 유어셀프

모두요"라고 답했다. 독립심과 개인적 성공에만 중요한 가치를 두는 문화에서 사는 사람들에게 불리한 측면은 우리가 이상적인 목표에 도달하지 못하면 우리가 비난해야 할 사람은 오직 우리 자신뿐이라고 느끼게 된다는 것이다.

물론 자신에게 가혹한 판단의 잣대를 들이대는 것은 서양인들만이 아니다. 우리는 최근에 미국, 태국, 대만에서 연구를 진행했는데 강한 유교 전통을 가진 대만에서는 자기비난을 일종의 동기를 유발하는 힘으로 여겼다. 유교 전통에서는 다른 사람들과 함께하기 위해서는 자기 자신을 비판해야 한다. 나 자신보다 다른 사람들의 욕구를 충족시키는 데 중점을 두면서 말이다. 태국같이 불교가 일상에 좀 더 적극적인 역할을 하는 나라에서는 사람들이 훨씬 더 자기연민에 익숙했다. 실제로 비교 문화 연구에서 우리는 태국 사람들이 가장 높은 자기연민 수준을 가지고 있고, 대만이 가장 낮으며, 미국은 중간에 위치한다는 것을 발견했다. 하지만 세 나라 모두에서 자기비난이 우울과 삶의 불만족에 강하게 관련되어 있음을 발견했다. 자기비난이 끼치는 부정적 영향은 문화마다 크고 작은 정도 차이는 있지만 전 세계적으로는 일반적인 일이다.

목적을 위한 **수단**

좀 더 깊이 들여다보면 가혹한 자기비판은 종종 다른 무언가를 감추기 위한 수단으로 사용된다는 것을 알 수 있다. 이를 통제 욕구라고 한다. 자기비판적인 성향의 부모가 늘 과도한 통제를 하면 아이들은 일찍부터 자기통제가 가능하다는 메시지를 받아들이게 된다. 부모가 아이들이 실수했다는 이유로 비난하면 아이들은 모든 실패에 대한 책임이 자신에게 있다는 것을 학습하게 된다. 여기서 암시하는 것은 실패는 선택할 필요가 없는 체크 상자 같은 것이라는 사실이다. 완벽하게 할 수 없는 것은 피해야 하고 또 피할 수 있다는 의미다. 이 말은 곧 내가 충분히 열심히 노력한다면 나는 항상 성공할 수 있어야만 한다는 뜻인데 정말 그럴까?

만일 우리가 텔레비전 쇼 〈아내는 요술쟁이Bewitched〉에 나오는 사만다처럼 코를 실룩거리기만 해도 요술을 부릴 수 있고, 절대로 다이어트에 실패하는 일이 없으며, 중요한 업무를 망치는 실수를 하지 않고, 화가 났다고 나중에 후회할 말들을 하지 않는다면, 정말로 그럴 수만 있다면 얼마나 좋을까! 그러나 인생은 그렇게 흘러가지 않는다. 외부 환경이나 그 환경에 대한 우리의 내적인 반응을 완전히 통제하기에는 우리가 처한 조건이 너무나 복잡하다. 우리가 완벽하기를 바라는 건 마치 하늘이 파란색이 아니라 초록색이길 바라는 것과 같다.

역설적이게도 남보다 잘나고 싶은 욕구가 바로 자기비난의 과정으로 채워진다. 이상적인 자기개념은 다면적이어서 우리는 어느 한 시점에 있는 우리 자신의 다양한 면을 확인할 수 있다. 자신을 판단하고 공격할 때 우리는 비판자와 비판받는 사람 둘 다의 역할을 한다. 바닥에서 벌벌 떠는 사람뿐만 아니라 채찍을 쥐고

러브 유어셀프

있는 사람의 관점을 동시에 취함으로써 자신의 부족함에 대한 정의로운 분노에 마음껏 빠질 수 있다. 그리고 정의로운 분노는 기분을 매우 좋게 한다.

"최소한 내가 방금 한 말이 얼마나 어리석은지 알 정도로 난 똑똑해." "맞아, 난 그 사람을 용서하지 않고 나쁘게 대했지. 하지만 난 꽤 정의롭고 공평하니 지금 나에게 가차 없이 벌을 주어야 해." 화는 종종 우리에게 힘과 권력이 있다는 느낌을 준다. 우리는 실패에 대한 분노로 자신을 깎아내릴 때 자신을 비난함으로써 권위가 강화되는 스스로의 모습에 우월감을 느낄 수도 있다(토머스 홉스Thomas Hobbs가 "불합리의 특권은 다른 어떤 생명체에게도 해당되지 않고 오직 인간만이 가지고 있다"라고 한 말에서처럼).

또한 우리는 자신에게 비현실적으로 높은 기준을 부여하고 그것을 충족시키지 못했을 때 매우 속상해함으로써 처음에 우리에게 부여한 높은 기준과 연관된 우월감을 미묘하고 강하게 나타낼 수 있다. 청바지 사이즈 S를 입을 정도로 살이 쪘다고 불만을 말하거나, 극찬을 받은 연간 보고서를 보며 상사로부터 사소한 지적 하나를 받았다는 것에 대해 못마땅하다고 여길 때 우리는 일반적으로 우리의 성공 기준이 평균 이상이며 '좋음'은 탁월함에 익숙한 사람에게는 충분치 않다는 메시지를 전달하는 것이다.

한마디 유머로 자신을 깎아내리는 것은 물론 다른 사람들에게 자신을 사랑받게 하는 방법일 수 있다. 격언에서도 말하듯이 "다른 사람들로 하여금 당신을 비웃게 하는 것보다 그들이 당신과 함께 웃도록 하는 것이 더 낫다." 이와 관련 있는 훌륭한 예는 미국

전 부통령 엘 고어Al Gore의 다큐멘터리 〈불편한 진실An Inconvenient Truth〉 시작 화면에서 볼 수 있다. 엄청나게 큰 대형 스크린을 뒤로 하고 수많은 청중들 앞에 선 엘 고어는 "안녕하세요. 엘 고어입니다. 이전 미국 차기 대통령이었지요"라고 첫마디를 뗐다. 그는 경쾌한 방식으로 대선 실패를 부각시킴으로써 청중을 원하는 대로 쥐락펴락할 수 있었다. 하지만 건강한 자기비하식 유머와 건강하지 못한 자기비난 사이에는 차이가 있다. 전자는 자기를 조롱할 만큼 충분히 자신감이 있는 것이고 후자는 자신의 가치와 유용성에 대한 뿌리 깊은 불신을 드러내는 것이다.

자기충족 예언

자기를 비판하는 사람은 지지받지 못한 가정 환경에서 자란 경우가 많기 때문에 그들은 다른 사람들을 믿지 못하고 그들이 마음을 쓰고 있는 사람들이 결국에는 자신에게 상처를 줄 거라고 생각한다. 이것은 지속적으로 두려운 상태를 만들고 대인 관계에 문제를 일으킨다. 자기비난이 높은 사람들은 이성관계에 불만족스러워하는 경향이 있는데 그 이유는 그들이 자신을 가혹하게 평가하는 만큼 파트너도 그들을 똑같이 평가한다고 생각하기 때문이라는 사실을 보여주는 연구가 있다. 또 상당히 중립적인 언사를 비난으로 오인해서 종종 예민한 반응을 하고 불필요한 갈등을 초래하는 경우가 있다. 이렇게 자기비판적인 사람은 종종 그들이

러브 유어셀프

그렇게 필사적으로 갈망하는 친밀하고 지지적인 관계의 기반을 약화시킨다.

내 친구 에밀리가 그랬다. 에밀리는 좀 서툴고 키만 멀쑥한 수줍음이 많은 아이였다. 에밀리의 어머니는 답답한 마음에 이런 식으로 말하게 되었다. "왜 너는 항상 구석에 웅크리고 있니? 똑바로 일어나. 매너 좀 배워라. 왜 너는 큰언니처럼 되지 못하니?" 에밀리는 자라서 전문 무용수가 되었는데 어느 정도는 어머니의 비난을 달래기 위한 것이었다.

여러분은 아름답고 우아한 여성이 된 에밀리가 좋은 인간관계를 맺으며 자신이 바라는 사랑과 인정을 받으면서 순탄하게 살고 있을 거라고 생각할 것이다. 하지만 그렇지 않다. 에밀리는 남자들의 호감을 받았고 관계를 시작하는 데는 아무런 문제가 없었다. 하지만 그들과 관계를 지속하는 데는 상당한 어려움을 겪었다. 에밀리는 자신이 부족하다고 평가받을 것이라는 확신이 너무나 강해서 파트너의 아주 사소한 행동에도 과민 반응을 보였다. 남자친구가 출장 간 첫날 밤에 전화하는 것을 잊어버리면 에밀리는 남자친구가 자기에게 전혀 신경을 쓰지 않는다고 생각했다. 자기의 새 드레스를 칭찬하지 않으면 남자친구가 자기를 못생겼다고 생각한다는 식으로 해석했다. 그러한 과잉 반응은 결국 남자친구를 질리게 했고 에밀리를 떠나게 만들었다. 거절에 대한 에밀리의 두려움은 현실 속에서 반복적으로 변형되어 나타났다.

자신을 가혹하게 비판하는 사람은 처음으로 인간관계를 맺을 때 자기 자신이 가장 큰 적이 된다. 사회심리학자 빌 스완Bill Swann

에 따르면 사람은 자기에 대한 확고한 감정과 믿음 그대로 타인에게 알려지기를 원한다고 한다. 이것이 자기검증이론self-verification theory으로 알려진 모델이다. 그들은 그들이 자신에 대해 갖고 있는 관점이 검증되기를 원한다. 왜냐하면 그것이 안정감을 주기 때문이다. 또한 이 연구는 자신에 대해 강한 부정적인 판단을 가지고 있는 사람도 이 패턴을 따른다는 것을 보여준다. 그들은 자기를 싫어하는 사람들과 관계맺는 것을 추구하고, 그렇게 함으로써 그들의 경험이 더 익숙하고 일관성 있게 된다.

그러므로 이제 당신은 왜 당신 또는 당신의 훌륭하고 성공적인 친구가 계속 잘못된 남자나 여자를 고르는지 이해했을 것이다. 자기를 비난하는 사람은 종종 자신이 무가치하다고 느끼는 감정을 확인시켜주는 비판적인 이성에게 끌린다. 다음에 무슨 일이 일어날지 알지 못하는 불확실성보다는 차라리 거절당할 것이 뻔한 확실성이 오히려 더 안전한 감정을 느끼게 해준다는 것이다. 이것은 그들도 알고 있는 악마다. 불행하게도 나는 이 건강하지 못한 패턴에 너무도 익숙하다.

버려지고 사랑받지 못한

나는 특별히 신랄한 자기비판가는 아니었다. 적어도 일반적인 기준에서 벗어나지는 않았다. 다행히 어린 시절 나의 어머니는 비판적이기보다는 애정 어린 사람이었다. 하지만 나는 꽤 나쁜 상태였다. 자기비판은 우리 사회에서, 특히 여성들 사이에서 믿을 수 없을 만큼 흔하다. 그리고 나는 많은 여성이 고통스러워하는 문제와 똑같은 문제로 좌절했다. 바로 아버지 문제다.

부모님은 남부 캘리포니아 대학에서 만났다. 어머니는 미인 대회 우승자였고 벨트, 신발, 지갑을 항상 어울리게 맞춰 입고 다니는 미인이었다. 아버지는 똑똑하고, 운동 잘하고, 야망 있고, 잘생긴 '인기 있는 남학생'이었다. 아버지가 졸업한 후 두 사람은 결혼을 했고 교외에 있는 집에 살면서 사랑스러운 아들과 딸을 낳았다. 오래지 않아 아버지는 큰 회사에서 잘 나가는 젊은 간부가 되었고 엄마는 공부를 그만두고 아이들을 양육하기 위해 가정주부가 되었다. 아메리칸 드림이었다. 50년대가 끝나고 60년대가 시작되면서 유례없는 사회적 혁명 시기를 맞은 때를 제외한다면 말이다.

아버지는 주변에서 일어나는 변화에 귀를 기울였고 자신의 삶이 기존 사회 통념 속에 갇혀 있다고 느꼈다. 그러나 그는 성숙한 방식으로 그러한 문제 의식을 해결하지 못했다. 내가 세 살 때 그는 어머니, 오빠, 나를 버리고 떠났고, 사회 체제를 거부하면서 히피가 되어 하와이 마우이섬의 혁명 정부로 들어갔다. 그는 로스엔젤레스에 있는 우리 집에서 아주 멀리 떨어져 살았기 때문에 나는 자라면서 주로 여름방학 동안에 2~3년에 한 번꼴로 아버지를 만났다.

아버지 집에 가면 그는 사랑과 정성으로 우리를 대해주었지만 자신이 우리를 버렸다는 사실을 인정하지 못할 정도로 상황을 제대로 인식하지 못하는 히피 집단에 갇혀 있었다. 그는 "그건 모두 우리의 업보야"라는 말을 즐겨 했다.

내가 여덟 살쯤 된 어느 날, 그에게 어떤 질문을 하는 과정에서 아버지라는 말을 사용하자 그는 심각한 표정으로 나와 오빠를 보면서 자기를 더 이상 아버지라고 부르지 말라고 했다.

그는 우리가 자기를 '디오니소스 형제'라고 불러주길 원했다. '우리는 모두 결국에는 단지 형제, 자매, 즉 신의 아이들'이기 때문이라는 것이다. 그동안 나는 얕은 부녀관계라 하더라도 애착을 가지고 있었다. 그런데 그 순간 비로소 아버지 역할을 거부하는 그의 마음에 마침표가 찍혔다고 생각했다.

나의 아버지는 물리적으로나 정서적으로 완전히 나를 떠났다. 마음 밑바닥에서는 속이 뒤집혔지만 나는 울 수 없었다. 어떤 것으로도 내 감정을 표현할 수 없었다. 나는 여전히 남아 있을 어떤 자그마한 연결의 끈이 손상되는 위험을 감수하고 싶지 않았다. 이후 20여 년이 넘도록 가끔 그가 내 주변에 있을 때 나는 그를 어떻게 불러야 할지 모르는 어색한 상황에 놓이곤 했다. 나는 그 우스꽝스러운 히피 이름을 부를 수 없었고, 결국에는 전혀 이름을 부르지 않게 되었다. "음, 어, 저기요, 소금 좀 건네주실래요?" 이런 단절은 내 마음에 깊은 상처를 새겼다.

여러분은 고등학교 시절 내 남자친구들을 봤어야 한다. 나는 전과목에서 우등반이었고 거기서도 탑 클래스였으며 매력적이고 친절했지만 나를 좋아하지 않는 애들만 좋아했다. 내가 보이는 열정에 비하면 훨씬 못 미치지만 나에게 모호한 행동을 보여주는 소년들에게 끌렸다.

내 자신의 가치와 소중함은 안중에도 없이 어떤 면에서는 나와 아버지 관계를 되찾으려 애쓰고 있었는지도 모른다. 무의식적으로는 마법처럼 내가 거부받는 경험을 수용의 경험으로 바꿀 수 있다고 바라면서 말이다. 거의 모든 남자친구가 결국에는 나를 찼고 그 당시에는 그것이 나를 당황하게 만들었지만 지금은 이해가 간다. 나는 항상 버림받던 사랑스럽지 않은 소녀라는 나 자신에 대한 자아 감각을 입증하는 상황을 계속 만들고 있었다.

러브 유어셀프

얼마나 나빠질 수 있을까?

비록 불안정한 감정이 나로 하여금 나쁜 결정을 하게 만들었지만 나를 불행하게 만들었다고 할 정도로 극단적이지는 않았다. 그것보다는 자기비난으로 인한 상처가 훨씬 더 심했다. 부적절하다는 감정과 열등감은 감정적인 고통으로 표출되어 자해—마약과 알코올 남용, 고의적인 무모한 운전, 상처내기—시도로 이어졌다. 자기비난이 수년 동안 끊임없이 계속되고 무자비한 자기비난이 일상화되면 극단적인 경우 삶 자체에서 벗어남으로써 고통을 피하려는 선택을 하게 된다. 일련의 대규모 연구들은 극단적인 자기비판가는 일반인에 비해 자살을 시도할 가능성이 훨씬 더높다는 사실을 발견했다. 수치심과 하찮다는 감정은 우리의 가장기본적이고 근본적인 본능인 살고 싶어 하는 의지를 압도할 정도로 자기 자신을 비하하게 만든다. 자기비판을 자살로 연결시키는사고 패턴은 우울증 사이트에 올라와 있는 블로그 글에 명백히 나타나 있다.

나는 평생 우울했다. 나는 항상 나에게 뭔가 잘못된 것이 있다고 생각했고 내가 바보 같고 못생겼고 역겹다고 느꼈다. 나는 친구를 많이 사귀고 싶었지만 어떻게 해야 하는지 몰랐다. 잠깐 한두 친구를 사귈 수 있었지만 오래가지 못했다. 어떤 친구는 나를 배반했고 상처를 줬다. 나의 어떤 면이 그렇게 나를 미워하게 만들었는지 정말 모르겠다. 나는 공개 석상에서는 말을 하지 않는다. 바보 같은 말을 해서 누군가 나를 비웃고 모욕할까 봐. 그래서 누군가 나에게 친절하고 같이 있고 싶어 할 때도 난 거리를 두었다. 때때로 너무 외로워서 차라리 죽는 것이 낫다고 느낄 때도 있었다. 나는 가치 없고 아무도 나를 좋아하지 않기 때문에 죽는 것에 대해 생각한다. 나는 나를 사랑하지 않는다. 마음이 죽을 것같이 느끼는 것보다 차라리 죽는 것이 낫다.

이러한 비극적인 사고는 생각보다 훨씬 더 흔하다. 세계적으로 매년 1천만에서 2천만 명의 사람들이 자살을 시도하는 것으로 추산된다. 슬프게도 이 충격적인 폭력 행위는 대부분 우리에게 매우 친숙하며 가혹한 자기비판이라는 내면적 폭력의 외적 징후일 뿐이다.

출구

우리의 심리적인 패턴들을 명확하게 보는 것이 중요하지만 그러한 패턴에 대해 우리 자신을 판단하지 않는 것 역시 중요하다. 당신이 습관적으로 자신을 비난하는 사람이라면 그러한 행동이 사실은 자신을 안전하게 지키고 유지하려는 일종의 복잡한 자기 돌봄이라는 것을 기억하라. **누군가 당신의 자책을 멈추게 할 거라는 헛된 희망으로 자신을 자책하지는 않을 것이다.** 증오가 증오를 극복할 수 없는 것처럼—강하게 하고 강화할 뿐—자기비난은 자기비난을 멈추게 할 수 없다.

그러므로 자기비판을 상쇄하는 최선의 방법은 그것을 이해하고 연민을 갖는 것이며 좀 더 친절한 반응으로 대체하는 것이다. 자기비난으로 겪어온 고통이 우리자신을 움직이도록 내버려두면 치유하고자 하는 열망이 강화된다. 머리를 벽에 찧는 행동을 충분히 하고 나면 이 정도면 충분하다고 판단하면서 스스로를 괴롭히는 고통을 끝내야겠다고 결심하게 될 것이다.

다행히 우리는 우리가 원하는 안전과 보살핌을 스스로에게 줄 수 있다. 우리의 약점과 불완전함은 인간 모두가 공유하는 경험이다. 우리는 우리처럼 결점이 있고 상처받기 쉬운 인생의 동반자들과 연결되어 있다. 그렇게 되면 남들보다 우월하다고 느끼는 욕심을 내려놓을 수 있을 뿐만 아니라 타인을 희생시키며 자아를 부풀리는 이기적인 왜곡을 바라볼 수 있게 된다.

누가 '훌륭한'이라는 딱지가 붙여진 박스에만 갇혀 있기를 원하겠는가? 인간이 할 수 있는 모든 경험을 한껏 즐기는 것이 훨씬 흥미로운 삶 아닐까? 완벽한 이상을 얻기 위해 우리자신과 삶을 통제하는 대신에 인생의 빛과 그림자를 모두 포용하는 것이 어떨까? 우리 자신을 그렇게 자유롭게 해주면 어떤 가슴 떨리는 체험을 하게 될까? 행복은 인생의 흐름을 거스르는 것이 아니라 함께할 때 찾아오며 자기연민은 인생의 파도를 지혜롭게 수용하며 잘 항해하도록 도와준다.

비판하는 사람, 비판받는 사람, 연민 어린 관찰자

이 실습은 게슈탈트 치료사 레슬리 그린버그Leslie Greenberg가 연구한 '두 의자 대화two chair dialogue'를 모델로 한 것입니다. 이 실습에서 내담자는 자기 자신의 상충하는 여러 부분들과 접촉하기 위해 다른 의자에 앉아 그 순간에 자신의 여러 부분들이 각각 어떻게 느끼는지 경험합니다.

먼저 빈 의자 세 개를 삼각형 모양으로 배치하세요. 다음은 심하게 당신을 괴롭혀온 자기비판의 원인이 무엇인지에 대해 생각해보세요. 의자 하나는 내면에 있는 자기비판가의 목소리, 또 한 의자는 판단받고 비판받는 당신의 목소리, 나머지 하나는 지혜롭고 연민 어린 관찰자의 목소리 역할을 맡습니다. 당신은 이 세 부분의 자신에 대해 역할 연기를 할 것입니다. 처음에는 약간 어색하게 느껴질 수 있지만 감정이 흐르는 대로 놓아두면 당신은 그 결과에 놀랄 것입니다.

1. 당신의 '문제'에 대해 생각하세요. 그런 다음 자기비판 의자에 앉으세요. 앉았으면 당신의 자기비판 부분이 생각하고 느끼는 것을 큰 소리로 말해보세요. 예를 들면, "나는 네가 그렇게 소심하고 자기주장도 제대로 못한다는 것이 싫어." 당신의 자기비판 부분이 사용하는 말과 목소리 톤 그리고 그것이 어떤 느낌인지 주목해보세요. 걱정스러운? 화난? 독선적인? 분노한? 당신 몸의 자세는 어

떤가요? 굳건한? 경직된? 곧은?

2. 이제 자신이 비판받는 역할 의자에 앉으세요. 이런 식으로 비판
받는 기분이 어떤지 느껴보세요. 내면의 비판에게 직접적으로 반
응하면서 당신이 느끼는 것에 대해 말해보세요. 예를 들면, "너
때문에 감정이 많이 상했어." 또는 "나는 너무나 지지를 받지 못
하는구나." 마음에 떠오르는 것이 무엇이든지 말하세요. 그리고
당신의 목소리 톤을 알아차려보세요. 슬프거나 낙담하거나 어린
애 같거나 두렵거나 무기력한가요? 몸의 자세는 어떻습니까? 구
부정하거나 고개를 수그리고 있거나 얼굴을 찡그리고 있나요?

3. 비판가의 의자와 비판받는 자의 의자에 번갈아 앉으면서 대화를
이어가보세요. 각각의 부분들을 진정으로 경험할 수 있도록 시도
해보세요. 그래서 서로 다른 부분들이 어떻게 느끼는지 서로 알
게 해보세요. 각각의 부분들이 가지고 있는 관점을 충분히 표현
하고 경청할 수 있도록 해보세요.

4. 이제 연민 어린 관찰자 의자에 앉으세요. 당신의 내면 가장 깊은
곳에 있는 지혜와 보살핌의 샘물을 끌어와 비판하는 부분과 비판
받는 부분에게 말해보세요. 당신의 연민 어린 자아는 비판가에게
무엇을 말하고 어떤 통찰을 가지고 있나요? "너는 네 엄마와 아주
비슷하구나." "나는 네가 정말로 두려워하고 있고 내가 바보짓을
하지 않도록 도우려고 애쓰고 있다는 것을 알아." 당신의 연민 어

린 자아가 비판받는 당신의 부분에게 무슨 말을 하나요? "그런 가혹한 비난을 매일매일 듣는 것은 믿을 수 없을 정도로 힘든 일이야. 나는 네가 정말로 상처받은 것을 이해해." "네가 원하는 것은 단지 있는 그대로 받아들여지고 싶은 것이 전부인데." 당신의 가슴을 부드럽게 하고 개방하면서 이완해보세요. 어떤 연민 어린 말이 자연스럽게 솟아나나요? 목소리 톤은 어떤가요? 부드러운, 다정한, 따뜻한? 당신의 몸의 자세는 어떤가요? 균형 잡힌, 중심이 있는, 이완된?

5. 대화가 끝난 후—적당하다고 느끼면 언제든지 멈추세요—방금 일어난 일에 대해 곰곰이 생각해보세요. 당신의 유형은 어디에서 시작되었는지 그리고 당신의 상황을 좀 더 생산적일 수 있게 하는 새로운 방식의 생각 등 어떤 통찰은 떠오르지 않았는지 생각해보세요. 당신이 배운 것을 숙고하면서 자신에게 앞으로 좀 더 친절하고 건강한 방식으로 말해야겠다는 의지를 세워보세요. 당신 내면에서 일어나는 전쟁에 휴전을 선포하세요. 자기비판의 오래된 습관이 당신을 영원히 지배하게 할 필요는 없습니다. 당신은 숨겨져 있지만 그러나 이미 진작부터 당신 내면에 존재하는 당신 자신의 현명하고 연민 어린 자아의 목소리를 경청하는 것이 필요합니다.

$2^{부}$

자기연민의 핵심 요소

자신에게 친절하기

·

당신의 마음을 어루만지거나 가만히 어루만져지는 것을 허용할 때 어떤 굳은 생각도 없는 끝없이 깊고 광활하고 거대한 무한의 마음을 발견할 것이다. 당신은 그곳에 얼마나 많은 공간과 따뜻함과 부드러움이 존재하는지 깨닫게 된다.

—페마 초드론,《지금 있는 곳에서 시작하라Start Where You Are》

·

·

자기연민에는 세 가지 핵심요소가 있다. 첫째는 **자기친절**로, 스스로를 가혹하게 비판하거나 판단하는 대신 깊은 이해심으로 자신을 온화하게 대하는 것이다. 둘째는 고통으로 인해 고립감과 소외감을 느끼기보다 오히려 비슷한 인생 경험이 있는 다른 사람들과의 공감을 통해 **인간경험의 보편성**에 대한 인식을 갖는 것이다. 셋째는 **마음챙김**mindfulness으로, 고통을 무시하거나 과장하기보다 균형 잡힌 지각으로 수용하는 것이다. 진정으로 자기연민을 하기 위해서는 이 세 가지 요소가 필수적이다. 이 세 가지는 모두 똑같이 중요하기 때문에 이번 장과 다음 장에서 각각의 요소에 대해 다룰 것이다. 먼저 자기연민의 첫째 요소인 자기친절이 무엇인지부터 살펴보자.

자기친절의 길

서양 문화는 어려움에 처한 친구나 가족, 이웃에 대한 친절을 중요시한다. 그런데 우리 자신이 어려움에 빠졌을 때는 다르다. 어떤 식으로든 실수를 하거나 실패를 하면 어깨를 토닥거려주기보다 방망이로 머리를 한 대 치려 하는 경향이 더 강하다. 아마 자신을 위로한다는 생각 자체가 어색하고 터무니없어 보일 것이다. 문제가 우리가 통제할 수 없는 외부 원인에 의해 발생했다고 해도 자기친절은 우리 문화 안에서 가치 있는 반응으로 인정받지 못한다. 서부 영화의 존 웨인처럼 강한 사람은 자신의 고통에 대해 참고 침묵해야 한다는 사회적 메시지를 받는다. 안타깝게도 이런 자세는 어려움에 빠졌을 때 우리가 가진 가장 강력한 대응 체제를 빼앗는다.

자기친절이란 일상적으로 끊임없이 내부에서 벌어지는 자기판단과 비난을 멈추는 것이다. 그러기 위해서는 우리의 약점과 실패를 비난하는 대신 이해해야 한다. 또한 무자비한 자기비판이 개인에게 해악을 입힌다는 것을 인식하고 내면에서 일어나는 전쟁에 종전을 선포해야 한다.

자기친절은 자기비판을 멈추다는 것 이상의 의미를 내포한다. 어려움에 빠진 소중한 친구를 위로하듯 우리 자신을 적극적으로 위로하는 것이다. "지금 정말로 힘들다"라고 말하는 것을 멈추고 대신에 "지금 이 순간에 나를 어떻게 돌보고 위로할 수 있을까?"

하고 말하면서 잠시 멈추어 자신의 아픔에 정서적으로 공감하는 것이다. 자기친절로 힘든 마음을 달래고 진정시킬 수 있다. 따뜻함과 친절함과 감정적 지지를 통해 내면에 평화가 찾아오고 진정한 치유가 일어날 수 있다.

만약 자신의 실수로 고통이 생겼다면 바로 그때가 스스로에게 연민을 가져야 할 때다. 고등학교 시절, 내가 푹 빠졌던 소년과 첫 데이트를 했었다. 나는 약간 감기 기운이 있었지만 별로 신경쓰지 않았다. 그에게 내가 얼마나 똑똑하고 재미있는 사람인지 보여주기 위해 웃으며 이야기하는데 어느 순간 그가 나를 곁눈질로 보면서 눈썹을 추켜세웠다. 나는 무슨 일인가 의아해하면서 말을 멈추었는데 그가 말했다. "멋진 콧물 방울인데?"

그 부끄러움과 수치심은 몇 주 동안 나를 휘감았다. 내가 변변치 않은 사람 같았다. 내가 지금 알고 있는 것을 그 당시에 알았더라면 얼마나 좋았을까.

우리는 실패했을 때, 심지어 그 실패가 엄청난 것이라고 할지라도 가차 없이 우리를 깎아내리기보다는 또 다른 선택을 할 수 있다. 누구나 실수할 때가 있다는 사실을 받아들이고 자신에게 친절하게 대해야 한다. 최상의 한 걸음을 내딛지 못했지만 우리는 도전을 한 것이다. 넘어져서 얼굴이 깨질 수 있다는 것은 인생에서 피할 수 없는 사실이다. 그러나 그것이 가장 고결한 인생의 진실이기도 하다.

하지만 슬프게도 많은 사람이 자신에게 친절해서는 **안 된다고** 믿고 있다. 이런 교육을 어린 시절에 받았을 경우에는 특히 그렇다. 그리고 심지어 자신에게 친절하게 대하기 위해 '내 안의 폭군'을 제거하고 싶어 하는 사람들조차 변화를 믿지 않는 경우가 있다. 그들은 강하게 자신을 비판하는 습관을 발달시켜왔기 때문에 실제로 자기가 자기에게 친절**할 수 있다**는 생각을 하지 않는다. 하지만 자신에게 친절하기는 생각보다 쉽다.

애착과 **돌봄 시스템**

우리 뇌와 신체는 보살핌을 주고받을 수 있는 선천적인 능력을 가지고 있다. 그것은 우리의 유전적 유산이다. 생존하기 위해서는 '공격-도피 본능'에 의존하기도 하지만 '돌봄과 친근 본능'에도 의존한다. 생존 위협의 압박이 강한 동물들은 새끼를 생산하기 위해 생존에 필요한 유전자를 다음 세대에 성공적으로 전달하고자 했다. 이는 돌봄 행위가 강력한 적응 기능을 가지고 있음을 보여준다.

이런 이유로 모든 포유류는 '애착 시스템'—돌보는 자와 그 새끼들 간의 강한 정서적 유대를 허용하는 일련의 행위—을 가지고 태어난다. 일단 새끼가 알을 깨고 나오면 그들의 새끼를 잘 돌보지 않는 파충류—사실 종종 새끼들을 먹는다—와는 달리, 포유류는 상당한 시간과 에너지를 새끼들을 기르는 데 보내면서 새끼들을 충분히 먹이고 그들에게 따뜻함과 안전을 보장해준다. 포유류는 미숙한 상태로 태어나며 태어났을 때 스스로를 돌보지 못한다. 그래서 집을 떠날 준비가 되기 전까지 부모에게 전적으로 의존한다. 진화를 통해 포유류는 양육을 주고받기 때문에 부모는 아이가 태어난 직후부터 충실히 양육하게 되고 아이는 홀로 떨어져 위험한 야생에서 배회하지 않게 된다. 그러한 돌봄의 감정은 자연적으로 우리에게 전달된다. 돌봄의 감정 없이 인간은 생존할 수 없었을 것이다. 이것은 애정과 상호연결감을 느끼는 능력이 우리가 가진 생물학적 특성이라는 사실을 의미한다. **우리의 뇌는 실제로 돌보도록 설계되었다.**

저명한 심리학자 해리 할로Harry Harlow는 1950년대에 포유류의 애착 시스템 발달을 최초로 연구한 인물 중 하나였다. 일련의 독창적인(윤리적으로 문제될 만하지만) 실험 속에서 할로는 어미 품에서 분리되어 홀로 울타리에서 양육되는 갓 태어난 붉은털원숭이들의 행동을 연구했다. 새끼 원숭이들이 부드러운 헝겊으로 된 가짜 어미—어느 정도 따뜻함과 편안함을 주는—와 더 많은 시간을 보낼지 아니면 우유병이 달려 있지만 편안함을 주지 않는 삭막한 철망에서 더 많은 시간을 보내는지 알아내는 것이었다. 결과는 명확했다. 새끼 원숭이들은 헝겊 어미에게 생명이 있는 것처럼 착 달라붙어 있었고 우유를 먹을 때만 재빨리 삭막한 철망으로 옮겨갔다. 이 발견에서 놀라운 점은 포근한 천이 주는 정서적인 편안함이 음식보다 더 강한 본능적 욕구를 충족시켜주었다는 것이다. 돌봄은 영양만큼 강력한 생존 욕구였다. 성서에서 "인간은 빵만으로는 살 수 없다"라고 말하는 것처럼 할로는 그 실험을 통해 애착 시스템의 생물학적 기반에 대한 증거를 제시했다.

같은 시기에 활동한 또 다른 영향력 있는 심리학자 존 볼비John Bowlby는 한걸음 더 나아가 인간에 대한 애착을 연구했다. 그는 유아는 자신들의 욕구가 지속적으로 충족될 때 부모와 안정된 애착유대를 발전시킨다고 설명했다. 만약 아이들이 화가 나거나 무서울 때 부모에게 위로를 받거나 지지를 받게 되면 그들은 부모를 신뢰한다. 엄마가 우는 아이를 안아 올려 흔들어줄 때마다 아이는 세상이 안전한 곳이고 도움이 필요할 때 엄마에게 의존할 수 있다는 것을 느끼게 된다. 이것이 아이들로 하여금 부모를 '안전지대'로 여기게끔 해주고 그들은 항상 가까이에서 도움을 받을 수 있다는 것을 알기 때문에 세상을 안전하게 탐험할 수 있다는 것이다. 하지만 부모가 도움을 일관성 없이 제공하거나 냉담하고 거부적이라면 아이들은 이른바 불안정한 애착유대를 형성하게 된다. 그러한 불안정함은 아이들이 그들의 괴로움을 달래주려는—아픈 상처에 뽀뽀를 하여 상처를 낫게 해주는—부모를 신뢰하지 않음을 뜻한다. 그들은 세상이 안전하지 **못하며** 부모는 믿을 만한 사람이 아니라는 사실을 배운다. 이것은 아이들이 세상을 탐험하는 데 필요한 자신감에 손상을 입힌다. 이는 종종 성인이 되어서까지 이어질 수 있다.

볼비는 어린 시절 부모와의 애착유대가 '내적작동모델internal working model'을 형성하여 다른 사람들과 관계를 맺는 데도 중요한 역할을 한다고 주장했다. 이것은 우리가 누구인지 그리고 우리가 다른 사람들에게 무엇을 기대할 수 있는지에 대해 무의식적이고 뿌리깊이 자리잡은 정신적 초상화다. 만약 아이가 부모와 안정적으로 애착관계가 형성되면 아이는 자기가 사랑받을 가치가 있다고 느끼게 된다. 그들은 위안을 주고 지지해주는 사람들을 신뢰할 수 있다는 확고한 믿음으로 대체로 건강하고 행복한 성인으로 성장한다. 하지만 불안정한 애착을 형성하게 되면 아이는 자신이 무가치하고 사랑스럽지 않다고 느끼게 되고 다른 사람들을 신뢰하지 못한다. 이는 만성적인 정서적 스트레스를 유발하는 뿌리깊은 불안정함을 만들고, 이후 삶에서 친밀하고 안정적인 관계를 형성하는 데 영향을 줄 수 있다.

우리 연구 역시 불안정한 애착관계에 있는 사람이 안정된 애착관계에 있는 사람들보다 자기연민을 잘하지 못한다는 사실을 보여준다. 자아에 대한 내적작동모델은 우리가 우리 자신을 어떻게 대하는지—연민 혹은 경멸—에 중대한 영향을 끼친다. 만약 우리의 내적작동모델이 우리에게 우리가 힘들 때 함께 있어주고 의존할 수 있는 사람이 없다고 말한다면 우리는 자신이 다른 사람을 의지하도록 허용하지 않을 것이다. 이전 장에서 이야기했던 전문무용수인 에밀리처럼 다른 사람들을 우리의 가슴 안에 허용함으로써 자신이 상처받기 쉽도록 만들기보다는 최악의 경우를 가정하고 그에 따라 행동하는 것이 더 쉽다. 하지만 그렇게 함으로써 우리는 인간으로서 누려야 할 행복에서 단절된다.

다행히 우리의 내적작동모델은 돌에 새겨진 것이 아니어서 변할 수 있다. 보살핌을 주고받는 능력은 타고나기 때문에 우리의 애착버튼은 재설정될 수 있다. 어린 시절 불안정하게 애착된 사람이지만 어른이 된 후 사랑이 넘치고 믿음직하고 로맨틱한 파트

70

너를 만나 관계를 맺는다면 안정된 애착을 형성하는 것을 배울 수 있다. 건강한 연애 관계는 우리가 소중하고 보살핌 받을 가치가 **있으며** 다른 사람들이 우리의 요구를 충족시켜줄 수도 있다는 사실을 깨닫게 해준다. 또한 숙련된 치료자는 내담자를 무조건적으로 지지해줌으로써 그들의 불안정한 애착유대관계가 변화하도록 도울 수 있다. 치료자가 제공하는 안전한 공간과 경청은 내담자로 하여금 어린 시절에 형성된 뿌리깊은 패턴에 접근하도록 허용하고 그것들을 수면 위로 가져와 새롭게 형성되게 한다.

물론 자기 자신에 대한 감정을 바꾸기 위해 다른 사람들한테만 의존하는 것은 문제가 있다. 연애 관계는 끝날 수 있고 상담자가 떠나버리거나 경제적으로 감당이 안 될 수도 있다. 그리고 우리가 의존하는 사람들 역시 우리가 필요로 할 때마다 우리와 함께 있어줄 수 없는 그들 자신의 문제—질병, 우울, 업무 스트레스—를 가지고 있다. 그러나 다행히도 자신의 관점을 바꾸기 위해 다른 사람들에게만 의존해야 하는 것은 아니다. 우리가 꾸준히 자신을 돌봐주고 이해해준다면 스스로 보살핌과 수용받을 가치가 있다고 느끼게 된다. 자신에게 공감과 지지를 줄 때 우리는 도움이 항상 가까이에 있다는 믿음을 배우게 된다. 자신을 따뜻하게 감싸 안을 때 우리는 안전함과 안정감을 느낀다.

다행히 에밀리는 마침내 이것을 배울 수 있었다. 에밀리는 자신의 내면 깊은 곳에 있는 불안감에 연민을 보내지 않았다면 방어적인 행동으로 남자들을 계속 밀어냈을 거라는 사실을 깨닫게 되었다. 그래서 에밀리는 좀 더 자신을 친절하게 대하고 더 많이 수용하는 연습을 했다. 불안이라는 파도가 자신을 휩쓸 때마다 에밀리는 마음속으로 "나는 있는 그대로의 나를 받아들이고 사랑할 거야"라고 말했다.

에밀리는 자신이 스스로를 비판하거나 다른 사람의 행동을 고의적으로 거부한다고 여겨질 때마다 "나는 있는 그대로의 나를 받아들이고 사랑할 거야"라고 반복해서 말했다. 결국 에밀리가 어머니에게 거부당하고 인정받지 못함으로 인해 생긴 고통을 충분히 경험하도록 자기 자신을 허용했을 때 깊은 슬픔의 샘이 올라왔다. 그러나 연민의 문구를 반복하는 동안에는 격정적인 자신의 감정에 휩싸이지 않고 있는 그대로의 감정을 느낄 수 있다는 것을 알아차렸다.

마침내 고통이 가라앉기 시작하면서 에밀리는 타인을 믿게 되었다. 에밀리는 자신이 다른 사람에게 줄 것이 많다는 것과 자신의 과거는 더 이상 현재와 관계가 없다는 것을 깨달았다. 가장 최근에 에밀리에게 연락했을 때 그녀는 자신을 최고로 아끼고 사랑해주는 남자와 약혼한 상태였다. 자신도 깊은 사랑과 관심을 받을 수 있는 사람이라는 것을 인정한 것이다.

돌봄의 화학물질

자기친절의 힘은 단순히 생각—기분은 어느 정도 좋지만 어떤 것도 진정으로 변화시킬 수 없는 비현실적인 생각—에 불과한 것이 아니다. 그것은 정말로 실재한다. 우리가 자신의 고통을 달랠 때 우리는 포유류의 돌봄시스템을 두드리는 것이다. 돌봄시스템이 작동되는 과정은 옥시토신oxytocin 분비를 자극한다. 연구자들은 옥시토신이 사회적 관계에 중요한 역할을 하기 때문에 '사랑과 유대감의 호르몬'이라고 부른다. 한 연구는 임신부의 첫 3개월 동안 측정된 옥시토신 수치를 통해 출생 후 엄마와 아이의 유대감이 얼마나 강한지를 예측할 수 있다는 사실을 발견했다. 옥시토신 수치가 오르면 신뢰, 평온, 안전, 관대함, 연결감이 강하게 증가하고 자신에게 따뜻함과 연민을 줄 수 있는 능력을 활성화시킨다. 옥시토신은 두려움과 불안을 완화시키고 고혈압을 잡아줄 뿐 아니라 스트레스와 관련된 코르티솔cortisol 을 상쇄시킬 수 있다. 파티용 마약인 MDMA(엑스터시로 알려진)가 옥시토신의 효능과 흡사하기 때문에 사람들이 이 약을 복용하면 자신과 다른 사람들을 향해 좀 더 편안하고 애정 있고 수용적인 느낌이 든다고 말한다.

엄마가 아이에게 수유를 할 때나 부모가 어린 자녀들과 상호작용할 때와 같이 누군가와 부드럽고 다정한 보살핌을 주고받는 화목한 상황에서 옥시토신이 분비된다. 생각과 감정은 우리 자신을 향해서든 다른 이를 향해서든 우리 몸에 동일한 영향을 미치기 때문에 이 연구는 자기연민이 옥시토신을 분비하는 데 강력한 자극이 될 수 있다고 조언한다.

그에 비해 자기비판은 우리 몸에 매우 다른 영향을 미친다. 편도체는 뇌에서 가장 오래된 부위로 환경에서 오는 위협을 재빠르게 감지하도록 설계되어 있다. 우리가 위험한 상황을 감지하면 공격-도피 반응이 일어난다.

편도체는 혈압과 아드레날린, 코르티솔 호르몬을 높이라는 신호를 보내고 위협에 맞서거나 도망가는 데 필요한 힘과 에너지를 동원시킨다. 이 시스템은 진화 과정에서 물리적 공격을 다루기 위해 고안되었지만 감정적인 공격—우리 자신이나 다른 사람들에게 받는—에 의해서도 쉽게 활성화된다. 시간이 지날수록 증가된 코르티솔 수치는 즐거움을 경험할 수 있는 능력과 관련된 다양한 신경전달물질을 고갈시킴으로써 우울증을 유발한다.

또한 자기친절과 자기비판은 뇌에서 매우 다르게 기능한다는 사실을 보여주는 신경학적 증거도 있다. 최근 한 연구는 fMRI(기능적 자기공명 영상) 기술을 이용하여 개인적인 실패에 대한 반응을 연구했다. 참여자들이 뇌 촬영 장치 안에 있을 때 그들에게 '연달아 도착한 세 번째 불합격 통지서' 같은 가상 상황을 보여주는 것이다.

그때 참가자들에게 친절한 방식이나 자기비판 방식 중 하나를 택해 그 상황에 반응하라고 말해준다. 자기비판은 외측 전두엽 피질과 배측전대상피질—오류 처리와 문제 해결과 관련된 뇌의 부위—의 활성화와 관련이 있었다. 자신을 향해 친절과 안심을 주는 것은 좌측두부 극과 섬엽—뇌의 긍정적인 감정과 연민과 관련된 부위—과 관련이 있었다. 이러한 결과를 볼 때 자기친절은 우리 자신을 고쳐야 하는 문제로 보는 대신 보살핌을 받을 가치가 있는 소중한 인간 존재로 보도록 해준다.

자신을 따뜻하고 다정하게 대하는 감정을 경험하면 마음뿐 아니라 몸도 변화한다. 우리는 걱정과 불안 대신 평온함과 만족스러움, 신뢰와 안전을 느낀다. 자기친절은 우리가 고통스러운 경험에 대응할 때 우리로 하여금 안전함을 느끼게 하여 더 이상 두려워하지 않도록 돕는다. 그리고 일단 우리가 불안을 내려놓으면 우리는 꿈을 이루는 데 필요한 자신감을 가지고 실제로 그 꿈을 추구할 수 있게 된다.

실습
1

안아주기 실습

기분이 안 좋을 때 자신을 달래고 위로해줄 수 있는 쉬운 방법 중 하나는 자신을 부드럽게 안아주는 것입니다. 처음에는 약간 우스꽝스러워 보일 수 있지만 당신 몸은 그렇게 여기지 않습니다.

몸은 따뜻함과 보살핌을 주는 신체적인 행동에 반응합니다. 마치 아기가 엄마의 팔에 안겨 반응하는 것과 같습니다. 우리 피부는 믿을 수 없을 정도로 섬세한 기관입니다. 신체적 접촉은 옥시토신을 분비하게 하고 안정감을 주며 고통스러운 감정을 달래주고 심혈관계 스트레스를 진정시켜준다고 합니다.

만약 당신이 긴장이나 화, 슬픔 또는 자기비판적인 감정을 느끼고 있다는 사실을 알아차린다면 자신을 따뜻하게 안고 당신의 팔과 얼굴을 부드럽게 쓰다듬으며 몸을 부드럽게 흔들어보세요. 사랑, 돌봄, 부드러움의 느낌을 전하는 분명한 제스처를 취하는 것이 중요합니다. 만약 다른 사람들이 주위에 있으면 드러나지 않게 팔짱을 껴서 당신을 위로하는 몸짓으로 부드럽게 꼭 껴안아주세요. 신체적 몸짓을 할 수 없는 상황이라면 그냥 자신을 껴안는 **상상**을 할 수도 있습니다.

안아주고 나서 당신의 몸이 어떻게 느끼는지 알아차려보세요. 더 따뜻하고 더 부드럽고 더 평온한가요? 옥시토신 시스템을 이용해 당신의 생화학적 경험을 바꾸는 것이 이렇게 쉽다니 정말 놀라운 일입니다.

이제 일주일 동안 고통스러울 때마다 하루에 여러 차례 자신을 안아주세요. 스스로에게 친절할 수 있는 이 단순하고 직접적인 방식을 충분히 이용하여 필요할 때 스스로를 신체적으로 위로하는 습관을 발달시키기를 바랍니다.

부드럽게 안아주는 힘

자신을 친절하게 대함으로써 따뜻하게 포용하는 것은 우리로 하여금 고통을 견딜 수 있게 해주며 고통으로 굳어진 마음을 부드럽게 진정시켜주는 연고 같은 역할을 한다. 친절한 친구가 우리를 대해주는 것처럼 우리 자신을 대할 때 우리는 더 이상 고통받는 사람 역할에 전적으로 빠져 있지 않게 된다. 그래, 나 아파. 하지만 나는 돌봄과 관심도 느끼고 있어. 나는 위안을 주는 사람인 동시에 위안이 필요한 사람이기도 해. 나에게는 지금 내가 느끼는 고통 외에 더 많은 자산이 있어. **그 고통에 진심 어린 위로를 하고 있는 나도 있지.** 힘든 순간에 그러한 감명을 받으면 직전에 느낀 아픔이 많이 해소될 것이다. 덥고 건조한 사막에서 솟아나는 시원한 샘물 같은 위안을 줌으로써 우리 경험에 새로운 재료를 첨가하는 것과 같다.

한번은 나를 잘 모르는 사람이 나에 대해 험담하는 것을 듣고 우울했던 적이 있다. 잘 알지도 못하면서 나의 정직함과 진실성에 대해 부정적인 추측을 한 것이다. 마치 한 대 맞은 것 같은 기분이었다. 이건 정말 억울한 일이야! 뻔뻔해! 자기는 남들이 자기가 생각하는 그런 사람이라고 생각할 것 같나? 나는 마음속으로 온갖 앙갚음의 시나리오—이 사람을 불러내어 공개적으로 망신을 주고 수치심을 느끼게 해서 참담하게 만드는—를 만들어냈다. 하지만 그렇게 상상으로 만든 영화는 내 기분만 더 안 좋게 만들었고 그 고통을 반복해서 느끼게 했다. 그 순간 나는 자기연민을 기억해냈다. **지금 내게 필요한 것은 이 상황이 얼마나 힘든지에 대해 나 자신에게 연민을 갖는 것이다.** 나는 부드럽게 팔을 쓰다듬으며 친절하고 동정 가득한 목소리로 나에게 말했다. '사랑스러운 크리스틴. **지금 이 상황이 정말 힘들지.**' 나는 부당한 취급을 당해서 고통을 겪고 있는 나를 위로했다.

그 순간 나에게는 단지 분노를 분출하기보다 사랑받고 이해받는 느낌과 진정한 나 자신을 인식하는 것이 필요했다. 이것이 내 고통을 치유할 수 있는 유일한 치료법이었다. 대응 방식을 바꾸자마자 정말로 기분이 좋아지기 시작했다. 나는 앙갚음의 시나리오를 버리고 그 사람의 부정적인 면이 나와 아무런 상관이 없다는 사실에 집중했다. 그것은 그 사람의 문제였을 뿐이다. 덕분에 비교적 빨리 마음을 정리할 수 있었고 평정심을 찾았으며 충격에서 벗어날 수 있었다.

모욕보다는 친절함을 자신과 연결하는 것이 더욱 실용적인 대안이다. 우리는 자신의 개인적인 특성—우리의 타고난 성격, 신체 유형, 건강, 행운 또는 불운한 환경—에 대해 많은 통제권을 가지고 있지 않다. 그렇기에 한계에 직면했을 때 우리가 할 수 있는 것은 자신에게 친절을 베푸는 것이고 그럼으로써 고통을 덜 받을 수 있다.

자신에게 친절을 베풀 수 있는 가장 중요한 방법 가운데 하나는 비판적인 자기와의 대화를 바꾸는 것이다. 베스트셀러《비폭력 대화》의 저자인 마셜 B. 로젠버그Marshall B. Rosenberg는 우리가 스스로와 대화를 할 때 비판적인 언어보다 동정 어린 단어를 사용해야 한다고 말한다. 그는 우리 자신과 평화롭게 지내기 위해서는 내면의 대화 구조를 재구성하고 인간의 기본적인 욕구에 공감을 표현할 수 있어야 한다고 강조한다. 그렇게 하기 위해 로젠버그가 제안한 방법은 네 가지 단순한 질문을 던지는 것이다.

- 나는 무엇을 보고 있나?
- 나는 무엇을 느끼고 있나?
- 나는 지금 당장 무엇이 필요한가?
- 나 자신이나 다른 이에게 요구할 사항이 있는가?

이 네 가지 질문은 우리에게 그 순간 가장 필요한 것이 무엇인지 깊이 있게 생각할 수 있도록 해준다.

당신이 재택 근무를 하고 있는데 차를 한 잔 마시기 위해 휴식하는 중이라고 해보자. 당신이 주방으로 들어갔을 때 산더미처럼 설거지 거리가 쌓여 있다. 첫 번째 단계로 자기와 대화하면서 비판이나 판단에만 집중하고 있는지 살펴보자. '나는 정말 구제불능인 게으름뱅이네'라고 말하고 있는가? 다음은 당신의 가혹한 말 밑바탕에 있는 느낌에 주의를 기울여보자. 당신 자신이나 상황에 대해 좌절감이나 압도감, 짜증을 느끼고 있는가? 세 번째 단계에서는 당신으로 하여금 그런 반응을 하게 만드는 충족되지 못한 욕구를 살펴보자. 아마도 당신은 일에 대한 압박감으로 당장 차를 한 잔 마시기 위해 설거지를 해야 하고 주방 또한 엉망이라 일에 집중할 수 없다는 사실 때문에 낭패감을 맛볼 수도 있다. 마지막으로 당신의 바람이나 문제를 충족시켜주거나 해결해줄 수 있는 다른 사람이 있는지 생각해보자. 어쩌면 당신의 가장 친한 친구에게 마감일이 지날 때까지 도와달라고 부탁할 수도 있다. 또는 당신 자신에게 설거지하는 30분 동안만 일을 미루자고 요청함으로써 일에 집중하기 위해 필요한 균형 감각을 가질 수도 있다. 중요한 점은 그 순간에 무엇이 가장 필요한지 확인하고 주의 깊게 생각하고 듣는 것이다. 그리고 자신을 비난하기보다는 공감을 표현해야 한다.

비판적인 자기와의 대화 바꾸기

이 실습은 몇 주에 걸쳐 실시해야 하는데 이후에는 자신과 장기적으로 어떻게 관계를 맺어야 하는지에 대한 청사진이 생겨날 것입니다. 어떤 사람들은 일기를 쓰는 방식이 효과적이라는 것을 발견할 것입니다. 또 어떤 사람들은 내면의 대화를 더 편안해합니다. 당신이 만약 기록을 해두었다가 나중에 그것들을 다시 보는 것을 좋아한다면 일기 쓰기가 내적인 변화를 위한 훌륭한 도구가 될 수 있습니다. 만약 일기를 꾸준히 쓰지 못하는 편이라면 뭐든지 당신에게 맞는 것을 하면 됩니다. 자신에게 크게 소리 내어 말하거나 조용히 생각할 수도 있습니다.

1. 자신을 대하는 방법을 바꾸는 첫 단계는 당신이 어느 때 자기 비판적이 되는가를 알아차리는 것입니다. 우리 중 대부분이 그러하듯이 자기비판의 목소리가 너무 자주 올라와서 언제 그랬는지조차 알아차리지 못할 수도 있습니다. 무언가 기분이 안 좋을 때마다 당신이 스스로에게 무슨 말을 했는지 생각해봅니다. 내면의 대화에 주의를 기울이면서 가능한 한 정확히 파악하도록 합니다. 당신은 자신을 비난할 때 실제로 어떤 말들을 사용합니까? 반복해서 튀어나오는 핵심 문구가 있습니까? 목소리 톤은 어떤가요? 거친가요? 차가운가요? 화가 나나요? 그 목소리가 과거에 당신을 비난하던 누군가를 생각나게 하나요? 당신은 내면의 비판자를 매

러브 유어셀프

우 잘 알아야 하고 그 비판자가 활성화되는 순간을 자각해야 합니다. 당신이 방금 오레오 쿠키 반 상자를 먹었는데, 당신 내면의 목소리가 "너는 정말 역겨워" "너는 나를 질리게 해" 등의 말을 하나요? 당신 자신에게 어떻게 말하는지 명료하게 감지하도록 최대한 노력해봅시다.

2. 자기비판적인 목소리를 부드럽게 하기 위해 적극적으로 노력하세요. 자기비난("너는 정말 불쾌한 애야" 같은 말은 하지 마세요)보다는 연민을 갖고 이렇게 말해보세요. "나는 네가 나를 안전하게 하고 내가 발전하는 길을 가리켜주려고 노력하는 걸 알아. 하지만 너의 가혹한 비판과 판단은 전혀 도움이 되지 않아. 그렇게 비판하는 것을 멈추어주렴. 네가 나에게 불필요한 고통을 주고 있어."

3. 당신 내면에 있는 비판자의 의견을 착하고 친절하고 긍정적인 방식으로 재구성해보세요. 무슨 말을 사용해야 할지 모르겠다면 매우 연민 어린 친구가 이 상황에서 당신에게 무슨 말을 할지 상상해도 좋습니다. 따뜻함과 보살핌의 느낌이 살아나는 애정 어린 말을 사용하면 도움이 됩니다. 하지만 지나치게 감상적이기보다는 자연스러운 느낌이 좋습니다. 당신은 이렇게 말할 수 있습니다. "나는 네가 지금 너무 슬프기 때문에 기분을 북돋우기 위해 과자를 먹었다는 거 알아. 하지만 기분은 더 나빠지고 몸에도 좋은 느낌이 들지 않잖아. 나는 네가 행복하면 좋겠어. 그러니 기분이 좋

아지도록 산책을 좀 길게 하는 게 어떨까?" 이렇게 지지적으로 자기와의 대화를 하는 동안 부드럽게 자신의 팔을 쓰다듬거나 손으로 당신의 얼굴을 부드럽게 감싸보세요(아무도 보고 있지 않다면). 처음에는 친절한 감정을 불러오는 데 애를 먹을 수 있지만 신체적인 따뜻한 몸짓이 돌봄 시스템을 건드려서 당신의 생화학적 특징을 바꿔줄 옥시토신을 분비시킬 겁니다. 중요한 것은 친절한 몸짓으로 시작하는 것이고, 그러면 마침내 진정한 온화함과 돌봄의 느낌이 따라오게 됩니다.

자기친절의 치유력은 최근 만성적인 여드름으로 고통받는 사람에 대한 연구에서 증명되었다. 만성적인 여드름이 있는 사람들은 우울하고 심한 수치심을 느끼며 자기비난을 한다. 그러한 이유로 연구자들은 2주간의 개입 치료를 통해 참가자들이 자신의 여드름과 관련된 부정적인 감정과 자기비판을 위로하는 방법을 지도했다. "우리의 내면에는 스스로를 향해 적대적으로 야박하고 부정적인 것을 말하는 자기비판자가 있다.…우리는 따뜻하고 연민 어린 방식으로 상황을 수용하는 말을 함으로써 자신을 위로하는 능력을 가진 '내면의 위로자'도 가지고 있다." 이렇게 말하게 한 다음 참가자들이 자기위로를 할 수 있게 고안된 일련의 실습이 제공되었다. 그들은 큐 카드에 연민 어린 문구를 다섯 개씩 썼다. 예를 들어, '내 여드름에 화가 나. 그리고 이렇게 느끼는 건 괜찮아' 또는 '나는 내 친구가 나 같은 상황에 있다면 그 친구를 이해했을 거야. 나는 나 자신도 그렇게 대하기를 원해' 등이다. 또한

러브 유어셀프

그들은 내면의 비판자에 도전하고 맞서는 방법도 배웠다. 그리고 큐 카드에 다섯 개의 문구를 추가로 썼다. 예를 들면, '사람들이 내가 여드름이 있다는 이유로 나를 거부할 거라는 건 진실이 아니야' 또는 '나는 나의 고통과 그 고통을 일으키는 나의 일부와 맞서 싸울 수 있는 내면의 힘을 가지고 있어' 등이다.

이후 참가자들은 2주간의 과정에 걸쳐 하루에 세 번 큐 카드를 읽고 자신에게 연민 어린 편지 쓰기(1장의 실습1 참조) 실습을 했다. 그 결과 여드름으로 인한 우울과 수치심이 의미 있게 감소되었다. 그뿐 아니라 여드름으로 인한 물리적인 통증 또한 감소되어 열이 나고 쑤시는 감각도 줄어들었다.

우리 자신의 인간적인 불완전함에 직면할 때 우리는 친절과 돌봄 또는 판단과 비판으로 반응할 수 있다. 중요한 것은 우리가 자신 안에 있는 어떤 마음을 지지하고 싶어 하는가의 문제다. 우리는 판단을 멈출 수는 없지만 장려하거나 신뢰할 필요도 없다. 자기비난을 부드러움과 이해로 감싸 안으면 자기경멸의 힘은 생존에 필요한 영양분이 고갈되어 시들어버릴 것이다. 우리의 고통에 친절로 반응함으로써 우리는 기쁘고 만족하면서 살아갈 힘을 얻게 된다.

나의 이야기

사람은 누구나 실수하기 마련이다

나는 대학원 마지막 학기에 참가한 불교명상 그룹에서 처음으로 자기연민에 대해 배웠다. 그 당시 나는 수치심, 죄책감, 무가치함 같은 감정에 휩싸여 있었다. 필사적으로 내면의 평화를 찾아 헤매던 중 자기연민을 만나게 되었다. 그때는 루퍼트와 내가 결혼하기 몇 달 전이었고 나는 몇 년 전 겪었던 어려움으로 인해 고통에 사로잡혀 휘청거리고 있었다.

나는 결혼한 적이 있다. 그 남자는 존(가명)이다. 나는 대학교 3학년 때 존을 만났다. 10대 때 잇따라 연애에 실패한 후 나는 마침내 내 사람을 만났다고 생각했다. 존은 잘생겼고 지적이며 교양 있는 사람이었다. 하지만 매우 비판적인 사람이었다. 나는 대인관계에 문제가 있었고 그 때문에 그는 나와 헤어지려고 했지만 내가 거부했다. 잃기에는 너무 괜찮은 사람이라고 생각했다. 그의 거부에 나는 더 집요하게 변해갔다. 나는 내가 가진 모든 매력적인 요소를 끌어냈고 우리는 결국 다시 함께하게 되었다. 그리고 몇 년 후 우리는 결혼했다.

존은 기본적으로 좋은 남자였다. 하지만 그는 어떤 종류의 영성에 대해서도 극단적으로 회의적이었다. 그는 내가 자라면서 가졌던 영적 믿음에 대해 절대 동의하지 않았다. 그는 그것을 완전히 보잘것없는 것으로 여겼다. 나는 필사적으로 사랑받고 인정받기를 원했기 때문에 그가 바라는 사람으로 나 자신을 바꿔나갔다. 나는 점점 회의적인 사람이 되어갔고 내 인생에서 가장 중요했을 한 가지—나와 신과의 관계 또는 신을 생각하면서 느끼는 보편적인 생각들—를 포기했다. 그 즈음 나 역시도 뉴에이지 성향을 가졌던 어린 시절 동안 깊이 믿었던 윤회, 업, 깨달음 같은 개념들에 대해 이미 의문을 품기 시작했던 참이었다. 이런 생각이 진짜인지 아니면 단순한 소망—일종의 기분 좋은 공상과학—인지 어떻게 알 수 있는가? 존의 회의적인 성향이 내 종교적 믿음에 위기가 찾아왔을 시기에 완벽한 도약판 구실을 했고 나는 곧바로 달려들었다.

존과 사귀기 시작한 직후 나는 모든 영적인 추구를 내려놓았고 리서치 심리학자가 되기 위해 버클리에 있는 대학원에 입학했다. 합리성이 나의 새로운 신이 되었다. 이 기간은 대략 7년 동안 이어졌다. 나는 영성으로 가는 문을 닫았을 때 내 마음이 얼마나 굳게 닫혀 있었는지 깨닫지 못했다. 논리적인 마음만으로는 행복하지 않았지만 나는 그 사실을 인식하지 못했다.

결혼 생활이 행복하지는 않았지만 안정적이고 별 문제가 없었기 때문에 나의 불만족은 거의 무의식에 남겨져 있었다. 나는 한 번도 있는 그대로의 나로 한 남자에게 보여지고 사랑받고 소중하게 여겨지는 것이 어떤 느낌인지 경험하지 못했다. 그래서 나를 떠나지 않는 누군가가 있다는 것이 그런 좋은 경험일 것이라고 생각했었다.

나를 정말로 이해하고 존중하는 사람을 만나기 전까지, 나보다 현명하고 경험이 많은 피터(가명)를 만나기 전까지는 그랬다. 대략 1년에 걸쳐 우정이 커지면서 피터와 불륜 관계가 되었다. 이전에는 누구에게도 말하지 못했던 것들을 피터에게는 편안하게 말할 수 있었고 피터는 나를 더 사랑하게 되었다. 내 인생을 통틀어 피터와 있을 때가 가장 행복했다. 내 마음은 활짝 열렸고 더 강렬한 기쁨과 살아 있음, 자기수용을 느꼈다. 나의 영성이 다시 깨어났다. 오랜만에 처음으로 나 자신이 온전하다고 느꼈다. 피터가 나보다 나이가 훨씬 많기 때문이기도 했다. 아마 내가 아버지에게 거부당했던 느낌을 피터가 대신해준 측면도 있었던 것 같다.

하지만 존을 속이고 있다는 사실이 너무 끔찍해서 내가 하고 있는 일들을 인정할 수 없었다. 심지어 내 속마음조차 그렇게 대했다. 나의 자기비난은 내가 한 것에 대해 모조리 자백하는 것을 불가능하게 만들었다. 그런 빌어먹을 자화상은 정말 고통스러웠다. 내 삶의 두 부분은 서로 연결되지 않은 채 완전히 단절되었고 조현병 환자처럼 시간을 보냈다. 3개월여 동안 거짓말과 자기기만의 끔찍한 시간을 보냈다. 마침내 탄로가 났을 때 나는 오히려 안도감이 들었다.

나는 피터가 운명적으로 영원히 함께 가야 할 영혼의 짝이라고 굳게 믿고 피터에게 가기 위해 존을 떠났다. 깨끗하고 고귀한 무언가가 아니라면 어떻게 내가 남편에게 저지른 참담한 고통을 정당화시킬 수 있었겠는가? 하지만 피터는 나를 위해 그의 아내를 떠나지 않았다.

나는 내 인생에서 가장 밑바닥으로 가라앉았다. 존에게 큰 상처를 준 내가 미웠다. 또한 나에게 솔직하지 못했던 피터도 미웠다. 다행히 논문 연구로 인도에서 공부하면서 1년을 보내기로 미리 계획해놓았던 것은 매우 잘된 일이었다(논문 주제는 인도의 결혼 문화에 담긴 권리와 책임에 관한 것이었는데 역설적이게도 그것이 내가 길을 잃지 않도록 도와주었다). 해외에서 보낸 시간은 나에게 한동안 내 상황에서 벗어날 수 있게 해주고 나의 상처를 보듬을 수 있는 기회를 주었다. 나는 인도에서 지역 가이드로 일하는 영국 출신 여행 작가 루퍼트를 만났다. 나는 그에게 내 감정은 엉망진창이며 나를 털끝 하나 건드려서는 안 된다고 말했다. 그건 마치 황소에게 빨간 깃발을 흔드는 것과 같은 것이라고 말했음에도 불구하고 어찌되었건 우리 사이는 잘되어갔다.

하지만 논문을 마치기 위해 버클리로 돌아왔을 때 나는 여전히 내가 남겨놓은 혼돈에 직면해야 했다. 존에게 사죄하는 것으로는 도움이 되지 않았다. 그는 여전히 분노하고 있었고 나를 용서할 생각이 없었다. 피터를 비난하는 것 역시 도움이 되지 않았다. 더구나 우리 관계가 끝난 후 피터가 암에 걸려 몇 달밖에 살지 못한다는 사실을 알게 되자 화가 난 상태로 있을 수 없게 되었다.

정확히 그 시점에 나는 매주 불교 수업에서 자기연민을 배우기 시작했다. 그것이 나에게 얼마나 구세주였을지 상상이 갈 것이다. 나는 조금씩 나 자신을 덜 판단하게 되었고, 어린 시절 상처에 연민을 갖게 되었으며, 불륜으로 이끈 나의 한계를 인정하게 되었다.

결혼 생활이 잘 굴러가지 않음을 깨달았을 때 변화를 위해 좀 더 올바른 방법을 선택할 만큼 성숙했더라면 얼마나 좋았을까 하는 안타까움이 남는다. 내가 발견했던 살아 있음과 정열의 원천이 내가 사랑하는 사람이 아니라 나 자신 안에 있다는 사실을 알 만큼 충분히 현명했었더라면 좋았을 텐데 그 당시 나는 그렇지 못했다. 내 이상에 맞춰 사는 데 실패했고 그것은 지극히 인간적인 일이었다. 하지만 나를 향한 비난을 내려놓는 것은 쉬운 일이 아니었다. 뒤돌아보면 나는 뒤엉킨 방식으로 내 자존감을 구제하려 노력하고 있었다. 나머지가 다 나쁘다 해도 최소한 끊임없이 나 자신을 판단하고 비판하는 건 좋은 부분이었다.

또 다른 걸림돌은 나 자신을 용서하면 나를 내려놓을 수 있을 것이라는 믿음이었다. 하지만 내가 친절함과 연민으로 자신을 받아들이기 시작했을 때 내가 다른 사람들에게 해를 끼쳐왔던 방식에 좀 더 솔직할 수 있다는 사실을 발견했다.

존뿐만 아니라 나보다 좀 더 세상 물정에 밝고 경험이 많은 피터와 그의 부인은 자기보다 훨씬 나이가 많은 남자에게 처음으로 봇물처럼 쏟아진 나의 정열이 그리 오래가지 않을 것이라는 사실을 알고 있었다.

나는 그의 생각이 옳다는 것을 인정해야만 했다. 나는 불행한 결혼 생활의 도피처로 피터를 이용했던 것이다. 당시에는 깨닫지 못했지만 내 목표가 성취되고 나면 아마도 나는 피터를 떠났을 것이다. 피터가 아내를 떠나지 않은 것은 올바른 선택이었다. 그의 아내는 피터가 여러 달 동안 항암 치료를 받고 있을 때 그의 곁을 굳게 지켜주며 힘이 되어주었다.

그 과정을 통해 자기연민의 놀라운 점을 또 발견했는데 자기연민에는 나를 명확하게 보고 내가 저지른 실수를 통해 무언가를 배울 수 있는 엄청난 힘이 있다는 사실이었다. 일단 움츠러들지 않고 자세히 들여다볼 용기가 생기자 어디서부터 일이 잘못되었는지 더 정확하게 볼 수 있었다. 약혼자 루퍼트의 지지를 받아 나는 피터와 함께 몇 차례 길고도 평화로운 산행을 했다. 피터의 죽음이 임박해지자 대화가 더 절박했다. 그리고 우리는 서로를 이해하는 지점에 도달했다. 내가 왜 그런 선택을 했는지, 피터가 왜 그런 선택을 했는지 이해할 수 있었다. 그것이 멋진 선택은 아니었지만 인생에서 그런 식으로 드러났던 것이다.

피터가 떠난 후 나는 마침내 수치심과 자기판단을 내려놓을 수 있었다. 나의 약함과 미숙함에 대해 가혹하게 공격하는 것은 시간 낭비였고 나 자신이나 다른 사람에게도 도움이 되지 않음을 깨달았다. 자신을 친절하게 이해해줌으로써 치유를 시작할 수 있다는 사실을 깨달았다. 이 새롭게 자리 잡은 내면의 따뜻함, 평화, 정서적 안정이 나에게 큰 행복을 가져다주었고 루퍼트와의 관계에서도 더 많을 것을 줄 수 있었다.

소중한 선물

자기연민은 자기 자신을 스스로에게 개방하고자 하는 모든 사람이 이용할 수 있는 선물이다. 우리가 스스로에게 친절히 대하는 습관을 발달시킬 때 고통은 내면의 사랑과 부드러움을 경험할 수 있는 기회로 바뀐다. 상황이 아무리 힘들어도 너덜너덜해진 자신을 항상 부드럽게 포용할 수 있다.

엄마의 팔에 안겨 위로받는 아이처럼 우리는 스스로 자신의 고통을 달래고 위로할 수 있다. 우리가 완벽해질 때까지 그리고 삶이 우리가 원하는 대로 정확하게 될 때까지 기다릴 필요가 없다. 사랑받을 가치가 있음을 느끼기 위해 돌봄과 연민으로 대해주는 다른 사람은 필요하지 않다.

우리가 열망하는 인정과 안전함을 바깥에서 구할 필요가 없다. 다른 사람이 필요하지 않다는 것이 아니다. 당연히 우리는 다른 사람들이 필요하다. 하지만 발랄한 얼굴 이면에 당신이 진정으로 어떻게 느끼는지를 가장 잘 알 수 있는 위치에 있는 사람이 누구인가? 당신에게 닥친 고통과 두려움의 깊이 그리고 당신이 가장 필요한 것이 무엇인지 가장 잘 알 수 있는 사람이 누구인가? 당신의 인생에서 당신에게 친절과 돌봄을 하루 24시간 일주일 내내 줄 수 있는 유일한 사람은 누구인가? 바로 당신 자신이다.

우리는 모두 함께다

·

인간은 우리가 '우주'라고 부르는 전체에서 시간과 공간이 제한된 일부분으로 존재한다. 인간은 자기 자신과 자기의 생각과 느낌을 자기 이외의 나머지 모두와 분리된 것으로 경험하는데 이는 의식에서 생겨나는 시각적 망상이다. 이러한 망상은 감옥과도 같아서 우리를 개인적인 열망과 우리와 가장 가까이에 있는 몇몇 사람만을 향한 애정에 국한되게 한다. 그렇기에 우리의 과제는 연민의 폭을 넓혀서 이 감옥에서 우리 자신을 해방시키고 모든 살아 있는 존재와 자연 전체가 가진 그 자체의 아름다움을 포용하는 것이다.

―아인슈타인, 《아인슈타인의 소논문 모음The Einstein Papers》

·

·

　자기연민에 있어 두 번째 근본 요소는 보편적인 인간경험에 대한 인식이다. 우리 삶―진실한 삶 그 자체―의 상호연결성을 인정하는 것이 자기연민을 자기수용이나 자기애와 구별하는 데 도움을 준다. 자기수용과 자기애도 중요하지만 그것만으로는 부족하다. 그것들에는 중요한 요소 하나가 배제되어 있다. 바로 '다른 사람들'이다. 연민은 의미 자체로 관계적이다. 연민은 말 그대로 '함께 아파하는 것'이고 이것은 고통을 경험하는 기본적인 상호성을 의미한다.

　연민은 인간의 경험이 완전하지 않다는 인식에서부터 시작된다. 우리가 실수를 저지른 누군가를 위로하기 위해 "인간이기 때문이야"라고 말하는 이유가 달리 있겠는가? 자기연민은 아무리

러브 유어셀프

고매하고 대단하다 해도 인간은 누구나 실수를 하며 잘못된 결정과 후회하는 감정을 피할 수 없다는 사실을 존중한다(양심을 자세히 들여다보면 떳떳한 사람들은 거의 없다).

우리가 인간경험이 지닌 보편성을 인식하게 되면 우리는 모두 불완전함과 실망감을 공유하고 있다는 사실을 알게 된다. 이것이 자기연민과 자기동정을 구별하게 한다. 자기동정은 "나는 불쌍해"라고 말하지만 자기연민은 모든 사람이 고통받고 있다는 사실을 기억한다. 그리고 자기연민은 모두가 인간이기 때문이라는 위로를 준다. 내가 힘든 시기에 느낀 고통은 당신이 힘든 시기에 느낀 고통과 똑같다. 고통의 원인이 다르고 상황도 다르고 고통의 정도도 다르지만 고통을 겪는 과정은 똑같다. **당신이 원하는 것을 항상 다 얻을 수는 없다.** 이것은 모든 사람에게 적용된다. 제 아무리 훌륭한 롤링 스톤즈Rolling Stones라고 해도 마찬가지다.

우리 자신이나 우리 삶의 바람직하지 못한 면에 초점을 맞추면 우리는 두렵고 화가 나게 된다. 원하는 것을 얻지 못하고 되고자 하는 사람이 되지 못하는 상황이 오면 무력감과 좌절감을 느낀다. 우리는 있는 그대로의 상황에 불평하고 어떻게 **되어야만 한다**는 좁은 시야를 고집한다. 그러나 모든 인간은 같은 배에 타고 있다. 삶의 이런 기본적인 사실—고통 속에 있는 희망의 조짐—을 인식하는 아름다움은 우리 모두가 인간이 지닌 조건을 공유하고 있다는 것에 대해 깊은 통찰을 준다.

단절되고 **홀로 됨**

슬프게도 대부분의 사람은 특히 수치감과 부적절감을 느낄 때 다른 사람들도 같은 경험을 한다는 사실을 염두에 두지 않는다. 자신의 불완전함을 모두가 공유하고 있다는 인간경험의 관점에서 보지 않고 자기 주변 세계에서 소외되고 단절된 느낌을 받기가 훨씬 더 쉽다.

더 큰 그림을 보지 못하고 부족함에만 초점을 맞추면 우리의 시야는 좁아진다. 우리 자신이 충분하지 않고 안전하지 못하다는 사실에만 집중하게 된다. 우리가 자기혐오라는 공간에 갇힐 때 마치 나머지 모든 인류는 자신과 분리된 전혀 다른 존재처럼 느껴진다. 이것은 합리적인 사고에서 나온 것이 아니라 일종의 정서적 터널 시각에서 비롯된다. 왠지 나만 버림받거나 잘못이 드러났거나 놀림받는 유일한 사람인 것처럼 느낀다. 타라 브랙Tara Brach은 자신의 저서 《받아들임》에서 "무가치한 느낌은 다른 사람들과 삶으로부터 분리된 느낌과 함께 온다. 결점이 있는데 어떻게 인정을 받을 수 있겠는가? 이것은 악순환처럼 보인다. 부족함을 느끼면 느낄수록 우리는 더 분리되고 상처받는 느낌이 든다"라고 썼다.

그리고 우리 잘못이 아닌 것 때문에 고통스러운 경험을 할 때면—경제적 불황으로 해고되는 것과 같은—나머지 세상 사람들은 모두 행복하게 직장에서 일하고 있는데 오직 나만 집에서 하루 종일 재방송을 보며 앉아 있는 것처럼 느껴진다. 우리가 아플 때 마치 병은 특이하고 비정상적인 상태(84세의 죽음에 임박한 노인의 마지막 말이 "왜 하필 나야"인 것처럼)인 것처럼 느껴진다. 모든 상황이 잘 굴러가야 한다는 믿음의 덫에 빠지게 되면 우리는 뭔가 심각하게 일이 잘못되고 있다고 생각한다. 이것은 의식적인 사고 과정은 아니지만 우리의 정서적 반응을 덧칠하는 일종의 숨겨진 가설이다. 그러나 그 문제에 대해 완전하게 논리적으로 접근해보면 삶의 어느 한순간에 수천 가지 일이 동시에 잘되지 않을 수도 있다는 사실을 고려하게 된다. 우리는 일상적으로 힘겨울 가능성이 매우 높고 이는 피할 수 없는 사실이다. 하지만 이 문제에 대해 우리는 합리적이지 않고 괴로워하고 그러한 고통 속에 완전히 혼자라고 느낀다.

소속감에 대한 욕구

20세기 중반에 활동한 아브라함 매슬로Abraham Maslow는 인본주의 심리학 운동을 이끈 미국의 유명한 심리학자다. 그는 개인의 성장과 행복에 대한 욕구는 인간적인 연대감이라는 기본적 욕구가 먼저 채워진 후에야 충족될 수 있다고 했다. 타인과의 사랑과 애정 어린 유대 없이는 인간으로서 완전한 잠재력을 끌어낼 수 없다고 강조했다. 비슷한 연구가 또 있다. 1970년 초기에 자기심리학self-psychology 모델을 개발한 정신분석학자 하인즈 코헛Heinz Kohut은 소속감은 자아의 핵심 욕구 중 하나라고 말했다. 그는 소속감을 "인간들 속에서 인간으로 존재하는 느낌, 다른 사람들과 연결되어 있음을 느끼게 하는 느낌"으로 정의했다. 그는 정신건강 문제의 가장 주요한 원인 중 하나는 소속감의 부재이고 이것은 우리가 친구들에게서 단절되어 있다는 지각이라고 보았다.

외로움은 다른 사람들과 같이 있건 없건 간에 우리가 소속되어 있지 않다는 느낌에서 시작된다. 큰 파티에 가더라도 사람들이 당신과 어울리지 않는다면 외로움을 느낄 수 있다. 외로움은 다른 사람들과 단절되었다는 감정에서 온다. 심지어 바로 가까이에 사람들이 있다고 해도 마찬가지다. 우리 문화에서 가장 많이 겪는 공포증 중에 하나인 발표 불안 역시 거절과 소외에 대한 두려움이 발현된 것이다. 그런 사람들에게 청중을 자기 속옷 안에 있다고 상상하도록 지도하는 것이 왜 효과가 있겠는가? 당신으로 하여금 청중 역시 취약하고 불완전하다는 것을 상기시키고 그 이미지가 당신에게 청중도 보통 인간이라는 것을 상기시키기 때문이다.

죽음에 대한 두려움도 크게 보면 우정, 친밀감, 다른 사람들과의 관계를 잃는 것에 대한 걱정에서 비롯된다. 그리고 소외감은 그러한 두려움을 실제 현실로 만든다. 사회적 소외가 관상동맥심장병의 위험을 두 배 내지 세 배 증가시킨다는 것을 보여주는 연구가 있다. 반대로 지지 그룹에 속해 있으면 암 환자들이 경험하는 불안과 우울을 줄여주고 장기적인 생존의 기회를 증가시킨다. 지지 그룹이 큰 효과를 내는 중요한 이유 중 하나는 구성원들이 시련을 겪는 동안 소외감을 거의 느끼지 않기 때문이다. 그러므로 소속감에 대한 욕구는 신체적, 정서적 건강의 바탕이 된다.

친절함과 비슷하게 연결감은 뇌의 애착 시스템을 활성화시킨다. '돌봄과 친근' 본능에서 친근 부분은 안전함을 느끼기 위해 그룹에 함께하려는 인간의 교제 경향과 관련 있다. 이런 이유로 다른 사람들과 연결감을 느끼는 사람들은 삶의 힘든 환경에 그만큼 두려워하지 않고 좀 더 쉽게 상황을 다룰 수 있다.

당연히 우리의 소속 욕구가 친구들이나 가족들처럼 사랑하는 사람들에 의해 충족된다면 멋진 일이다. 하지만 좋은 관계를 유지하는 데 어려움이 있는 사람이라면 사회적인 지지 그룹이 결여되어 있을 수 있다. 심지어 최고의 환경에 있다 해도 항상 우리에게 소속감과 수용을 느끼게 해주는 것은 아니다. 실제로는 그렇지 않다 해도 우리 자신의 마음속 동굴에서 우리는 언제든지 소외감을 느낄 수 있다. 우리의 두려움과 자기판단은 우리를 돕기 위해 손을 뻗고 있는 다른 사람들의 손을 보지 못하게 하는 눈가리개와 같다. 또한 우리는 우리가 사랑하는 사람들이 우리의 본모습을 안다면 더 이상 우리를 사랑하지 않을까 봐 두려워 자신이 가지고 있는 부적절감을 인정하는 데 수치심을 느낄 수 있다. 이렇게 다른 사람들에게 진정한 자기 모습을 숨기는 것은 심지어 우리를 더욱 외롭게 느끼게 만든다.

그렇기 때문에 우리가 타고난 상호연결성을 인식함으로써 자신과의 관계를 전환시키는 것은 매우 중요하다. 실패하는 순간에 실패는 인간이 겪는 보편적인 경험의 일부임을 연민 어린 마음으로 상기시켜야 한다. 그러면 그 순간은 소외감이 아닌 함께함의 순간이 된다. 힘든 상황에 있을 때 수많은 다른 사람도 비슷한 고난을 겪는다는 인식을 갖고 자신의 고통을 보게 되면 충격이 완화된다. 고통은 여전히 아프지만 소외감과 혼합되지는 않는다. 그러나 안타깝게도 우리 문화는 우리가 얼마나 서로 같은지가 아니라 다른 사람들과 얼마나 다른지에 주목하라고 말한다.

비교 게임

우리 문화는 우리로 하여금 우리 자신을 '특별하고 평균 이상'인 사람으로 인지하도록 요구한다. 그래서 우리는 종종 자기중심적으로 다른 사람들과 사회적인 비교를 한다. 우리 자신을 깊이 긍정적으로 보는 데 몰두해보면 우리는 다른 사람들이 우리보다 더 나을까 봐 위협을 느끼는 경향이 있음을 알 수 있게 된다.

리즈는 새로운 직장에서 첫 연간 평가를 받은 후 기분이 매우 좋았다. 리즈는 근면과 노력을 높이 평가받았고 다음 회계연도부터 임금이 5퍼센트 인상되게 되었다. 매우 신이 난 리즈는 남자친구에게 전화를 걸어 그 소식을 전했다. 남자친구가 "멋지네! 집에 오면 샴페인 준비해둘게"라고 말했다. 하지만 리즈는 잠시 후 주차장에서 동료가 통화하는 내용을 듣게 된다. "그 보고서에 내가 올해 가장 유망한 직원이라고 써 있었어! 그리고 평가가 좋아서 임금이 10퍼센트 인상된대! 다른 모든 사람이 받는 5퍼센트의 두

배야! 놀랍지 않아?" 엄청나게 기뻐하고 있던 리즈는 그 말을 듣자 곧바로 패배감에 사로잡혔다. 집에 도착한 리즈는 결국 남자친구의 어깨에 기대어 울고 말았다.

사회적인 비교로 인한 가장 슬픈 결과 중 하나는 우리에게 패배감을 주는 성공한 사람과 거리감을 느끼게 한다는 것이다. 흥미롭게도 한 연구는 이러한 현상이 말 그대로 또는 비유적으로 사실이라는 것을 밝혀냈다. 연구자들은 참여자들에게 대학퀴즈대회를 준비하기 위해 다양한 주제에 대한 관심과 지식을 평가할 것이라고 말했다. 학생들은 둘씩 짝을 지어 테스트를 받았는데 사실 그들과 짝이 된 학생은 연구 팀원들이었다. 모의대회가 열렸고 학생들은 록 음악이나 럭비 주제 같은 질문을 받았다. 연구자들은 참가자들에게 그들이 상대방보다 더 잘했는지 아니면 상대방이 더 잘했는지 말해주었다. 그런 다음 연구자들은 참가자들에게 그들이 생각하기에 상대방과 얼마나 공통점이 있는지 그리고 앞으로 상대방과 함께 얼마나 일하기를 원하는지 물어봄으로써 그들이 상대방에게 얼마나 친밀감을 느끼는지 평가했다. 연구자들은 참가자들이 상대방과 함께 다른 방으로 옮겨갈 때 얼마나 물리적으로 가까이 앉는지도 관찰했다. 학생들은 상대방보다 안 좋은 점수를 받았다는 얘길 들었을 때 상대방에게 좀 더 냉담해졌고 그들에게서 멀리 떨어져 앉았다.

슬픈 역설은 우리가 일등이 되고 성공하고 싶어 하는 이유가 바로 인정받고 가치 있는 존재라고 느끼고 싶고, 다른 사람들과 친밀해지고 싶고, 소속감을 느끼고 싶어서라는 사실이다. 전형적인 딜레마다. 성공을 위해 다른 사람들과 경쟁하는 바로 그 행위가 우리가 열망하는 연결감을 영원히 얻을 수 없게 하는 불가능한 상황을 만든다.

그들을 반대하는 우리

게다가 우리는 자신을 다른 개인들과 단순 비교하지 않는다. 우리가 속한 집단—미국인, 러시아인, 공화당원, 민주당원, 기독교인, 이슬람교인, 기타 등등—과 다른 집단을 비교한다. 그래서 우리는 자신이 소속된 집단의 단체복을 입거나 차에 스티커를 붙인다. 자아에 대한 우리의 감각은 분명하게 구분 짓기를 하는 집단 경계 안에서 안전함과 수용받는 느낌을 갖게 하는 사회적 꼬리표로 채워져 있다. 소속감은 이러한 집단의 정체성 안에서 찾을 수 있다. 하지만 여전히 한계가 있다. 우리가 전 인류가 아닌 몇몇 집단하고만 동일시를 하는 한 우리는 친구들에게서 자신을 분리시키는 분열을 조장하는 것이기 때문이다.

이런 분열은 종종 편견과 증오를 낳는다. 앞서 언급했듯이 우리가 우월하고 평균 이상이라고 생각하기를 좋아하는 것처럼 우리는 우리 집단 역시 다른 집단보다 우월하다고 느끼기를 좋아한다. 헨리 타즈펠Henri Tajfel의 사회정체성 이론에 따르면 우리가 어떤 집단을 우리 정체성과 결합시키게 되면 우리는 그 집단의 구성원이라는 자존감을 얻게 된다. 그러므로 우리는 '우리'를 긍정적으로 '그들'을 부정적으로 보는 데 엄청난 에너지를 쏟는다. 그것이 바로 우리가 집단 차별과 인종 차별의 근간을 이루는 사회적 정체성에 열광하는 이유다. 내가 당신의 성-민족-인종-정치-국가 집단을 열등하게 보기를 원하는 이유는 바로 그것이 내가 속한 집단의 탁월성을 입증하고, 그럼으로써 나에게 자부심과 우월감을 부여하기 때문이다. 백의단(KKK) 단원이 흰 후드와 가운을 입을 때 또는 테러리스트가 되고자 하는 사람이 증오 집회에 참석할 때 그의 자존감은 어떤 마약보다도 더 강력한 힘을 발휘한다. 그리고 더 위험하다.

타즈펠의 연구는 우리가 속한 집단이 임의적인 기준에 따라서도 집단 편견을 갖게 된다는 것을 보여준다. 예를 들어 추상화가인 끌레Klee나 칸딘스키Kandinsky에 대한 선호도에 따라 그룹을 나누거나, 심지어 동전 던지기를 통해 서로 다른 집단으로 나누면 사람들은 자신이 속한 집단 구성원들을 더 좋아하고 그들에게 더 많은 자원을 제공하며 다른 집단의 구성원들을 불신하게 된다.

집단 정체성은 지역 고등학교 미식축구 난투전이나 국제 전쟁 등과 같이 폭력적인 갈등을 일으키는 뿌리가 된다. 타즈펠은 이런 유형의 집단 편견이 주는 파급 효과를 직접 경험했다. 제2차 세계대전 동안 프랑스 소르본에서 공부하던 한 폴란드 유대인이 프랑스 군대에 징집되었다가 나치에게 붙잡혔다. 그는 전쟁 수용소에 포로로 잡혀 있었지만 아무도 그가 유대인이라는 사실을 알아채지 못했기 때문에 살아남을 수 있었다. 하지만 폴란드로 돌아온 그의 가족과 친구들은 죽음을 면하지 못했다. 유대인 대학

살은 자신과 타인을 다른 집단으로 구분함으로써 사람들이 서로를 어느 정도까지 학대할 수 있는가를 보여준 최악—하지만 슬프게도 마지막이 아닌—의 사건 중 하나다.

심리학자들은 우리의 소속감이 우리가 속한 사회적 집단에 머물지 않고 전 인류 공동체로 확장될 때 갈등이 현격하게 줄어든다는 사실을 발견했다. 우리가 독립된 실체가 아니라 서로 연결되어 있다는 사실을 인식하는 한, 둘 사이에 놓인 장벽이 낮아지고 이해와 용서가 다른 사람들에게로 퍼져나갈 수 있다. 한 연구는 이 점을 잘 보여준다. 유대인 대학생에게 지금의 독일인을 용서할 마음이 있는지 질문했다. 그 연구는 두 조건—유대인 대학살을 독일인이 유대인에게 행한 공격적인 사건으로 묘사한 것과 인간이 다른 인간에게 행한 공격적인 사건으로 묘사한 것—에서 이루어졌다. 유대인 참가자들은 그 사건이 특정한 사회적 그룹이 아니라 인간과 인간 사이에서 발생한 것으로 묘사될 때 용서할 의지를 더 많이 보여주었고 독일인을 자신들과 더 비슷하게 보았다. 우리와 다른 사람을 구별하기보다 유사함을 인식할 때 우리는 우리의 지각과 감정적 반응을 극적으로 변화시킬 수 있다.

청소년들이 보편적인 인간경험에 대해 체험할 수 있는 챌린지 데이Challenge Day라는 훌륭한 프로그램이 있다. 이 프로그램은 동료 학생들과의 연대감을 키우기 위해 고안된 것으로 학생들은 하루 동안 활동에 참여한다. '우리를 나누는 선들'이라는 활동에서는 학생들을 학교 체육관 한쪽에 줄지어 서게 한다. 그런 다음 팀장이 학생들에게 자신의 아픈 경험을 하나씩 말하게 하고, 그 이야기를 들은 학생들 중에 만약 같은 경험을 한 사람이 있다면 체육관 반대편 쪽으로 건너가게 한다. 학생들은 각자 자신이 경험한 사건을 말했고 모든 학생이 자신과 같은 고통을 경험한 사람이 누구인지 서로 알아볼 수 있도록 충분한 시간을 줬다. "만약 당신이 피부색으로 아픔을 겪고 비난받은 적이 있다면, 선생님이나 다른 학생으로부터 모욕을 당한 적이 있거나 안경이나 치아교정기, 보청기를 껴서 혹은 당신이 말하는 방식으로, 당신이 입은 옷으로, 당신의 몸매 또는 외모로 따돌림이나 괴롭힘 또는 상처를 입은 적이 있다면 선을 넘어서 건너가세요." 어느 시점에 도달하자 체육관에 있는 거의 모든 학생이 선을 넘었고 모든 학생이 이런저런 때에 단정적인 판단을 받은 경험으로 인해 고통을 겪었다는 사실이 선명히 드러났다. 성격이 가장 강한 학생조차도 그 활동에 참가한 후 자신과 다른 사람들에 대해 공감을 느끼면서 눈물을 흘리게 되었다. 그 경험은 학생들을 완전히 혼자라고 느끼게 만드는 상상의 벽을 허물어 그들이 느낀 소외감이 망상이었음을 깨닫게 하고 그들 사이의 갈등의 가능성을 낮추어주었다.

˙ 자기연민에는 인간경험의 보편성에 대한 인식이 내재되어 있어 강력한 치유력을 발휘할 수 있다. 자신의 자존감과 소속감을 우리 모두가 같은 인간이라는 사실에 두면 누구도 다른 사람들에 의해 거부당하거나 내쳐질 수 없다. 우리의 인간성은 우리가 아무리 깊은 나락으로 떨어진다 해도 결코 없어지지 않는다. 우리가 불완전하다는 바로 그 사실이 우리가 인류의 회원증을 소지한 정식 회원이며 자동으로 전 인류와 항상 연결되어 있다는 점을 확

인시켜준다.

완벽함에 대한 **망상**

그런데 우리 마음은 너무도 자주 우리를 속여서 있는 그대로의 우리가 아니라 다른 사람이 될 수 있거나 되어야 한다고 강요한다. 어느 누구도 자신이 결점이 있다고 느끼고 싶어 하지 않는다. 누군가에게는 특히 불완전함이 참기 힘든 조건이다. 완벽함은 한 치의 부족함도 없이 자신의 이상을 달성하려는 강박적인 욕구다. 완벽주의자들은 일이 정확히 잘 되어가는 것에 대해 엄청난 스트레스와 불안을 경험하고, 일이 잘되지 않을 때는 좌절감을 느낀다. 완벽주의자들이 가진 비현실적인 높은 기대는 그들이 필연적으로 실망할 것임을 의미한다. 상황을 흑백 논리─나는 완벽하거나 아예 가치가 없다─로 보기 때문에 완벽주의자들은 계속해서 자신에게 불만족스러워한다.

톰은 역사소설로 생계를 꽤 잘 꾸려가는 작가였다. 하지만 대성공을 거둔 적은 없었다. 작가로서는 적지 않은 인세로 생계를 꾸려가지만 톰은 자신이 베스트셀러를 쓰기 전까지는 만족할 수 없다고 생각했다. 그리고 마침내 그에게 결정적인 기회가 왔다. 그가 최근에 쓴 소설이 《뉴욕타임스》의 호평을 받았고 그후 여러 TV와 라디오 방송국에서 인터뷰 요청을 받았다. 그의 책이 날개 돋친 듯 팔리기 시작했다. 그는 책 표지에 '1위 베스트셀러 소설'

이라는 문구가 들어가는 것을 상상하기 시작했다. 그는 책 판매 매출의 최고조를 경험했고 실제로 베스트셀러 순위 23위를 기록했지만 여전히 행복하지 않았다. 그는 오직 판매 매출이 더 높지 않은 것에 초점을 맞췄다. 그는 최고도 아니었고 순위 10위 안에 있지도 않았다. 더구나 마음속에 최고가 될 수 있다는 가능성을 확고하게 붙들고 있어서 매출이 오른 현재가 과거보다 더 우울했다. 단지 좋다는 것만으로는 충분치 않았고 그는 정말 성공했음에도 불구하고 실패한 것 같은 기분을 느꼈다. 톰의 이야기는 완벽주의에 담긴 교묘함과 그로 인해 파생되는 고통을 선명하게 보여준다.

그렇다면 완벽주의에도 괜찮은 측면이 있는가? 완벽주의의 긍정적인 측면은 당신이 최선을 다하려는 결심과 관계가 있다. 당신 스스로 높은 기준을 설정하고 달성하려고 노력하는 것은 생산적이고 건강한 특성일 수 있다. 하지만 생산적이고 성공적인 것에만 자존감의 기반을 두고 실패를 허용하지 않는다면 그것을 달성하려는 노력이 포악해질 수 있다. 그리고 역효과도 나타난다. 완벽주의자는 질병, 불안, 우울 그리고 다른 모든 정신적인 문제로 고생할 위험이 더 크다는 것을 보여주는 연구가 있다.

만약 우리가 완벽하다면 우리는 인간이 아닐 것이다. 좋아 보이기는 하지만 플라스틱 인형인 바비와 켄일 것이다. 숨을 쉬고 있는 따뜻한 인간의 삶은 결점 없이 단조롭게 정지된 상태가 아니라 끊임없이 펼쳐지는 경이로움에 가깝다. 살아 있음은 즐거움과 영광뿐 아니라 분투와 좌절도 포함한다. 완벽함을 요구하는 것은 살아 있는 삶과 전체적인 인간경험에 등을 돌리라는 것이다. 무엇보다 완벽주의는 재미가 없다!

유명한 유튜브 캐릭터 켈리가 전형적으로 지루한 십 대 소녀의 목소리로 말할 때 그러한 정서가 완벽하게 포착된다. "나는 이미 천국에 갔어. 5분 후에 나는 그냥 나가자고 했어." 당신은 정말로 모든 일과 모든 사람이 절대적으로 완벽한 세상에 살고 싶은가? 우리 삶이 호기심과 흥미를 끄는 것은 바로 원치 않고 예상치 못한 일들 때문이다.

또한 불완전함은 성장과 배움을 가능하게 해준다. 좋아하든 좋아하지 않든 간에 우리가 배울 수 있는 주요한 방법은 우리가 맨 처음에 걷는 것을 배울 때 그랬던 것처럼 앞으로 넘어지는 것이다. 부모들은 우리에게 뜨거운 난로를 만지지 말라고 수백만 번 얘기할지 모르지만 뜨거운 난로를 만지는 것이 좋지 않다는 사실을 진정으로 이해할 수 있으려면 실제로 난로에 데어봐야 한다. 실패가 주는 배움의 기회는 우리의 꿈을 성취하는 데 도움을 준다. 저명한 식당 경영자 볼프강 퍽Wolfgang Puck은 "나는 성공한 모든 다른 식당보다 잘 굴러가지 않는 식당을 통해 더 많은 것을 배운다"라고 말한다. 맞다. 실패는 좌절감을 준다. 하지만 실패는 일시적일 뿐 결국에는 지혜를 준다. 우리는 실패를 견습 기간으로 여겨야 한다. 우리가 완벽하고 모든 해답을 가지고 있다면 우리는 결코 질문하지 않을 것이고 어떤 새로운 것도 발견하지 못할 것이다.

상호연결감

우리가 자신의 부족함을 판단하고 재단하는 경우 보통 '나'라고 하는 실제로 비난받을 수 있는 분리된 실체가 있다고 가정한다. 하지만 이것이 정말 사실일까? 우리의 존재, 생각, 업무들은 타인과 여러 가지 사건으로 밀접하게 연결되어 있다. 그래서 문제가 생겼을 때 책임 소재를 찾는 것은 모호한 일이다. 당신은 화가 많아 습관적으로 자신을 비난한다. 그럼 당신이 그렇게 화를 내는 이유는 무엇일까? 아마도 타고난 유전자가 그 역할을 했을지도 모른다. 하지만 당신이 이 세상에 나오기 전에 유전자를 선택했는가? 물론 아니다. 당신의 유전자 구성은 완전히 당신의 통제권 밖이다. 아니면 고함소리만 들리는 가정에서 자랐을 수도 있다. 하지만 당신이 이런 가정을 선택했는가?

우리가 경험한 '개인적인' 실패를 면밀히 들여다보면 곧 그것들이 선택의 요소가 아니라는 사실이 명백해진다. 우리의 의도와 상관없이 우리 존재와 외부 환경이 겹쳐져 우리라는 특수한 패턴이 형성되었다. 만약 당신의 부적응적인 생각과 감정, 행동을 통제할 수 있다면 당신은 지금 그것들을 가지고 있지 않을 것이다. 당신은 이미 당신의 어둡고 걱정 많은 신경증적인 페르소나를 벗어던져버리고 평온하고 자신에 찬 한 줄기 햇빛이 되었을 것이다. 당신은 분명 자신의 행동에 완전한 통제권이 없다. 만약 그게 가능하다면 당신은 오직 당신이 승인한 방식으로만 행동할 것이다. 그런데 왜 그렇게 가혹하게 자신을 비난하는가?

수백만 가지의 이전 상황들이 모여 지금 이 순간 우리로 형성되어 표현된 것이 우리 자신이다. 우리의 경제, 사회적 배경, 과거 관계와 대화들, 문화, 가족 역사, 유전자 등 모든 것이 오늘 우리를 만드는 데 엄청난 역할을 했다. 선사 틱낫한 스님은 이것을 연기적 존재interbeing라고 불렀다.

> 당신이 시인이라면 당신은 이 한 장 종이 위에 한 점 구름이 떠 있는 것을 분명하게 볼 수 있을 것이다. 한 점 구름이 없으면 물도 없을 것이다. 물이 없다면 나무도 자랄 수 없다. 그리고 나무가 없다면 당신은 종이를 만들 수 없다. 이렇게 해서 구름이 지금 여기에 있다. 이 종이가 존재하는 것은 한 점 구름의 존재에 달려 있다. 종이와 구름은 참으로 밀접하다.

많은 사람은 어쩔 수 없이 엮인 자신들의 상호연결성을 인정하기를 두려워한다. 왜냐하면 생각하고 행동하는 방식에 대한 통제권이 자신에게 없다는 것을 인정해야 함을 의미하기 때문이다. 이것은 무력감을 느끼게 만든다. 하지만 통제할 수 있다는 희망은 망상에 불과하다. 또한 그러한 망상이 자기판단과 자기비난을 독려한다. 그러나 자신을 가혹하게 비난하는 것은 허리케인을 비난하는 것보다 더 말이 안 된다. 우리가 허리케인에게 카트리나 또는 리타 같은 이름을 붙여주었지만 허리케인은 독립적인 존재가 아니다. 허리케인은 상호적인 특정한 조건—기압, 온도, 습도, 바람 등등—이 결합해 일어나는 일시적이고 끊임없이 변화하는 현상이다. 우리 역시 독립적인 존재가 아니다. 기후 패턴처럼 우리 또한 상호적인 특정 조건을 통해 나온 끊임없이 변하고 영원하지 않은 현상이다. 음식과 물, 공기, 거처가 없으면 우리는 죽을 것이다. 우리의 유전자, 가족, 친구, 사회적 역사, 문화가 아니라면 우리는 지금과 같은 방식으로 행동하고 느끼지 않을 것이다.

알 수도 없고 셀 수도 없는 수많은 조건의 산물이 인간이라는 사실을 깨닫는다면 '개인적인 실패'를 개인적으로 취급할 필요가 없다. 우리 모두가 원인과 조건이라는 복잡한 망에 연루되어 있다는 사실을 인정할 때 우리는 자신과 다른 사람들을 덜 판단하고 재단할 것이다. 우리가 모두 연결되어 있다는 인식인 연기적 존재의 의미에 대해 더 깊이 이해하게 된다면 주어진 운명 안에서 최선을 다하고 있는 우리 자신을 연민할 수 있다.

이쯤 되면 '하지만'이라는 말이 나올 때다. 판단이 왜 잘못인가? 옳고 그름을 알려면 판단이 필요하지 않은가? 우리의 실수에 대한 개인적인 책임을 지기 위해서라도? 여기서 분별의 지혜와 판단을 구분해야 한다. 분별의 지혜는 상황이 어느 때 해롭고 부당한지 인식하지만 그 해롭고 부당한 상황을 만든 원인과 조건 또한 인식한다. 나쁜 짓을 한 사람을 가혹하게 비난하기보다 연민으로 대하면 갈등과 고통의 순환 고리가 끊어질 수 있다.

은행 강도인 한 젊은 남자가 경찰에 도움을 청하려 하는 은행 직원의 팔에 총을 쏜 이야기를 들었다고 상상해보자. 당신은 그 강도를 무자비하게 비난—그는 극악무도한 사람으로 영원히 감옥에 갇혀야 한다─할 것이다. 이야기는 거기서 끝날 것이다. 하지만 당신은 그 범죄자가 살아온 배경과 개인사에 대해 좀 더 알게 된다. 그의 부모는 마약 중독자였다. 11세 쯤 그는 생존을 위해 인근 거리로 나가 싸움과 도둑질을 해야 했다. 직장을 구해 성실히 살려고 노력했지만 제대로 읽고 쓰는 법을 몰랐기 때문에 거듭 해고당했고 결국 또 범죄를 저질렀다. 그 범죄자에 대한 당신의 강경한 입장은 아마 누그러지기 시작할 것이다. 심지어 그에 대해 연민이 생길 수도 있다. 이 연민이 범죄에 대한 그의 책임을 면해 준다거나 그의 범법 행위가 문제되지 않음을 의미하는 것은 아니다. 당신은 여전히 사회의 안전을 위해 그가 감옥에 가야 한다고 판단할 것이다. 하지만 당신은 그를 그렇게 행동하게끔 이끈 조건에 대해 더 깊이 이해하게 되고 그 과정에서 한 인간으로서 그를 존중하게 될 것이다. 적절한 도움과 격려─즉 새로운 조건들─로 인해 그가 변할 가능성이 있는지 누가 알겠는가.

이것은 판단이라기보다는 분별의 지혜다. 판단은 사람을 좋고 나쁨으로 규정하고 단순한 꼬리표를 붙여 그들의 중요한 본성을 파악하려 한다. 반면 분별의 지혜는 복잡성과 모호함을 인식한다. 그리고 삶이 어떤 일을 일어나게 하는 방식으로 전개되어왔다는 사실을 인정한다. 하지만 새로운 환경이 조성될 때 다른 식으로 흘러갈 가능성 역시 허용한다.

예수는 "죄 없는 자가 먼저 돌을 던져라"라는 유명한 말을 했다. 나중에 그는 십자가에 매달려 죽어가면서 말했다. "아버지, 저들이 모르고 지은 죄를 용서해 주소서." 이 메시지는 명백하다.

러브 유어셀프

우리는 우리 자신을 포함해 최악의 나쁜 짓을 한 사람들에게조차도 이해와 연민을 가질 필요가 있다는 것이다.

실습

1

상호연결성을 발견함으로 자신에 대한 규정 내려놓기

여러분이 종종 자신을 판단하는 특성에 대해 생각해보세요. 그리고 그것이 자기규정의 중요한 부분을 차지하는지에 대해서도 생각해보세요. 여러분은 자신을 '부끄러운' '게으른' '화난' 등의 사람으로 생각할 수 있습니다. 그런 다음 자신에게 다음과 같은 질문을 해 보세요.

1. 여러분은 얼마나 자주 이런 특성을 보입니까? 거의 항상, 때때로, 가끔씩만? 이런 특성을 보이지 않을 때 당신은 누구입니까? 여전히 당신입니까?

2. 그 특성을 불러일으키게 하는 특별한 상황이 있습니까? 그 특성이 드러나지 않는 상황이 있습니까? 그 특성이 발현되기 위해 특별한 상황이 있어야만 한다면 그래도 그 특성이 당신을 규정하나요?

3. 가장 먼저 이 특성을 가지게 만든 다양한 원인과 조건(어린 시절의 가족 경험, 유전, 삶의 압박 등)은 무엇입니까? 당신이 그런 특

성을 갖는 데 '외부'의 영향력이 일정 부분 작용했다면 그 특성이 내면의 당신을 반영한다고 생각하는 것이 정확한가요?

4. 당신이 그 특성을 선택했나요? 그 특성이 발현되고 안 되는 것에 당신은 많은 선택권을 가지고 있나요? 만약 그렇지 않다면 왜 당신은 그 특성으로 인해 스스로를 비난하나요?

5. 당신이 그러한 특성이라는 말로 자신을 정의하지 않도록 자기묘사를 재구성한다면 어떤 일이 일어날까요? "나는 화를 잘 내는 사람이야"라고 말하는 대신 "때때로 나는 어떤 특정한 상황에서 화가 나"라고 말하면 어떨까요? 그 특성에 자신을 지나치게 동일시하지 않는다면 어떤 변화가 일어나나요? 마음속에 더 많은 어떤 공간과 자유, 평화를 감지할 수 있나요?

우리 모두는 인간적인 한계를 가지고 있다. 우리 각자는 모두 똑같은 힘겨움에 처해 있다. 영국 소설가 제롬Jerome K. Jerome은 한때 이렇게 썼다. "우리가 서로에게 감동하고 동정심이 일어나는 때는 우리의 미덕 안에서가 아니라 우리의 결점과 실패 안에서다. 우리가 하나인 것은 우리의 어리석음 안에서다." 우리가 본질적으로 불완전함을 공유하고 있다는 것을 인식할 때 자기연민은 우리의 잠재력을 완전하게 성취하고 우리가 성장하는 데 필요한 연결감을 제공해준다. 수용과 소속감을 느끼기 위해 자신 밖으로 눈을 돌리는 대신 내면을 바라봄으로써 이 욕구들을 직접 충족시킬 수 있다.

러브 유어셀프

대체 무엇이 정상인가?

자기연민을 실천하고 우리가 공유하는 인간성을 기억하는 것은 지금까지 내 인생에서 큰 문제를 다루는 데 많은 도움을 주었다. 오스틴에 있는 텍사스 대학교에서 근무한 지 2년 정도 지났을 때 나는 아들 로완을 낳았다. 18개월이 되었을 때 우리는 아이에게 뭔가 이상이 있다는 것을 알았다. 아이는 대부분의 아기가 첫돌 쯤에 하는 손가락질을 하지 않았다. 이름을 불러도 머리를 돌리지 않았고, 나를 부르지도 않았다. 한 철자로 시작하는 다섯 개의 단어와 어린이 TV 프로그램 〈토마스와 친구들〉에 나오는 몇몇 이름만 말했다. 아이는 동물인형 장난감을 강박적으로 줄지어 세우는 데만 몇 시간을 보내곤 했다. 모자가 벗겨지면 격렬하게 짜증을 냈다. 나는 부모가 된다는 것이 어려울 거란 걸 예상했지만 이렇게 힘들 줄은 몰랐다. 나는 왜 아이의 이런 해로운 행위를 멈추게 하지 못했을까? 내가 잘못된 엄마여서? 내가 충분히 엄하지 않아서?

나는 로완이 발달장애가 있는 것은 아닐까 생각했다. 청각 문제, 언어 지연, 중추성 청각 정보처리 장애일 수도 있지 않을까? 나는 그를 온갖 전문가들에게 데리고 갔다. 도움이 될 만하다고 생각하는 모든 책을 주문했다. 로완이 자폐 징후를 보이고 있는지 진지하게 살펴보는 것만 빼고 모든 것을 다했다. 뒤돌아보면 나는 무의식적으로 그가 자폐이지 않나 의심했다. 하지만 나의 의식이 그것을 인정하도록 허용하지 않았을 것이다. 로완에게 어떤 문제가 있더라도 이 사랑스럽고 멋지고 재밌는 아이가 자폐일 리는 없다고 생각했다. 어쨌든 그는 매우 사랑스럽고 다정했으며 직접적인 눈맞춤도 했다. 자폐 아이들은 그렇게 못 하지 않은가? 한때 로완이 나에게 아름답고 가슴 따뜻한 미소를 보낸 후 나는 농담 반 진담 반으로 남편에게

"적어도 우리는 로완이 자폐가 아니라는 건 안다!"라고 말했다.

그러던 어느 날 오후부터 시작되는 묵언명상안거에 가기 위해 짐을 싸고 있는데 끊임없이 귀찮게 조르는 로완을 더 이상 모르는 척할 수 없었다. 나는 심호흡을 몇 번 하고 나서 컴퓨터 앞으로 가서 '자폐증 초기 신호'를 검색했다. 웹페이지에는 만약 당신의 아이가 열 가지 신호 중에 최소한 세 가지를 보이면 그 아이는 자폐일 확률이 크고 가능한 한 빨리 전문가의 진단을 받아야 한다고 쓰여 있었다. 로완은 열 가지 중 아홉 가지가 해당되었다. 눈맞춤을 한다는 것만이 단 하나의 예외였다.

그 순간 나는 로완이 자폐라는 것을 알았다. 나는 루퍼트에게 전화를 걸어 말했다. 그도 나만큼 놀랐다. "나 명상안거 취소해야겠어요." 나는 말했다. "안 돼요. 당신은 가야 해요. 당신은 명상안거가 필요해요. 그리고 당신이 돌아왔을 때 나를 도와줄 수 있는 속이 꽉 차고 흔들림 없는 당신이 필요할 거예요." 루퍼트는 말했다. 나는 명상센터로 가는 두 시간 내내 울었고 그다음 4일 동안 말 그대로 내 아들이 자폐라는 고통과 함께 무너져 있었다. "어떻게 이런 일이 일어날 수 있을까? 로완이 우리 곁에서 사라져가고 있는 것은 아닌가?" 어떻게 해결할까? 나는 두려움과 슬픔을 최대한 느끼려고 했다. 그리고 나 자신에게 할 수 있는 만큼 최대한 자애와 연민을 베풀었다. 죄책감이 올라오면—'내가 로완을 그토록 사랑하는데 어떻게 로완 때문에 비통해할 수 있는가?'—내가 자기비난에 빠지는 것을 허용할 수 없었다. 내가 느끼는 슬픈 감정은 그런 상황에 있는 부모라면 누구나 당연하게 겪는 것이었다.

명상안거에서 돌아왔을 때 루퍼트와 나는 지금 이 상황이 우리가 처한 현실이라는 사실을 받아들여야만 했다. 완벽한 아들에 대한 꿈—우리는 아이가 나처럼 당연히 박사 학위를 따거나 아버지처럼 성공한 작가가 될 거라 가정했다—은 창문 밖으로 날아가버렸다. 우리에게는 자폐 아이가 있다.

나는 가끔 그것을 기꺼이 받아들였고 그럴 때면 자기동정에 빠졌다. 로완과 공원에 있으면서 '평범한 아이들'과 함께 있는 다른 엄마들을 보고 있을 때 나는 내가 매우 안 됐다는 느낌이 들기 시작한다. 나는 왜 평범한 아이를 갖지 못했을까? 왜 로완은 다른 아이가 이름을 물어볼 때 반응조차 할 수 없을까? 왜 다른 아이들은 로완이 이상하다는 표정을 짓지? 나는 소외감과 외로움을 느꼈고 '평범한' 가족들로부터 차단된 기분이 들었다. 나는 내면에서 울부짖는 나를 발견했다. 이런 식이어서는 안 돼! 이건 내 계획에 없던 일이야! 왜 나야! 하지만 다행히도 자기연민이 나를 이런 식으로 너무 멀리 가지 않도록 구해주었다. 다른 아이들이 그네나 미끄럼틀에서 쉭쉭 소리 내며 놀고 있는 것을 보면서 나는 대부분의 가족 역시 아이를 키우면서 저마다 어려운 부분이 있다는 것을 떠올렸다. 그 문제가 자폐가 아니더라도 우울증, 섭식장애, 마약중독, 학교에서의 괴롭힘, 심각한 질병 등 수많은 문제가 있을 수 있다. 공원에 있는 가족들을 보며 그들 또한 지금이나 미래 어느 때인가 분명 애환을 겪게 된다는 사실을 기억하려고 했다. "내가 너무 불쌍해"라고 말하는 대신, 나는 힘든 상황 속에서 최선을 다해 노력하는 세상 모든 부모에게 마음을 열려고 노력했다. 아이들에게 먹일 것조차 없는 개발도상국 수백만 엄마는 어떤가? 분명 나만 힘든 시간을 보내는 유일한 사람은 아니었다.

이렇게 생각하고 나니 두 가지 일이 일어났다. 첫째는 삶의 예측불가능성에 대해 깊이 이해하게 되었다. 부모가 됨으로써 오는 모든 난관과 슬픔뿐 아니라 아이들이 우리에게 주는 기쁨, 사랑, 경이로움에 나의 가슴은 부드러움으로 부풀어올랐다. 둘째로 나의 상황을 더 명료한 관점으로 보게 되었다. 다른 부모들이 나보다 더 편안한 삶을 살고 있다고 믿는 덫에 빠지는 대신, 그들의 상황이 훨씬 더 안 좋을 수 있다는 것을 상기했다. 전반적으로 보면 자폐는 그리 나쁜 것이 아니었고 우리가 로완을 돕기 위해 할 수 있는 일들은 엄청나게 많았다. 자기연민의 진짜 선물은 궁극적으로 로완을 도울 수 있는 행동을 취하는 데 필요한 평정심이었다.

무엇보다 더 중요한 것은. 보편적 인간경험에 집중함으로써 내가 로완을 있는 그대로 사랑할 수 있게 되었다는 점이다. 문제와 난관이 있는 것이 정상이라는 사실을 기억하자 좀 더 쉽게 '정상적'인 아이를 갖지 못한 실망감을 극복할 수 있었다.

'정상'이란 무엇인가? 로완은 자신을 언어로 표현하거나 적절한 사회적 상호작용을 하는 데 어려움이 있지만 사랑스럽고 행복한 아이였다. 인간으로 존재한다는 것은 어떤 한 가지 방식으로 존재하는 것이 아니다. 그것은 삶이 당신에게 만들어준 당신의 특별한 강점과 약점, 선물과 난관, 기발함과 기이함을 가진 그 자체로 존재하는 것이다. 인간의 조건을 받아들이고 포용함으로써 나는 로완을 더 잘 수용하고 껴안을 수 있었고, 자폐아 엄마가 해야 하는 역할을 더 잘 받아들이고 포용할 수 있었다.

"많은 사람들은 어쩔 수 없이 엮인 자신들의 상호연결성을 인정하기를 두려워한다. 왜냐하면 생각하고 행동하는 방식에 대한 통제권이 자신에게 없다는 것을 인정해야 함을 의미하기 때문이다. 이것은 무력감을 느끼게 만든다. 하지만 통제할 수 있다는 희망은 망상에 불과하다."

무엇에 대한 마음챙김의 상태

·

파도 자체를 멈출 수는 없다. 그러나 파도 타는 법은 배울 수 있다.

—존 카밧진, 《당신이 어디를 가든 거기엔 당신이 있다》

·

·

자기연민의 세 번째 핵심 요소는 마음챙김이다. 마음챙김은 현재 벌어지는 상황을 명료하게 보고, 판단하는 대신 수용하는 것을 의미한다. 현실을 직시하는 것이다. 우리가 당면한 현재 상황을 연민을 갖고 반응함으로 좀 더 효과적으로 해결할 수 있도록 더도 덜도 아닌 그냥 있는 그대로 보아야 한다는 것이다.

고통의 순간을 알아차리기 위해 **멈추기**

자신에게 연민을 갖기 위해서는 먼저 우리가 고통을 받고 있다는 사실을 인식해야만 한다. 느낄 수 없는 것을 치유할 수는 없다.

러브 유어셀프

앞에서 언급했듯이 우리는 죄책감이나 결점, 슬픔, 외로움 등의 감정을 고통으로 인식하지 못하기 때문에 연민의 태도로 대응하지 못한다. 당신이 거울을 보면서 키가 너무 작다거나 코가 너무 크다는 생각을 한다면 그런 부적절한 느낌으로 인해 힘들어하는 자신에게 즉시 친절하게 대하고 돌봄을 주어야 한다고 의식하는가? 직장 상사가 당신을 사무실로 불러서 당신의 업무 능력이 평균 이하라고 말할 때 당신은 그런 괴로운 경험을 하는 자신을 본능적으로 위로하는가? 아마 아닐 것이다.

우리는 분명 우리의 이상에 미치지 못한다는 사실에 괴로워할 것이다. 그런데 우리 마음은 실패로 인한 아픔이 아니라 실패 자체에 초점을 두는 경향이 있다. 이 둘은 아주 다르다. 우리가 자신에 대해 못마땅해하는 뭔가를 보는 순간 우리는 우리가 결점이라고 인식한 것에 완전히 빠져버리는 경향이 있다. 그 순간 우리가 완전하지 않다는 사실 때문에 괴로워한다는 사실을 인식하고 연민으로 대하지 못한다.

우리가 자신을 못마땅해하는 것 때문에 고통을 느낀다는 사실만 모르는 것이 아니다. 우리는 자신이 잘못했기 때문이 아니라 그냥 상황이 잘못되었을 뿐인데도 놀라울 정도로 자신에게 매정하게 대한다. 당신 어머니가 심하게 아프시거나 고속도로에서 다른 차가 당신 차를 들이받았다고 가정해보자. 대부분 그것을 자기 탓이라고 여기지는 않더라도 그러한 상황이 발생하면 일단 문제 해결 모드로 변하는 경향이 있다. 병원 예약을 하거나 보험회사에 전화하는 등 많은 시간과 에너지를 소비하면서 위기를 해결하려고 할 것이다. 물론 그런 절차들이 분명히 필요하지만 그런 일들이 정서적으로 우리를 많이 소진시킨다는 사실을 인식하는 것도 아주 중요하다. 그러므로 잠시 멈추고 심호흡을 몇 차례 한 다음 자신이 힘든 시간을 보내고 있는 것에 대해 친절과 배려를 받아야 한다는 사실을 인식해야 한다. 그렇게 하지 않으면 우리의 고통은 방치될 것이고 스트레스와 걱정이 고조될 것이다. 자신을 내적으로 재충전해야 한다는 사실을 잊어버린 채 외적인 문제를 해결하는 데만 모든 에너지를 소비하면 자신을 소진시키게 되고, 지치고 압도당하는 위험에 처하게 된다.

생리학적으로 우리가 고통을 회피하도록 프로그램화되어 있다는 사실을 고려하면 우리가 고통을 무시하는 것도 그리 놀라운 일은 아니다. 통각은 뭔가가 잘못되고 있다는 신호를 보냄으로써 투쟁-도피 반응을 유발한다. 통각은 "문제가 생겼어. 도망가. 위험해!"라고 소리 지르는 것과 같다. 만약 통각이 "차 문에 손가락이 끼었어. 빨리 차 문을 열고 손가락을 빼!" 같은 기본적인 신호를 보내지 않는다고 상상해보라. 우리는 고통을 피하려는 본능을 가지고 있기 때문에 고통에 주의를 기울이고 계속 주시하면서 있는 그대로 고통과 함께 있기가 쉽지 않다. 그래서 많은 사람이 자신의 감정을 외면하고 담을 쌓는 것이다. 어떻게 보면 그렇게 하는 것이 아주 자연스러운 일이다.

제이콥도 그런 사람 가운데 하나였다. 그는 갈등을 피했고 화를 낼 기미가 보이는 사람이면 누구든 재빨리 비위를 맞췄다. 제이콥은 어떤 유형의 사람이든 격한 감정을 보이는 사람과는 상대하고 싶어 하지 않았다. 그는 좋은 사람이었지만 과거의 아픔과는 마주하고 싶어 하지 않았다. 제이콥의 어머니는 유명한 TV 배우였다. 어머니는 방송 일을 하는 동안 제이콥을 보모들에게 자주 맡겼다. 제이콥은 어머니가 경력을 더 중요하게 여긴다고 느끼면서 항상 자기 곁에 없는 어머니에게 무의식적으로 심하게 분개했다. 그러나 만일 자기의 분노를 인정하면 어머니를 미워하게 되고 그렇게 되면 어머니에 대한 사랑과 연결감을 파괴하게 될 것이라는 두려움을 가지고 있었다. 그래서 그는 자신의 분노를 억제했다.

몇 년 전에 제이콥은 우울증 치료를 받았다. 치료자는 우울증이 부분적으로는 어머니에게 품고 있는 깊은 화와 그 화를 억누르느라 애쓰는 데서 왔다는 사실을 깨닫도록 도와주었다. 제이콥에게 필요한 것은 자신의 진짜 감정과 마주하는 것이었다. 그러나 자신의 화를 알아차리고 그 감정과 마주했을 때 그는 자신의 감정에 압도되어 자동소총을 휘두르듯이 화에 휩싸이고 말았다. 그는 완전히 분노에 빠져서 어머니가 자신을 대했던 '끔찍한' 방식을 생각할 때마다 점점 더 화를 많이 냈다. 제이콥은 어머니를 〈선셋 대로Sunset Boulevard〉에 나오는 노마 데스몬드Norma Desmond같이 자아도취에 빠진 괴물처럼 여기기 시작했다. 제이콥은 마음챙김을 하는 것이 아니라 히스테리를 부렸다. 불행하게도 힘든 감정을 다루는 초기에는 추가 심하게 움직이듯이 극단적으로 오락가락하는 경우가 흔하게 나타난다.

고통스러운 감정과 함께 도망가기

우리 대부분은 제이콥처럼 감정을 억누르고 있다가 폭발하는 경험을 한다. 나는 이 과정을 '과동일시'라고 부르고 싶다. 우리의 자아 감각이 감정적 반응에 지나치게 몰두하게 되면 현실의 삶이 잠식당하게 된다. "이제 진짜 속이 약간 부글거리네. 다른 식으로 이걸 보면 어떨까"라고 말할 수 있는 정신적인 여유가 없어진다. 일어나는 일을 한발 뒤로 물러서서 객관적으로 바라보는 대신 그 것들 한가운데서 길을 잃어버리게 된다. 우리가 생각하고 느끼는 것이 마치 실제 현실인 양 착각하게 된다. 우리는 사물이나 사건 에 개인적인 견해를 집어넣는다는 사실을 잊어버리게 된다.

한번은 친정 어머니와 시어머니가 우리 집을 방문했다. 두 분 은 손자인 로완과 외출하려고 내 차를 빌렸다. 내 차는 토요타 은 색 하이브리드였다. 차 키를 들고 차 문 근처에 있으면 열쇠로 열 지 않아도 문이 열린다. 버튼을 누르거나 열쇠를 집어넣을 필요 가 없다. 그러한 새로운 기술이 두 분을 다소 긴장시켰고 두 분은 그런 기술을 믿지 않았다. 밖에 나왔다가 집으로 돌아가기 위해 두 분은 주차장으로 가서 마법의 열쇠를 쥐고 차 문 옆으로 갔다. 그런데 문이 작동하지 않았다. 어머니는 계속 시도했지만 아무 소용이 없었다. "거 봐라! 이런 최신식 물건은 믿을 수가 없어!"라 고 하시며 두 분 다 몹시 화를 냈다. 집에서 거의 한 시간가량 떨 어진 곳인 데다가 빌어먹을 최신식 기술 때문에 아이와 함께 오도

러브 유어셀프

가도 못 하게 되었다.

그들은 그 지역 토요타 대리점에 전화를 했다. 그 대리점에서는 자물쇠 수리공한테 전화하라고 말했다. 그래서 자물쇠 수리공에게 연락하고 그가 오기를 기다리던 중에 주차장 경비원을 보게 되었다. "선생님, 이 이상한 열쇠로 작동되는 토요타 하이브리드 차 문이 잠겨서 열리지 않네요. 혹시 이런 차 사용해본 적 있어요?" 경비원이 열쇠를 보더니 바로 차를 쳐다봤다. "어, 사모님들, 토요타 하이브리드라고 말씀하시지 않았나요? 근데 이 차는 하이브리드가 아닌데요. 그리고 토요타도 아니네요?" 내 차는 세 자리 다음 칸에 있었다. 두 분은 자신들의 반응에 너무 몰두한 나머지 우리 차가 맞는지 확인해볼 생각을 미처 못했던 것이다. 찰리 채플린의 명언처럼 "인생은 가까이에서 보면 비극이지만, 멀리서 보면 희극이다."

내가 이 과정을 과동일시라고 부르는 이유가 있다. 극단적인 반응 또는 좀 더 정확하게 말해 과잉반응은 일반적으로 자아 감각이 개입될 때 특히 잘 일어난다. 다른 사람이 나를 판단할까 두려워한다면, 예를 들어 내가 대중 강연을 해야 하는데 긴장이 된다면 강연에 대해 생각할 때 일어나는 느낌은 현실을 아주 많이 왜곡하는 경향이 있다. 내가 긴장하고 있다는 사실을 단순하게 알아차리기보다 사람들이 나를 비웃거나 쓰레기를 던지는 것 같은 거부에 대한 시나리오를 마음속으로 만들지도 모른다.

이런 유형의 정서적 과잉반응을 유발하는 것은 우리 자신을 결점이 있거나 '나쁘게' 보지 않으려고 하는 시도다. 우리의 자아 개

념이 위협을 받을 때 상황은 매우 급하게 돌아간다. 아주 최근에
나 역시 '과잉반응'을 했었다. 나는 몇 달 전 국세청에 신청해 우
편으로 받은 중요한 세금 증서를 잃어버렸다고 생각했다. 제출
마감일이 곧 다가오고 있었다. 나는 그 증서를 회계사에게 보내
려고 했었는데 도무지 찾을 수가 없었다. 여러 번 찾아봤지만 소
용이 없었다. 나는 공황 상태가 되어 불안증에 시달렸다. 큰일 났
다! 심각한 위험에 빠졌다! 화가 나고 혼란스러웠다. 한마디로 미
치기 시작했다. 내 반응 이면에는 내가 정리정돈을 못 해서 (나는
우편물을 가을 낙엽처럼 부엌 식탁에 쌓아두는 경향이 있다) 모든 것을
망쳐버렸다는 두려움이 있었고 그것이 끝내 나를 괴롭히기 시작
했다. 다행히 나는 무슨 일이 일어나고 있는지 알아차리고 내 반
응에 대한 마음챙김을 할 수 있었다. 그렇다. 나는 증서를 잃어버
릴까 봐 걱정했는데 그게 정말로 그렇게 심각한 사태인가? 나는
언제든지 국세청에 다시 사본을 보내달라고 요청할 수 있다. 귀
찮은 일이긴 하지만 세상이 끝나는 것은 아니었다. 나는 내가 느
끼는 불안에 대해 연민을 가질 수 있었고 내 일상이 매우 바쁘다
는 사실과 다른 모든 상황을 감안하면 나는 그런대로 꽤 정돈을
잘하는 사람이라는 사실을 깨달았다. 나는 그러한 일들이 일어났
던 사실을 기억하면서 힘든 상황에 있는 나를 위로하기 위해 멈추
었다.

한두 시간 후에 루퍼트가 양 같은 얼굴을 하고 집에 왔다. 루퍼
트는 별생각 없이 쇼핑 목록을 적느라 국세청 봉투 뒷면을 사용했
다고 말했다. 진짜로 증서를 잃어버린 것은 아니었다. 나는 그를

비난하는 대신에 (만약 내가 여전히 자기비난과 씨름하고 있었다면 분명히 그를 비난했을 것이다) 그 모든 상황에 대해 웃을 수 있었다. 우리는 얼마나 자주 두더지가 파놓은 흙더미로 산을 만드는지 모른다. 얼마나 자주 우리가 실제 상황보다 더 안 좋다는 망상을 만드는지 모른다. 만약 우리가 과동일시를 하는 대신 두려움과 불안에 대해 마음챙김을 할 수 있다면 우리는 많은 불필요한 힘겨움에서 우리 자신을 구할 수 있다. 17세기 프랑스 철학자 몬테뉴는 "내 인생은 끔찍한 불행으로 가득 차 있었지만 이들 대부분은 결코 일어나지 않았다"라고 말했다.

마음챙김은 우리를 현재 순간으로 돌아오게 하고 자기연민의 토대를 형성하는 균형 잡힌 자각을 제공한다. 투명하고 잔물결 없는 잔잔한 웅덩이처럼 마음챙김은 왜곡 없이 일어나는 것들을 완벽하게 비추어준다. 우리 자신의 개인 연속극으로 길을 잃어버리는 대신, 마음챙김은 우리의 상황을 더 큰 시각으로 볼 수 있게 해주고 불필요하게 고통받지 않도록 도와준다.

알아차림에 대한 **알아차림**

우리가 힘겨움을 과장하지 않고 알아차릴 때가 바로 마음챙김의 순간이다. 마음챙김은 지금 여기에서 일어나는 것을 있는 그대로 자각할 수 있는 범위 내에서 관찰하는 것이다. 나는 내가 처음으로 마음챙김을 경험했던 때를 분명하게 기억한다. 열두 살

즈음이었는데 나는 학교에서 돌아와 집에 혼자 있었다. 어머니는 커피 테이블 위에 람 다스Lam Dass의 책《지금 여기에 있으라Be Here Now》를 두었다. 그 책이 몇 달 동안 그곳에 있었는데 어느 날 무슨 이유에선지는 알 수 없었지만 나는 그 단어들이 무슨 의미인지 생각해봤다. 지금 여기에 있으라. 흠. 나는 여기에 있고, 여기에 있는 것이 지금이다. 나는 거실을 걸었다. 여전히 여기이고 여전히 지금이다. 그러고 나서 나는 부엌으로 걸어 들어갔다. 여전히 여기이고, 여전히 지금이다. 여기 말고 내가 어디에 있을 수 있지? 지금이 아닌 언제에 내가 있을 수 있지? 그때 분명해졌다. 오직 여기, 지금만 있을 수 있다. 우리가 어디로 가고 무엇을 하든 우리는 지금 여기에 있다. 나는 들뜨고 흥분하고 놀라워하면서 집안을 뛰어다녔다. 여기! 지금! 여기! 지금! 여기! 지금! 나는 인생에서 가장 근원적인 진리 중 하나에 대한 통찰을 얻었다. **의식적인 자각만이 지금 여기로 존재한다.**

왜 이것이 중요한가? 왜냐하면 이러한 통찰은 과거와 미래에 대한 생각들이 그냥 생각일 뿐이라는 사실을 볼 수 있게 해주기 때문이다. 과거는 우리 기억 속 외에는 존재하지 않고 미래는 우리의 상상을 제외하고는 존재하지 않는다. 꼬리를 물고 이어지는 생각 속에서 길을 잃어버리게 할 뿐이다. 그러므로 우리는 한발 뒤로 물러나서 이렇게 말할 수 있다. '아, 이게 지금 내가 생각하고 느끼고 경험하는 것이구나.' 우리는 현재를 일깨울 수 있다.

마음챙김은 때때로 자각에 대한 자각을 의미하는 '메타-자각'의 형태로 보인다. 단순하게 화를 느끼는 대신에 내가 지금 화를 느끼고 있다는 사실을 자각한다. 발뒤꿈치에 물집이 생긴 것을 그냥 느끼는 대신에 나는 내 발뒤꿈치에 물집이 생긴 것을 느끼고 있다는 사실을 자각한다. 내일 회의에서 내가 무슨 말을 할지 생각하고 있을 뿐만 아니라 내일 무슨 말을 할지 지금 생각하고 있다는 사실도 자각한다. 모호하고 대단찮은 차이처럼 보일 수도 있지만 이것이 우리가 힘든 상황에 효과적으로 대응하는 능력을 만든다. 명료하고 객관적으로 상황을 볼 수 있을 때 지혜의 문이 열린다. 우리의 자각이 좁아지고 생각과 감정 속에서 길을 잃으면 우리의 반응과 질문이 정도를 넘어섰는지 아닌지를 판단할 수가 없다. 그렇게 되면 현명하게 행동할 수 있는 능력이 제한된다.

마음챙김에 대한 글을 쓴 사람들이 공통적으로 사용했던 비유가 영화관이다. 공포 영화 같은 줄거리가 전개되면 영화가 아니라 진짜인 것처럼 빠져서 보다가 갑자기 자기가 영화를 보고 있다는 사실을 기억하는 경우가 있다. 악당이 여주인공을 창문 밖으로 밀어내려고 할 때 당신은 두려워서 의자 팔걸이를 붙잡고 있었다. 그런데 옆자리에 앉은 남자가 재채기하는 소리를 듣게 된다면 '이건 단지 영화일 뿐이구나'라는 사실을 깨닫고 실제로는 아무런 위험도 없다는 것을 알게 된다. 줄거리에 완전히 사로잡히는 대신 자각이 확장되고 현재 실제로 일어난 것을 인식하게 된다. 당신은 그냥 영화관 스크린 장면을 가로질러 화면에 빛의 픽셀들이 춤을 추고 있는 것을 보고 있을 뿐이다. 팔걸이를 꽉 붙잡고 있던 힘이 느슨하게 풀리고 심장박동이 정상으로 돌아온다. 그러고는 또다시 영화 속 사건에 빠져들게 된다.

마음챙김은 이와 매우 비슷한 방식으로 작용한다. 당신의 생각과 감정에 초점을 둘 때 당신은 더 이상 이야기 속에서 길을 잃지 않는다. 당신은 깨어나서 주변을 둘러보고 자신의 경험을 외적인 관점에서 바라볼 수 있다. 마치 당신이 사색적인 웅덩이를 응시하고 있고 사색적인 웅덩이를 응시하는 당신 자신의 이미지를 당신이 보는 것처럼 당신의 자각을 자각 그 자체로 여길 수 있다. 지금 당장 해보라. 당신은 지금까지 이 책에 있는 단어들을 읽고 있다는 사실을 인식하지 못하고 읽어왔지만 이제 당신은 읽고 있다는 사실을 자각하면서 이 문장을 읽을 수 있다. 만약 당신이 앉아 있다면 당신의 발이 바닥에 닿아 있는 감각을 알아차리지 못했을 것이다. 이제 발이 느끼는 감각에 주목해보자. 발이 따끔거리거나 따뜻하거나 차거나 갑갑한 감각 등을 느끼며 발의 느낌을 자각하게 된다. 그것이 마음챙김이다.

다행스럽게도 제이콥은 마침내 어머니에 대한 화를 표출하는 대신 그 화에 대해 마음챙김을 하는 방법을 배웠다. 제이콥의 치료자는 제이콥이 어머니에 대한 감정을 억지로 좋게 가지고 있으면서 그것이 진짜라고 스스로를 설득해왔던 것을 믿지 말고, 긴 세월 동안 품고 있었던 어머니에 대한 상처와 분노를 온전하게 느끼고 경험하는 방법을 가르쳐주었다. 부드럽고 비판단적인 자각이 그로 하여금 어머니에 대한 화뿐만 아니라 어머니가 자기를 깊이 사랑했던 것 또한 사실이라는 것을 깨닫도록 도와주었다. 맞다. 어머니는 지나칠 정도로 자신의 직업을 사랑했고 헌신적이었지만 그 이유는 한편으로는 제이콥을 위해서이기도 했다. 제이콥에게 더 좋은 환경을 마련해주는 데 재정적 자원을 주었기 때문이다. 제이콥은 어머니와 정면으로 부딪치고 화가 나서 비난을 하기 전에 마음챙김을 함으로써 마음을 고요하게 가라앉히고 집중할 수 있었다. 그리고 나서 제이콥은 어린 시절 겪었던 힘겨움에 대해 어머니와 솔직하게 대화했고 실제로 그들은 더 가까워졌다. 만약 제이콥이 마음챙김을 선택하지 않았다면 어머니와의 관계가 파괴되었을 것이고 그것을 회복하는 데 수년이 걸렸을 것이다.

의식의 빛 비추기

마음챙김을 이해하는 한 가지 열쇠는 자각하는 내용과 자각 자체를 구분하는 데 있다. 우리가 자각하는 틀 안에는 물리적 감각, 시각적 지각, 소리, 냄새, 맛, 감정, 생각 같은 온갖 종류의 것들이 있다. 이것들은 모두 일어났다가 사라지는 자각들이다. 그리고 그러한 자각의 내용들은 항상 변화한다. 심지어 완벽하게 고요한 상태에서도 우리의 호흡이 일어났다 사라지고 심장이 뛰며 눈을 깜박이고 다양한 소리가 났다가 사라진다. 만약 자각하는 내용들이 변화하지 않았다면 우리는 죽었을 것이다. 삶이 뭐냐고 정의를 내린다면 전환과 변화를 수반하는 것이라고 할 수 있다.

그런데 이러한 모든 현상을 담고 있는 자각은 어떠한가? 시야, 소리, 감각, 생각을 비추어주는 의식의 빛인가? 자각은 변하지 않는다. 끊임없이 변화하는 우리의 경험이 쉴 수 있는 고요한 토대로서 움직임이 없고 변화하지 않으면서 유일하게 깨어 있는 경험이다. 경험은 계속 변하지만 그 경험들을 비추어주는 의식적인 자각은 변하지 않는다.

맑고 푸른 하늘을 가로질러 날아가는 홍관조를 상상해보라. 새는 우리가 경험하는 특정한 생각이나 감정을 나타내고 하늘은 그러한 생각이나 감정을 담고 있는 마음챙김을 나타낸다. 새는 미친 듯이 원을 그리거나 급강하를 하고서 나뭇가지에 앉을 수도 있다. 새가 어떻게 하든 하늘은 흔들리지 않고 여전히 거기에 있다. 우리가 새가 아닌 하늘과 동일시한다면, 다시 말해 우리의 주의가 자각 안에서 일어나는 특정한 생각이나 감정이 아니라 자각 그 자체에 머무를 수 있다면 우리는 고요하게 중심을 잡을 수 있을 것이다.

이것은 중요하다. 왜냐하면 우리가 마음챙김 상태에 있을 때 우리는 우리의 마음자리라 불리는 쉼터를 발견할 수 있기 때문이다. 자각의 내용에 의해 우리의 자아감각이 휩쓸리고 끌려다니는 대신 우리의 자아감각이 자각 그 자체 안에 중심을 잡고 머물러 있게 된다. 우리는 화나 두려움, 아픔 같은 것으로 우리 자신을 규정하는 생각의 함정에 빠지지 않고 몸이라는 우리의 사원 안에서 일어나는 화, 두려움, 욱신거리는 감각을 알아차릴 수가 있다. 우리의 의식이 우리가 생각하고 느끼는 것을 자각하게 되면 우리의 생각이나 느낌이 우리 자신은 아니라는 사실을 알게 된다. 그렇다면 우리의 생각과 감정을 자각하는 자는 누구인가?

주의 두기 수행

　마음챙김을 개발하기 위해 사용하는 중요한 도구는 주의 두기 수행입니다. 이 수행의 핵심은 특정한 생각이나 감정 또는 감각이 일어날 때마다 부드러운 마음으로 주의를 기울이는 것입니다. 이 수행은 우리가 경험하는 것을 좀 더 의식적으로 자각하도록 도와줍니다. 만약 내가 화라는 감정을 느끼고 있다는 사실에 주의를 두면 나는 내가 화가 난다는 사실을 의식적으로 자각하게 됩니다. 만약 책상에 앉아 있을 때 등이 불편하다는 사실에 주의를 두면 나는 내가 불편하다는 사실을 의식적으로 자각하게 됩니다. 그러면 내가 현재 당면한 상황을 지혜롭게 대처할 수 있는 기회가 생깁니다. 아마 나는 요통을 가라앉히기 위해 심호흡을 몇 번 한다든지 스트레칭을 할 것입니다. 주의 두기 수행은 모든 상황에서 사용할 수 있고 일상에서 마음챙김을 하는 데 도움을 줍니다.

　연습을 위해 편안한 자세를 취하고 10분에서 20분 정도 앉아 있습니다. 편안하게 눈을 감고 당신의 자각 안에서 일어나는 생각, 감정, 냄새, 소리 또는 신체적 감각에 단순하게 주의를 기울여보세요. 예를 들면, '들이쉬는 호흡' '아이들이 노는 소리' '왼쪽 발의 가려움' '파티 때 무슨 옷을 입을지 생각하는 것' '불안정한 느낌' '흥분' '머리 위를 날아가는 비행기' 등입니다. 당신이 새로운 경험을 자각할 때마다 고요한 정신적 주의 두기로 그 경험을 인정해보세요. 그리고 나서 주의를 따라 다음 경험으로 갑니다.

때때로 당신은 생각으로 인해 길을 잃어버린 사실을 발견할 것이고, 5분 동안 점심 먹을 것에 대해 생각하고 주의 두기 수행은 완전히 잊어버렸다는 사실을 알게 될 것입니다. 걱정하지 않아도 됩니다. 당신이 생각에 빠져 있었다는 사실을 알아차리자마자 그냥 '생각 때문에 길을 잃어버렸구나'라고 알아차리고 다시 주의 두기 수행으로 되돌아오면 되니까요.

우리는 우리의 뇌가 주의를 더 잘 기울이고 순간순간 우리에게 일어나는 것들에 대해 더 잘 자각할 수 있도록 훈련시킬 수 있습니다. 이기술은 우리로 하여금 좀 더 온전하게 현재에 집중할 수 있게 해주고 도전적인 상황을 효과적으로 대응하는 데 필요한 정신적 관점을 제공해준다는 점에서 엄청난 보상입니다.

반사하기 대신에 **반응하기**

마음챙김은 엄청난 자유를 준다. 지나가는 모든 생각이나 감정을 진실이나 사실로 믿지 않아도 된다는 것을 의미하기 때문이다. 우리는 다양한 생각과 감정이 일어났다가 사라지는 것을 볼 수 있게 되고, 어느 것이 주의를 둘 가치가 있고 어느 것은 없는지를 결정할 수 있다. 우리는 우리가 가진 관점이 정말로 정확한 것인지 의문을 가지고서 우리의 생각이나 감정을 진지하게 받아들여야 할지 물어볼 수 있다. 마음챙김이 선사하는 가장 놀라운 선물은 우리로 하여금 단순하게 반사적으로 반발하지 않고 적절하게 반응할 수 있는 기회를 준다는 사실이다.

극심하게 감정적인 상태에서 이야기하다가 길을 잃게 되면(친구가 방금 한 말에 모욕감을 느끼고 상처를 받아 분노를 느끼고 있다고 해보자) 나는 나중에 후회하게 될 행동을 할 것이다. 한번은 친구와 통화를 하다가 언쟁을 했다. 나는 내 선택이 좋은 선택이라고 친구를 설득하려고 애쓰고 있었다. 처음에는 그냥 토론이었다. 나는 내가 이 선택을 하게 된 이유를 설명했고 내 친구는 그 선택이 나에게 맞는지 아닌지에 대해 걱정했다. 그런데 어느 시점에서 친구는 내가 '순진한' 거 아니냐는 식으로 걱정하는 말을 했다. 우습게도 토론의 취지가 빠르게 바뀌었다. 나는 모욕감을 느꼈고 화가 났다. 나는 목소리가 높아졌고 곧 소리치기 시작했다. 나는 인생이 달린 문제라도 되는 것처럼 나의 관점을 방어하고 무엇이 옳은지를 알리기 위해 나의 주장을 과장하면서 친구를 무지하고 혼동된 사람으로 묘사했다. 나는 흥분해서 전화를 끊는 줄도 모르게 전화를 끊어버렸다.

다행히 우리는 오래된 사이였다. 몇 분 뒤 다시 전화해서 사과를 했다. 일단 차분하게 이야기를 하면서 나는 친구가 내가 어떤 문제에서는 순진해서 걱정이라고 말한 것이 나를 모욕하려는 것이 아니라는 사실을 깨달았다. 그 친구는 내가 경험이나 지식 없이 결정을 내리는 것이 아닌지 진심으로 걱정했던 것이다. 물론 신중한 단어 선택은 아니었지만 좋은 의도로 말했던 것이고 나는 분명 과잉반응을 했다. 내가 그날 직장에서 스트레스를 받은 것도 일조했던 것 같다.

만일 내가 대화를 하는 동안 마음챙김을 할 수 있었더라면 나는 나에게 이렇게 말했을 것이다. **나는 지금 상처를 받았고 모욕감과 화를 느끼고 있다는 사실을 자각하고 있다. 나는 소리를 지르면서 친구를 비난하기 전에 심호흡을 하고 잠시 멈출 것이다. 이 친구가 말하는 의도가 뭐지? 정말로 나에게 상처를 주려고 그러는 것인가?** 우리가 그 순간 느끼는 감정을 인식하게 되면 우리는 그 감정들을 곧바로 행동으로 옮기지 않아도 된다. 우리는 혀끝까지 올라온 단어들이 정말로 우리가 하고 싶은 말인지 아닌지 의문을 갖지 않고 그 대신 좀 더 생산적인 말을 선택할 수 있다.

그러나 우리가 어떻게 반응할 것인지를 선택하기 위해서는 선택할 수 있는 것들을 돌아볼 수 있는 마음의 공간이 필요하다. 우리는 스스로에게 물어봐야 한다. 지금 여기서 무슨 일이 일어나고 있는가? 정말로 위험한가, 아니면 영화관 스크린에서 춤추는 픽셀 빛처럼 생각으로만 위험한 것뿐인가? 대응해야 하는 실제 상황은 어떠한가? 이것이 우리가 현명한 선택을 하는 데 필요한 자유를 얻는 방법이다.

그리고 우리가 어느 순간에 마음챙김이 안 되었을 때조차도(감정이 고조될 때는 마음챙김을 하기가 매우 어렵다) 마음챙김은 우리가 지나치게 반응한 상황에서 빠르게 회복할 수 있게 해준다. 나는 전화를 끊기 전에 나 자신을 멈추지는 못했다. 그러나 행동이 정당하다는 주장을 하기 위해 몇 시간, 며칠, 몇 주 동안의 시간을 보내지는 않았다. 나는 방금 전에 무슨 일이 일어났는지 빠르게 알아차릴 수 있었고, 내 행동을 후회하며 마음챙김을 하고, 잘못을 수정하고, 문제에서 벗어났다.

마음챙김에는 놀라운 힘이 있다. 마음챙김은 우리 자신을 해치는 대신 도움을 주는 방식으로 대응하는 데 필요한 숨쉬는 공간을 마련해준다. 자신을 해롭게 하는 방법 중 하나가 자기비난을 하는 반작용적인 습관이다. 그것이 부모 때문이든 우리의 문화 혹은 우리의 성격 때문이든 간에 많은 사람들이 실패를 하거나 실수를 했을 때 자신을 못살게 대하는 행동 패턴을 일생을 통해 형성해왔다. 우리 자신에 대해 못마땅한 점들을 보게 되면 우리는 자동으로 자신을 깎아내리게 된다. 반대로 역경에 처하게 되면 일단 잠깐 멈추고 자신에게 필요한 정서적 돌봄을 주는 것이 아니라 곧바로 문제 해결 모드로 들어간다. 그런데 만약 우리가 단 한순간만이라도 실패로 인한 아픔이나 힘든 상황에서 오는 스트레스와 어려움에 대해 마음챙김을 할 수 있다면 우리는 한발 뒤로 물러나서 우리의 아픔을 친절하게 돌볼 수 있게 된다. 연민의 태도로 우리 자신을 위로하고 어루만질 수 있게 된다. 누구든지 자신과 같은 경험을 할 수 있다는 보편적 인간경험의 시각으로 상황을 재정립할 수 있게 되고, 그럼으로써 역경으로 인한 고립감을 느끼지 않게 된다. 고통을 받고 있지만 고통받고 있다는 사실을 자각하게 되므로 무언가를 시도할 수 있게 된다.

어느 정도 수행을 하고 나면 습관이 돼서 고통을 겪고 있다는 사실을 알아차리자마자 자동으로 자신을 연민으로 포용하게 된다. 컴퓨터가 잠겼을 때 재설정 버튼을 누르는 것과 같다고 생각하면 된다. 자기비난이나 무자비한 금욕주의 같은 힘겨운 느낌에 갇혀 있기보다 마음을 다시 일으켜 세워서 자유롭게 움직이게 할 수 있다. 그렇게 되면 당신의 상황을 돕는 데 필요한 행위가 무엇이든 간에 그것을 좀 더 효과적으로 할 수 있을 뿐 아니라 훨씬 더 고요하고 안정적이고 우아하게 할 수 있다.

고통 = 아픔 × 저항

고통은 하나의 근원, 즉 우리의 현실을 이상과 비교하는 데서 비롯된다. 현실이 우리의 바람이나 욕구와 일치하면 우리는 행복하고 만족스러워한다. 현실이 우리의 바람이나 욕구와 일치하지 않으면 우리는 고통스러워한다. 물론 우리의 현실이 이상과 1백 퍼센트 일치할 확률은 전혀 없다. 그렇기 때문에 고통이 도처에 깔려 있는 것이다.

나는 신젠 영Shinzen Young이라는 훌륭한 선생님과 함께 명상안 거에 참여한 적이 있다. 그는 나에게 잊을 수 없는 지혜의 말을 해주었다. 그는 행복의 열쇠는 고통이 아픔에 저항하기 때문에 생겨난다는 것을 이해하는 것이라고 말했다. 그는 삶에서 아픔을 피할 수는 없지만 그 아픔 때문에 고통받을 필요는 없다고 했다. 신젠 영은 불교 공부벌레(뿔테 안경까지 썼었다)였기 때문에 수학 공식으로 지혜의 말을 표현했다. '고통 = 아픔 × 저항'. 그런 다음 덧붙이기를 "사실 이것은 곱셈의 관계라기보다는 기하급수관계다"라고 했다. 그의 요점은 삶에서 일어나는 보편적인 고통(힘든 감정, 신체적 불편 등)과 실제 고통(삶이 힘들다는 사실에 저항함으로 생겨나는)을 구별할 수 있어야 한다는 것이다.

당신이 심한 교통체증에 묶여 있다고 생각해보자. 이 상황은 약간의 스트레스를 주고 짜증나게 할 수 있다. 어쩌면 직장에 몇 분 늦을 수도 있고 차 안에 앉아 있는 시간이 지루할 수도 있다. 그렇다고 큰일은 아니다. 하지만 만약 당신이 마음속으로 이런 일은 일어나면 안 되는 것처럼 '왜 이런 일이 일어나는 거야!'라고 비명을 지르면서 저항한다면 당신은 엄청난 고통을 받을 가능성이 높다. 저항하지 않는 경우에 비해 당신은 훨씬 더 짜증나고 화가 날 것이다. 교통체증으로 인한 분노 사건은 대부분 이런 유형의 과잉반응 때문이다. 미국에서는 해마다 교통체증으로 인한 분노 때문에 심각한 부상을 입거나 사망하는 사람들의 숫자가 3백여 명이나 된다.

우리가 겪는 정서적인 고통은 모든 일이 우리가 바라는 대로 굴러가기를 원하는 데서 발생한다. 지금 일어나는 일에 대해 더 많이 저항할수록 우리는 더 많이 고통받게 된다. 아픔은 기체 같은 물질이다. 만약 당신이 아픔을 있는 그대로 자유롭게 있도록 허용하면 종국에는 저절로 사라지게 된다. 그러나 아픔과 싸우고 저항하고 좁은 공간으로 밀어 넣으려고 하면 압력이 점점 더 커져서 폭발할 것이다.

아픔에 저항하는 것은 현실이라는 벽에 머리를 처박는 것과 같다. 당신의 의식적인 경험에서 발생하는 아픔에 맞서 싸우게 되면 당신은 아픔에 더해서 화, 좌절, 스트레스라는 감정을 쌓고 있는 것이다. 그것은 고통을 더 악화시킬 뿐이다. 일단 어떤 일이 현실로 드러나면 그 현실을 바꾸기 위해 그 순간에 당신이 할 수 있는 일은 아무것도 없다. 그것이 세상이 돌아가는 이치다. 당신이 그 사실을 받아들이거나 받아들이지 않거나 할 수는 있지만 어느 쪽을 선택하든 현실은 그대로 남는다.

마음챙김은 현실에 저항하는 것을 멈추게 한다. 마음챙김은 모든 경험을 비판단적으로 자각하기 때문이다. 마음챙김은 즐겁지 않은 일이 일어났을 때 심지어 우리가 좋아하지 않는 것이라 할지라도 있는 그대로의 사실을 수용하도록 돕는다. 마음챙김을 통해 우리가 힘들어하는 감정과 관계함으로써 그 감정들이 저절로 사라질 수 있다. 만일 우리가 평정심을 가지고 폭풍이 지나갈 때까지 기다릴 수 있다면 이미 일어난 일을 더 이상 악화시키지는 않을 것이다. 아픔은 피할 수 없다. 그러나 고통은 선택이다.

**실습
2**

마음챙김으로 아픔을 다루기

마음챙김과 자기연민이 어떻게 고통을 줄여줄 수 있는지 관찰하기 위해 작은 실험을 해보세요.

1. 얼음덩어리를 몇 초 동안 쥐고 있어보세요. 약간 불편할 수 있습

니다. 당신이 평소 하던 그대로 반응해보세요. 불편함이 심해져서 참기 힘들어질 때 얼음덩어리를 내려놓습니다. 불편함이 얼마나 심했는지 그리고 얼음을 내려놓기 전에 얼음덩어리를 얼마나 오랫동안 쥐고 있었는지 알아차려보세요.

2. 다른 손에 얼음덩어리를 몇 초 동안 쥐고 있어보세요. 이번에는 불편함을 느낄 때 저항하지 않으려고 애써보세요. 감각을 이완시키고 그냥 그 상태로 있어보세요. 차갑고 불이 나고 따끔거리는 등의 감각을 마음챙김을 하면서 주목해보세요. 그렇게 하면서 당신이 느끼는 불편함에 대해 연민을 가져보세요. "아야! 진짜 아프다. 이런 감각을 느끼는 게 힘들다. 하지만 괜찮아. 나는 이겨 낼 수 있어"라고 말해볼 수도 있습니다. 불편함이 심해져서 더 이상 참기 힘들 때 얼음덩어리를 내려놓습니다. 다시 한번 불편함이 얼마나 심했는지 그리고 얼음덩어리를 얼마나 오랫동안 쥐고 있었는지를 알아차려보세요.

끝나고 나서 두 경험을 비교해보세요. 아픔에 저항하지 않았을 때 어떤 변화가 있었습니까? 얼음덩어리를 더 오래 쥐고 있을 수 있었나요? 불편한 강도가 더 약했나요? '고통=아픔×저항'이라는 공식을 경험상 지지할 수 있나요? 저항을 적게 할수록 고통도 줄어듭니다.

통제할 수 없는 것과 관계 맺기

항상 그런 것은 아니지만 때때로 현재 상황을 바꿈으로써 미래를 더 좋게 만들 수 있는 가능성이 있다. 만약 당신이 현재 순간에 마음챙김을 할 수 있다면 그 다음 순간은 더 지혜롭게 원하는 것에 도달할 가능성이 높아진다. 그러나 만약 현재 순간에 대해 판단하고 저항한다면 불필요한 좌절과 화를 초래할 뿐 아니라 다음 단계를 지혜롭게 선택할 수 있는 능력도 흐려질 것이다. 마음챙김은 상황을 개선할 수 있도록 사전에 대책을 강구하게 해줄 뿐 아니라 상황이 바뀔 수 없으니 받아들여야만 할 때를 인식할 수 있게 해준다.

'고요의 기도'—'익명의 알코올 중독자 모임'과 12단계 프로그램으로 인해 유명해진—가 이 아이디어를 아름답게 표현해준다.

> 신이시여, 내가 바꿀 수 없는 것들을 수용할 수 있는 평온함을 주시고, 내가 바꿀 수 있는 것들을 바꿀 수 있는 용기를 주시고, 그리고 이 둘의 차이를 알 수 있는 지혜를 주시옵소서.

마음챙김은 우리가 변화시킬 수 있는 경험과 변화시킬 수 없는 경험을 구분할 수 있게 해준다. 무거운 물건이 내 발에 떨어지면 나는 그 물건을 발에서 옮길 수 있다. 이것은 내가 바꿀 수 있는 것이다. 하지만 내 발에서 느껴지는 욱신거림을 바꿀 수는 없다. 적어도 그 순간 만큼은. 만일 사건이 이미 일어났다는 사실을 인정한다면 그리고 거기에 약간의 유머까지 덧붙여본다면 나는 여전히 아픔을 느끼지만 그 아픔이 사라질 때까지 평온하게 머무를 수 있을 것이다. 나는 좌절하고 화가 나서 그 물건을 발로 차는 행동—다들 그렇게 한 적이 있을 것이다—으로 아픔을 더 키우지는 않을 것이다. 나의 차분함이 나로 하여금 현명한 결정을 하도록 도와서 발이 붓기 전에 얼음팩으로 발을 감싸는 식으로 나를 돌볼 수 있게 만들 것이다.

비록 직관적인 것과 반대일 수도 있지만 우리가 거의 바꿀 수 없는 것은 우리 자신의 머릿속에서 일어난다. 의식적인 자각의 영역에서 일어나는 것은 일종의 신비다. 생각과 감정은 의도하지 않았음에도 일어나고 원하지 않는데도 오래 머무른다. 우리는 우리 생각과 감정을 위한 내부 필터(건조기 먼지 필터처럼)를 가지고 있어서 부정적인 생각과 감정이 우리의 자각 속으로 들어오지 않기를 바랄지도 모른다. 그렇게 되면 우리가 해야 하는 일은 우리를 비난하고 아프게 하는 자기파괴적인 생각들이 축적된 뭉치를 벗겨내서 쓰레기통에 버리는 것이다. 그러나 우리 마음은 그런 식으로 작동하지 않는다.

생각과 감정은 우리의 역사, 과거의 경험과 과거와의 관련성, 뇌의 배선, 호르몬 주기, 신체적인 편안함, 문화적 조건, 이전 생각과 느낌들 그리고 수많은 다른 요인에 의해 일어난다. 앞 장에서 논의했듯이 현재의 정신적, 정서적 경험—의식적인 선택을 넘어선 조건들—을 낳기 위해 함께 작용해온 말로 다 표현할 수 없는 엄청난 선행 조건과 원인이 있다. 우리는 특정한 생각과 감정이 자각의 문을 통과하거나 통과하지 않도록 통제할 수 없다. 우리의 특정한 생각과 감정이 건강하지 않다고 해서 그러한 정신적 경험을 사라지게 할 수는 없다. 하지만 우리는 그것들과 관계를 맺는 방법을 바꿀 수는 있다.

우리의 정신적 경험에 대해 판단하는 것은 상황을 더 악화시킬 뿐이다. '그런 생각을 하는 나는 너무나 끔찍한 사람이다! 나보다 더 좋은 사람은 이런 상황에서 짜증을 내지 않고 동정심을 느끼겠지!' 그런데 당신이 그런 생각이나 감정을 가지려고 결정했는가? 그런 게 아니라면 왜 그런 식으로 당신 자신을 판단하는가? 우리는 지금 여기에서 하는 경험을 수용함으로써 자기비난으로 복잡하게 얽힌 매듭에서 벗어날 수 있다. '이 생각과 감정은 현재 나의 자각 안에서 일어나고 있다.' 비난을 덧붙이지 말고 사실을 단순하게 진술하면 된다. 우리는 고약한 생각을 하거나 파괴적인 감정을 느끼는 자신을 혹평할 필요가 없다. 우리는 단순하게 그것들을 내려놓을 수 있다. 생각이나 감정을 정당화하거나 강화하는 방향으로 가지 않으면 생각이나 감정은 저절로 사라진다. 물을 주지 않는 잡초는 말라죽게 되어 있다. 동시에 건강한 생각이나 감정이 일어날 때 우리는 사랑스러운 자각으로 그것을 유지시키고 온전하게 꽃피우게 할 수 있다.

미국 체로키 인디안 부족 노인이 손자에게 인생을 가르쳐주는 이야기가 있다. 그는 손자에게 이렇게 말했다. "내 안에서 싸움이 일어나고 있단다. 두 늑대 사이에서 일어나는 끔찍한 싸움이

지. 하나는 나쁜 늑대인데 화, 질투, 슬픔, 후회, 탐욕, 자만, 자기 동정, 죄책감, 분노, 열등감, 거짓말, 잘못된 자부심, 우월감, 에고라는 늑대란다. 다른 하나는 좋은 늑대인데 기쁨, 평화, 사랑, 희망, 평온, 겸손, 친절, 너그러움, 공감, 보시, 진실, 연민, 믿음이라는 늑대란다. 마찬가지로 너와 다른 모든 사람 안에서도 싸움이 일어나고 있단다." 그러자 손자가 잠시 생각하더니 할아버지에게 물었다. "어느 늑대가 이겨요?" 할아버지 체루키는 짧게 대답했다. "네가 먹이를 주는 놈이 이기지."

마음챙김이 주는 선물은 현재 순간을 수용함으로써 미래의 순간을 지혜와 명료함으로 더 잘 만들어갈 수 있다는 점이다. 고통을 줄여줄 뿐 아니라 다음 행동을 하는 데 있어서도 더 나은 선택을 할 수 있게 해준다. 가만히 생각해보면 완전히 맞는 말임에도 불구하고 대부분의 사람은 어려서부터 그런 습관을 만들지 못했다. 서양에서는 사람들이 지식을 쌓고 열심히 일하고 사회에서 생산적인 사람이 되도록 교육을 받지 누구도 자신의 감정, 특히 힘든 감정을 잘 감당할 수 있는 방법을 가르쳐주지 않는다.

마음챙김 배우기

다행히 사람들이 변화하기 시작했다. 서양 과학자들은 수천 년 동안 내려온 불교 명상에 주목하고 마음챙김이 건강에 주는 이점을 입증하기 시작했다. 수많은 연구가 현재 순간의 경험에 주의를 기울일 수 있는 사람들이 정서적 균형을 더 잘 잡는다는 사실을 입증했다. fMRI 기술을 이용한 뇌 사진을 통해 편도체가 활성화(뇌에서 투쟁-도피 반응을 담당하는 영역)되는 정도를 측정하면 마음챙김을 잘하는 사람들이 공포나 위협적인 이미지에 더 적게 반응한다는 것을 알 수 있다. 그들은 더 적게 '흥분하기' 때문에 상황에 덜 휘둘린다. 이러한 이유로 치료자나 여러 건강 전문가들이 스트레스, 중독, 신체적 통증 등 다양한 형태의 고통을 다루는 데 도움을 주기 위해 마음챙김 기술을 가르친다.

존 카밧진의 마음챙김에 근거한 스트레스 완화MBSR, Mindfulness-Based Stress Reduction 프로그램은 미국에서 가장 많이 알려진 성공적인 스트레스 감소 프로그램이다. MBSR 과정은 미국과 전 세계에 있는 수백 개의 병원, 클리닉, 의료센터에서 시행되고 있다. 8주 집중 프로그램은 사람들이 마음챙김을 좀 더 잘하는 방법을 배울 수 있도록 돕는다. 연구에 의하면 MBSR 과정을 통해 마음챙김 방법을 배운 사람들이 도전적인 삶을 극복할 때 스트레스를 더 적게 받고 더 쉽게 극복한다고 한다. 또한 MBSR은 만성적인 통증을 극복하는 데도 도움을 준다. 카밧진의 초기 연구 가운데 하나는 요통이 있는 사람들이 MBSR 과정을 받고 난 후 통증이 50퍼센트 정도 감소되었다고 보고했다.

MBSR 과정에서 가르치는 핵심적인 훈련이 마음챙김 명상이다. 이런 명상은 전형적으로 조용히 앉아서 눈을 감고 들어오는 감각을 줄이는 데 집중한다. 그렇게 함으로써 지나치게 많은 외부 감각에 압도되지 않고 현재 경험에서 일어나는 것에 더 주의

러브 유어셀프

를 기울이게 한다. 사람들은 자신의 마음을 고요하게 하고 주의를 명료하게 하기 위해 한동안 자신의 호흡에 집중하는 명상을 한다. 그런 뒤 일단 마음이 어느 정도 고요해지면 자신의 자각 영역에서 일어나는 생각, 소리, 감각에 주의를 자유롭게 이동시킨다. 기본 아이디어는 무엇이 일어나든 판단하지 않고 특정한 어떤 경험이 사라지도록 밀어내거나 붙잡으려고 하지 않고 관찰하는 것이다. 드넓은 하늘을 가로지르며 날아가는 새들처럼 단순하게 생각이나 느낌들이 오고 가도록 허용한다. 정신적 현상이 일어나고 사라지는 것을 추적하는 것은 일상을 살면서 마음챙김을 하는 능력을 향상시키는 기술을 개발하는 것이다.

명상은 마음챙김의 근육을 강화하는 강력한 방법이지만 묵언기도나 숲속을 혼자 조용히 걷는 것같이 마음을 고요하게 하고 망상적인 생각을 깨어버리는 방법도 있다. 한두 번 천천히 깊은 호흡을 하고 숨을 들이쉬고 내쉬는 동안에 일어나는 모든 감각에 조심스럽게 주의를 기울이는 것도 또 다른 방법이다. 마음챙김은 우리가 마술사의 모자에서 꺼내봐야 하는 특이하고 비밀스러운 수행이 아니다. 우리는 모두 자신의 자각 영역을 느낄 수 있는 능력을 선천적으로 타고났다. 마음챙김을 하는 힘이 우리 안에 온전하게 존재한다는 의미다. 가장 중요한 핵심은 현재 일어나고 있는 생각, 정서, 감각에 호의적이고 비판단적인 방법으로 집중하도록 의도적인 선택을 하는 것이다.

일상생활에서의 마음챙김

마음챙김을 할 수 있는 활동을 하루에 한 가지 선택합니다. 이를테면 양치질을 하는 동안이나 주차장에 차를 주차하고 사무실까지 걸어가는 동안이나 아침을 먹을 때 또는 휴대전화가 울릴 때마다 마음챙김을 합니다. 매일 해야 할 일에 압도되기 전에 마음챙김하는 것을 잊지 않기 위해 하루 중 가장 일찍 하는 활동을 선택할 수도 있습니다. 당신이 선택한 활동을 통해 마음챙김을 할 때 당신이 현재 실제로 하고 있는 경험에 초점화된 자각을 가져갑니다.

주차장에서 사무실로 걸어가는 활동을 선택했다고 합시다. 일단 사무실에 도착하더라도 곧바로 무엇을 해야 할 것인지에 대해서 생각하지 마세요. 걷는 기분이 어땠는지 단순하게 알아차려보세요. 발이 땅에 닿을 때 느낌이 어떠합니까? 발을 들었다가 바닥에 내디딜 때 감각의 변화를 알아차릴 수 있었나요? 무게가 오른쪽에서 왼쪽으로 이동하면서 움직일 때 다리에 어떤 느낌이 들었나요? 걸을 때 공기는 어땠나요? 따뜻했나요, 차가웠나요? 가능한 한 당신의 자각을 걷는 경험의 다양한 측면으로 가져가도록 해보세요. 압도당하지 않게 하려면 한 번에 하나의 분명한 감각에 초점을 두는 것이 좋습니다. 만약 생각이나 감정으로 길을 잃으면 그냥 길을 잃어버렸다는 사실을 알아차리고 당신의 자각을 다시 걷는 경험으로 가져가면 됩니다.

당신이 하고 있는 것이 주의를 더 날카롭게 만드는 훈련이고 마음챙김 근육을 키우는 것입니다. 이러한 기술은 도전적인 상황이 일어났을 때 그 상황을 회피하지 않고 힘든 감정을 자각할 수 있도록 도움을 줄 것입니다. 우리는 모두 마음챙김을 하는 능력이 있지만 삶이 정신 없이 바쁘게 돌아가기 때문에 단 한순간만이라도 속도를 늦추고 지금 여기에서 무엇이 일어나고 있는지 알아차려야겠다는 선택을 해야만 합니다.

마음챙김은 자기연민의 핵심 요소 중 하나기 때문에 마음챙김 기술이 향상되면 자동으로 자기연민 능력이 커집니다. 여러 연구가 8주 과정의 MBSR에 참여하는 것이 자기연민 수준을 향상시킨다는 사실을 보여주었습니다. 또한 연구들은 경험이 많은 마음챙김 명상가가 경험이 적은 사람들보다 자기연민을 더 잘한다는 사실을 증명했습니다.

마음챙김 기술을 향상시키는 것은 자기연민을 향상시키는 중요한 방법이지만 자기연민의 나머지 두 요소인 자기친절과 보편적인 인간경험 또한 긍정적인 자기강화 사이클을 만드는 능력을 향상시킨다. 마음챙김의 적들 가운데 하나가 과동일시 과정이다. 이는 개인 드라마에 휘말려서 그 순간에 일어나는 것을 명확하게 보지 못하는 것을 의미한다. 만약 당신이 자기비난으로 이성을 잃거나 다른 사람들로부터 고립감을 느낀 나머지 화가 난다면 당신의 아픈 감정에 대해 마음챙김을 하는 것이 훨씬 더 어려울 것이다. 그러나 만약 당신이 자신에게 친절하고 좀 더 넓은 인간적인 시각으로 자신의 느낌을 진정시키고 위로할 수 있다면 당신의 멜로 드라마와 고통에서 벗어나는 데 필요한 여유 공간을 줄 수 있다. 당신이 돌봄을 받고 있고 연결되어 있다고 느낄 때 당신이 과잉반응을 하고 있다는 사실을 깨닫는 것은 그다지 어렵지 않다.

세 개의 **출입구**

힘겨운 감정을 다루는 도구로 자기연민을 사용하는 묘미는 자기연민에 세 개의 두드러진 출입구가 있다는 점에 있다. 당신이 아파하고 있다는 사실을 알아차릴 때마다 다음 세 가지 잠재적인 행동을 할 수가 있다.

- 자신에게 친절과 돌봄을 줄 수 있다.
- 아픔과 마주치는 것은 누구나 겪을 수 있는 보편적인 인간경험이라는 사실을 상기시킬 수 있다.
- 당신의 생각과 감정에 대해 마음챙김을 할 수 있다.

힘겨운 감정에 직면했을 때 자기연민의 세 가지 구성 요소 가운데 하나를 사용하면 나머지 둘은 더 쉽게 사용할 수 있다. 기분이나 현재 상황에 따라 세 가지 가운데 어느 하나가 특히 더 사용하기 쉬울 수 있다. 자기연민의 힘을 이용해서 삶의 아픔을 대하는 방식을 혁신적이고 창의적으로 전환할 수 있다. 자기연민이라는 안정된 조건을 통해 더 건강하고 행복하고 평화로운 삶의 단계로 나아갈 수 있다. 힘겨운 감정이 당신을 멀리 데려가는 대신 당신이 그 힘겨운 감정을 더 나은 장소로 데려갈 수 있다. 힘겨운 감정을 느낄 수만 있으면 당신은 그 감정을 유지하고 수용할 수 있고 그런 감정을 경험하는 자신에게 연민을 줄 수 있다. 더 놀라운 사실은 당신 자신에게 그러한 선물을 주기 위해 다른 누군가나 그 어떤 것에 의지하지 않아도 된다는 점이다. 뿐만 아니라 때가 될 때까지 기다릴 필요도 없다. 당신이 힘든 상태에 빠졌거나 최악의 상황으로 치달을 때 자기연민은 가장 유용하게 사용될 수 있다.

실습
4

자기연민 일기 쓰기

일주일간 또는 원하는 만큼 매일 자기연민 일기를 써보세요. 일기를 쓰는 것은 감정을 표현하는 효과적인 방법이고 정신적, 신체적 건강을 증진시킨다는 연구 결과들이 있습니다. 조용한 저녁 시간에 하루 동안 일어났던 일들을 돌이켜보세요. 일기장에 나쁘게 느꼈던 것이나 자신을 판단했던 것 또는 아픔을 준 힘든 경험을 적어보세요. 예를 들면, 식당에서 점심을 먹는데 종업원이 카드 계산을 빨리 해주지 않아서 화가 났던 것을 적을 수도 있습니다. 또는 그 종업원에 대해 나쁜 말을 하고 팁을 주지 않고 나왔다든가, 그래서 나중에 그런 자신의 행동에 대해 부끄럽고 창피함이 든다든가 하는 것을 적을 수도 있습니다. 일어난 각각의 일에 대해 자기연민의 방식으로 마음챙김과 보편적인 인간경험 그리고 자기친절을 사용해보세요.

마음챙김

마음챙김은 주로 자기비난이나 힘겨운 상황 때문에 일어난 아픈 감정들을 자각하는 일과 관련된 것입니다. 당신이 어떻게 느꼈는지에 대해 써보세요. 슬프거나 부끄럽거나 놀라거나 스트레스를 받은 것에 대해 써보세요. 글을 쓸 때 자신의 경험을 수용해보세요. 판단하지 말고, 지나치게 극적으로 만들지도 말고, 자신을 비하하지도 마세요. 이를테면, '종업원이 너무 느려서 불만스러웠다. 화가 나서 과잉반응을 했는데 나중에 내가 어리석었다고 생각했다' 등과 같이 써보세요.

보편적 인간경험

당신의 경험이 더 큰 차원의 인간경험과 연결되어 있는 방식을 적습니다. 이는 인간은 완전하지 않고 모든 사람이 아픈 경험을 한다는 사실에 대한 인식을 포함합니다. 예를 들면, '누구나 때때로 과잉반응을 한다. 인간이기 때문에 그렇다'와 같이 적습니다. 또한 당신은 그 아픈 사건 이면에 있는 다양한 원인과 조건에 대해 생각할 수도 있습니다. 예를 들면, '그날 차가 너무 막혀서 병원 예약 시간보다 늦었기 때문에 내가 지나치게 불만스러웠던 것 같다. 만일 상황이 달랐더라면 나도 그렇게까지 반응하지는 않았을 것이다'라는 식으로 생각해볼 수도 있습니다.

자기친절

자신에게 위로가 되는 친절하고 수용적인 말들을 써보세요. 부드럽고 안심시켜주는 톤으로 당신을 돌본다는 사실을 자신이 알게 하세요.

'괜찮아. 망치기는 했지만 그렇다고 세상이 끝나는 일은 아니야. 네가 얼마나 좌절감을 느꼈고 제정신이 아니었는지 나는 이해해. 네가 다른 사람들에게 친절하게 대하는 것을 얼마나 소중하게 생각하는지 알기 때문에 지금 얼마나 기분이 나쁜지 이해해. 대신 이번 주에는 다른 종업원들에게 좀 더 인내하면서 너그럽게 대하도록 노력해볼 수도 있을 것 같아….' 이런 글쓰기를 통해 자기연민이 가진 세 가지 요소를 연습하는 것은 생각을 정리하고 그 내용을 새기는 데 도움을 줄 것입니다. 만일 당신이 규칙적으로 일기 쓰는 것을 좋아하는 타입이라면 자기연민 수행을 더 강화할 수 있고 그것을 일상 속에서 좀 더 쉽게 녹여낼 수 있을 것입니다.

나의 이야기

어둠의 시간 통과하기

나는 내 경험을 통해 자기연민이 어떻게 내 삶의 은인이 되었는지 말해줄 수 있다. 자기연민은 내가 아들 로완의 자폐증과 씨름하면서 절망의 벼랑에 있는 동안 계속해서 나를 구해주었다. 내 마음이 어두운 공포의 골목길을 걸어 내려가기 시작했을 때—앞으로 로완에게 어떤 일이 일어날까? 독립적으로 살아갈 수는 있을까? 직장이나 가정은 꾸릴 수 있을까?—나는 현재 순간에 머무르려고 애썼다. '나는 지금 여기에 있다. 로완은 안전하고 행복하다. 로완에게 무슨 일이 일어날지 그의 미래가 어떻게 될지 나는 아무 생각도 떠오르지 않아. 그건 알 수가 없어. 그러나 두려움을 안고 도피를 하는 건 도움이 안 돼. 일단 나를 진정시키고 위로하는 데 집중하자. 가엾구나. 지금 네가 얼마나 힘든지 알아….' 내가 불안해하는 나의 마음을 친절하게 돌보고 위로하자 내 감정과 생각에 압도되지 않고 중심을 잡을 수 있었고, 로완의 미래가 어떠하든 내가 있는 그대로의 로완을 사랑할 것이라는 사실을 깨달 았다.

내가 단 한순간도 버틸 수 없다고 생각했을 때 자기연민이 나를 버티게 해주었 다. 내가 장난감 얼룩말을 잠깐 잘못 두었다든가 하는 사소한 것들로 로완이 고막 이 터질 것 같은 괴성을 지르며 짜증을 낼 때 나는 그 상황과 싸우고 저항하기보다 나의 아픔에 연민을 보내고 마음챙김을 하면서 호흡을 지켜보려고 애썼다. 자폐증 이 있는 아이가 짜증을 내는 것은 신경 계통에서 비롯된 것이고 과부하된 감각체계 때문이다. 그러니 그들의 반응을 멈추게 하거나 위로해 줄 수가 없다. 부모로서 할 수 있는 유일한 것은 아이가 자신을 해치지 않게 하고 폭풍이 지나갈 때까지 기다 리는 일이다.

식품 가게에서 사람들이 로완을 버릇없는 아이로 생각하고 내가 로완의 행동을 통제하지 못하는 것에 대해 나를 나쁜 엄마로 여기면서 불쾌하게 쳐다볼 때(한 자 폐아 어머니는 낯선 사람이 '진짜 절도 있는 훈육'이 필요하다면서 자기 아이를 때 렸다고 말했다) 나는 나 자신에게 연민을 보냈다. 나는 마음챙김과 여유 있는 자각 으로 나의 아픈 감정을 유지함으로써 그 감정들에 압도당하지 않으려고 애썼다.

로완의 자폐증은 나로 하여금 어떤 가식적인 통제도 할 수 없게 했고 마음챙김 은 나에게 그것이 그렇게 나쁜 것이 아니라는 사실을 가르쳐주었다. 로완이 비행 기 안에서 비명을 지르고 모든 손님이 마치 나와 로완이 죽었으면 하는 눈빛으로 쳐다보고 있을 때 2만 피트 상공에 갇힌 나는 아무리 비행기에서 내리고 싶은 마음 이 간절해도 로완이 똥을 싼 팬티를 갈아입히기 위해 화장실로 달려가야만 했다(화 장실 안에는 이미 누군가 볼일을 보고 있었다). 나에게 다른 선택은 없었고 오직 그 상황을 해결해야만 했다. 내가 할 수 있는 전부는 최선을 다해 최대한 품위 있게 그 상황을 헤쳐나가려고 노력하는 것이었다. 일단 내가 항복했을 때 깊은 고요가 흘렀다. 내 마음의 평화가 외부 조건에 달려 있는 것이 아니라는 사실을 알고 나는 고요한 기쁨을 느꼈다. 이 순간을 이겨낼 수 있으면 나는 어떤 것이든 극복할 수 있을 것이다.

자기연민은 나로 하여금 화와 자기동정을 조절할 수 있도록 도와주었다. 어쩔 수 없이 일어나는 절망감과 좌절감에도 불구하고 로완을 향해 인내와 사랑을 유지할 수 있게 해주었다. 내가 자기연민을 잃어버린 적이 없었다고 말하는 것이 아니다. 수없이 잃어버렸었다. 그러나 그럴 때조차도 나는 여전히 자기연민 수행에 의지했다. 내가 자신에게 나쁘게 반응하고 실수를 하고 지극히 인간적인 부족함을 보였을 때도 나를 용서할 수 있었다. 만약 그 당시에 자기연민의 힘을 알지 못했다면 내가 어떻게 그 어려운 시기를 이겨낼 수 있었을지 모르겠다. 그런 이유로 나는 자기연민의 천사가 내 어깨 위에 앉아 있어서 내가 필요할 때마다 이용할 수 있다는 것을 알게 된 것에 항상 그리고 영원히 감사할 것이다.

"마음챙김은 우리가 마술사의 모자에서 꺼내봐야 하는 특이하고 비밀스러운
수행이 아니다. 우리는 모두 자신의 자각 영역을 느낄 수 있는 능력을 선천
적으로 타고났다. 미음챙김을 하는 힘이 우리 안에 온전하게 존재한다는 의
미다."

3부

자기연민의 혜택

정서적 회복탄력성

·

당신은 당신의 깊은 내면에 오직 하나의 마법, 하나의 힘, 하나의 구원이 존재한다는 사실을 잘 알고 있다.…그것은 사랑이다. 그러니 당신의 고통을 사랑하라. 고통에 저항하지 말라. 고통으로부터 도망가려고 하지 말라. 당신을 아프게 하는 것은 고통이 아니라 고통을 싫어하는 당신의 혐오다.

—헤르만 헤세, 《사랑할 수 있는 사람은 누구나 행복하다》

·

·

　자기연민은 힘겨운 감정을 다루는 매우 강력한 도구다. 자기연민은 우리 삶을 지배하는 파괴적인 정서적 반응 사이클로부터 우리를 자유롭게 해줄 수 있다. 이 장에서는 자기연민이 어떻게 정서적 회복탄력성을 제공하고 삶의 질을 높여주는지에 대해 좀 더 자세하게 살펴볼 것이다. 우리 자신과 삶에 관계하는 방식에 변화를 줌으로써 우리는 진정으로 행복해지는 데 필요한 정서적 안정을 발견할 수 있다.

자기연민과 **부정적 정서**

연구 문헌에서 발견되는 가장 강력하고 일관된 사실 중 하나는 자기연민을 잘하는 사람일수록 불안이 적고 덜 우울해한다는 것이다. 자기연민은 사람들이 얼마나 불안하고 우울한가를 알 수 있는 강력한 변인으로, 자기연민이 불안 및 우울 변의의 30퍼센트 내지 50퍼센트까지 설명할 수 있을 정도로 상관관계가 높다. 이는 자기연민이 불안과 우울로부터 우리를 보호해줄 수 있는 중요한 요인임을 의미한다. 앞에서 논의했듯이 우리가 자기를 비난하고 스스로에 대해 부적절한 감정을 느끼는 것은 우울과 불안을 경험하는 원인이 되기도 한다. 삶이 우리에게 던져주는 도전을 감당할 수 없을 만큼 심각하게 자신의 결함을 느낄 때 우리는 두려움과 수치심에 대한 반응으로 정서적으로 문을 닫아버리는 경향이 있다. 부정적인 마음의 색깔이 우리의 모든 경험을 물들이듯 모든 것이 절망적이고 무너질 것처럼 보인다. 나는 그러한 정신적 상태를 '끈적이는 시커먼 물질(black goo)'이라고 부르곤 한다.

끈적거리고 불쾌하지만 이러한 과정은 알고 보면 아주 자연스럽다. 우리 뇌가 부정적 편향을 가지고 있다는 사실을 보여주는 연구가 있는데 이는 우리가 긍정적인 정보보다는 부정적인 정보에 더 민감하다는 것을 의미한다. 다른 사람들이나 우리 자신을 평가할 때도 긍정적인 것보다 부정적인 것에 더 많은 비중을 둔다. 생각해보자. 파티에 가기 전에 거울을 들여다보다가 턱에 여드름이 난 것을 발견하면 머리 스타일이 괜찮거나 옷이 멋있다는 것은 안중에 없고 요란하게 소리내며 돌아가는 구급차의 빨간 비상등처럼 여드름에만 집중하게 될 것이다. 그 결과 당신이 저녁 외출을 얼마나 중요하게 여기고 기대해왔는지에 대한 감각은 완전히 망가지고 말 것이다. 거기에는 이유가 있다.

자연 환경에서 부정적인 정보는 대개 위협에 대한 신호다. 만약 우리가 강둑에 숨어 있는 악어를 즉각적으로 알아차리지 못한다면 우리는 곧장 악어 밥이 되고 말 것이다. 생존을 위해 우리 뇌는 부정적인 정보에 매우 민감하게 반응하도록 진화해왔기 때문에 투쟁—도피 반응이 뇌의 편도체에서 빠르고 쉽게 촉발된다. 이는 행동을 취하는 기회가 바로 우리의 생존을 보장할 수 있는 가능성을 극대화시킨다는 의미다. 긍정적인 정보는 장기적인 생존에는 중요한 영향을 미치지만 즉각적인 생존에는 결정적인 역할을 하지 못한다. 특히 목이 마르거나 야영할 장소를 결정해야 할 때 강물이 신선하고 깨끗하다는 사실을 알아차리는 것이 중요하다. 그러나 거기에는 당장 행동을 취해야 하는 위급함은 없다. 그러므로 우리 뇌는 부정적인 정보에 비해 긍정적인 정보에는 더 적은 시간과 주의를 기울인다. 《붓다 브레인》이라는 책을 쓴 릭 핸슨은, "우리 뇌는 부정적인 경험에는 찍찍이같이 달라붙고 긍정적인 경험에 대해서는 테프론같이 미끄러져버린다"라고 했다. 우리는 긍정적인 것은 당연하게 받아들이고 부정적인 것에는 마치 우리 인생이 달려 있는 것처럼 집중하는 경향이 있다.

일단 우리 마음이 부정적인 생각에 사로잡히게 되면 마치 망

가진 레코드처럼 그런 마음이 계속 유지된다. '반추'라고 불리는 이 과정은 우울과 불안을 유발할 수 있으며 반복적이고 침투적이며 억제할 수 없다. 과거의 부정적인 사건에 대한 반추는 우울증을 초래하고, 미래의 부정적인 사건에 대한 반추는 불안을 유발한다. 그래서 우울과 불안은 흔히 함께 간다. 우울과 불안은 둘 다 반추하는 경향성에서 비롯된다.

연구에 의하면 여성이 남성보다 훨씬 더 반추를 많이 하는데 이는 왜 여성이 남성보다 우울과 불안을 두 배 정도 더 많이 겪는지를 설명하는 데 도움이 된다. 이러한 성별의 차이는 근원적으로는 생리적 원인일 수 있지만 문화적인 요인 또한 영향이 있다. 역사적으로 여성은 남성에 비해 사회적인 영향력이 적었기 때문에 자신에게 일어난 일에 대한 통제력도 그만큼 더 적었다. 그래서 위험에 대해 더 많이 경계해야 했던 것이다.

만약 당신이 반추하는 경향이 있거나 불안과 우울로 고생을 하고 있다면 자신을 판단하지 않는 것이 중요하다. 부정적인 생각이나 감정에 대한 반추 이면에는 안전을 원하는 욕구가 있다는 사실을 잊지 말라. 이러한 뇌의 패턴이 역효과를 낳을 수도 있지만 우리는 악어 밥이 되지 않도록 우리를 애써 보호하려는 노력 자체는 인정해줄 수 있다. 물론 어떤 사람들은 다른 사람들보다 반추를 더 많이 하는 경향이 있지만 모든 사람은 일정 수준의 부정적 편향을 가지고 있다는 사실을 기억하라. 반추는 우리의 뇌에 배선되어 있다.

얽매임에서 **벗어나기**

그렇다면 이 검은 끈적임에 빠지는 뿌리 깊은 경향에서 우리 자신을 어떻게 해방시킬 수 있을까? 그 방법은 자신에게 연민을 갖는 것이다. 자기연민을 잘하는 사람들이 그렇지 않은 사람들에 비해 두려움, 성급함, 적개심, 괴로움 같은 부정적인 감정을 더 적게 경험한다는 연구가 있다. 부정적인 감정들이 생기긴 하지만 빈도도 적고 오래 지속되지 않는다. 이는 자기연민의 태도를 가진 사람들이 자기연민이 부족한 사람들에 비해 반추를 더 적게 하기 때문이기도 하다. 반추는 흔히 두려움, 수치, 부적절감으로 인해 생겨난다. 자기연민은 불안과 반대되기 때문에 엉킴을 풀어주는 스프레이처럼 부정적인 반추의 매듭을 푸는 데도 도움이 될 수 있다.

부정적인 생각과 감정에 대해 비판단적인 자각을 유지할 때 우리는 찍찍이처럼 그 감정에 달라붙지 않고 주의를 기울일 수 있다. 마음챙김은 우리의 부정적인 생각과 감정을 반드시 진실이라고 여기지 않아도 되게끔 도와준다. 그렇기 때문에 부정적인 생각과 감정은 비중을 적게 받게 되고 그것이 진짜라고 믿을 필요도 없어지게 된다. 그러한 방식으로 부정적으로 편향된 생각과 감정들은 저항없이 생겨났다가 사라지게 된다. 그러므로 삶이 우리에게 무엇을 가져다주든 우리는 평정심을 가지고 대처할 수 있게 된다.

러브 유어셀프

우리의 부정적인 감정에 대해 마음챙김을 하는 유용한 방법은 부정적인 감정을 신체적인 감각을 통해 자각하는 것이다. 다소 낯선 개념처럼 보일 수도 있지만 모든 감정은 몸을 통해 느낄 수 있다. 화는 가끔 턱이나 배가 단단하게 조이는 감각으로 경험되고, 슬픔은 눈 주위가 무거워지는 감각으로, 두려움은 목이 조이는 감각으로 경험된다. 감정이 신체적인 징후로 드러나는 것은 사람에 따라 다르게 경험되고 시간에 따라 옮겨가고 변화한다. 그러나 우리가 세심하게 주의를 기울이게 되면 몸을 통해 감정의 변화를 추적할 수 있다. 우리를 행복하지 않게 만드는 것에 대해 생각하는 대신에 몸을 통해 우리 감정을 경험하게 되면 현재 상태에 머무는 것이 훨씬 더 쉬워진다. '가슴의 조임'을 알아차리는 것과 '그 여자가 나에게 그런 말을 하다니 어이가 없다. 그 여자가 그런 인간인 줄 누가 알겠나?'라고 생각하는 것 사이에는 차이가 있다. 우리 몸에 닻을 내리고 머무름으로써 우리는 부정적인 생각에 빠지지 않고 아파하는 우리 자신을 위로하고 진정시켜줄 수 있다.

나는 종종 부정적이고 불안한 마음 상태 때문에 새벽 4시쯤 잠에서 깰 때가 있다. 침대에 누워 내 인생에서 잘못된 모든 것에 집중하고 마음은 두려움과 불만으로 소용돌이친다. 이런 일이 매우 정기적으로 일어나기 때문에 나는 이런 기분을 말 그대로 밤에 격렬한 천둥과 번개를 동반하면서 지나가는 폭풍이라고 상상하는 방법을 배웠다. 번개는 나의 수면 주기에 의해 촉발되는 머릿속의 불안을 나타낸다. 그런 기분을 지나치게 심각하게 받아들이는 대신에 나는 나의 자각을 내 몸에 두려고 노력한다. 침대 위에 누위 있는 내 몸의 무게, 나를 덮고 있는 담요의 느낌, 내 손과 발에서 느껴지는 감각들. 내가 지금 여기에 있는 것을 기억하려고 노력하면서 폭풍이 지나가는 것을 지켜본다. 그러다가 종국에는 다시 잠들게 되고 한결 나은 기분으로 일어나게 된다. 이것이 마음챙김의 힘이다. 마음챙김은 현재 일어나는 것을 당신이 온전하게 경험할 수 있게 해준다.

그러나 종종 마음챙김만으로는 우울하고 불안한 마음 상태에 빠지는 것을 피하기에 충분하지 않다. 우리가 노력해도 때때로 우리 마음은 부정적인 것에 계속 갇히게 된다. 그럴 때는 적극적으로 자신을 위로해야 한다. 검고 끈적한 마음을 경험할 때 자신에게 친절하게 대하면 우리가 서로 연결되어 있다는 사실을 기억하게 되고 자신이 돌봄을 받고 수용받고 안전하다고 느끼게 된다. 사랑과 사회적 연결감이 주는 밝은 에너지는 부정적인 감정으로 인한 어두운 에너지와 균형을 맞춘다. 따뜻함과 안전함에 대한 느낌들은 우리 몸의 위협 시스템을 잠재우고 애착 시스템을 활성화시킴으로써 편도체를 진정시키고 옥시토신을 증가시킨다. 다행히 옥시토신이 우리가 가진 부정적 편향을 약화시킨다는 연구가 있다.

한 연구에서 참가자들에게 사진 속에 있는 사람들의 얼굴에서 보이는 감정들을 말해달라고 요청했다. 참가자 절반에게는 옥시토신이 들어 있는 코에 뿌리는 스프레이를 주고 나머지 절반인 통제 집단에게는 가짜 스프레이를 주었다. 그 결과 옥시토신 스프레이를 받은 참가자들은 사진에서 두려움을 느끼는 얼굴 표정을 확인하는 데 시간이 더 많이 걸렸고 통제 집단에 비해 긍정적인 얼굴 감정을 부정적인 것으로 착각하는 경우가 더 적었다. 이 연구는 옥시토신이 부정적인 정보를 곧바로 알아보는 경향성을 감소시킨다는 사실을 보여준다.

그러므로 우리의 부정적인 생각과 감정을 연민으로 대하는 것은 부정적 편향을 줄이는 좋은 방법이 될 수 있다. 연민은 '지금 내가 어떻게 나 자신을 진정시키고 위로할 수 있을까?'라고 묻는 희망적인 관점을 불러일으키면서 반추를 멈추게 한다.

실습
1

몸에 있는 힘겨운 감정 다루기:
부드럽게 하기, 위로하기, 허용하기

여러분이 힘겨운 감정을 경험할 때 직접 그 감정을 다루고 싶다면 당신의 몸에 있는 감정과 작업해보세요. 이 연습은 15~20분 정도 걸릴 것입니다. 먼저 편안한 자세를 취하거나 등을 바닥에 대고 눕습니다. 당신의 몸에서 힘든 감정을 찾아보세요. 그 힘든 감정이 어디에 자리잡고 있나요? 머리, 목, 심장, 배? 따끔거림, 아림, 압력, 꽉 조임, 날카롭게 찌르는 듯한 느낌 등을 마음속으로 기억하면서 그 감정을 묘사해보세요. 정서적인 아픔을 다룰 때는 대개 즐거운 감각들은 일어나지 않습니다. 감각이 단단하고 견고한가요, 아니면 유동적이고 변화하나요? 때로는 멍하게 느껴질 수도 있습니다. 그런 감각에 대해서도 주의를 기울일 수 있습니다.

만약 그 느낌을 경험하는 것이 괴롭고 힘이 든다면 천천히 부드럽게 시작하세요. 느껴지는 감각을 향해 일어나는 모든 저항을 부드럽게 만듦으로써 감각을 온전하게 느끼고 싶겠지만 자신이 할 수 있는 한계 너머까지 밀어붙이는 것은 좋지 않습니다. 처음에는 주변 감각에 초점을 두다가 조금씩 안정감을 느끼고 견딜 만해지면 점차 감각의 중심 부분으로 이동하는 것이 좋습니다.

일단 당신 몸에서 느껴지는 아픈 감정과 접촉하면서 연민을 보내보세요. 지금 당장 그것을 느끼는 것이 얼마나 힘든 일인지 자신에게 말하고 당신이 자신의 행복과 건강에 대해 염려하고 있다는 사실을 자신이 알게 하세요. '나는 이것이 정말로 힘들다는 것을 알아' 또는 '이런 고통을 받고 있어서 미안해'와 같이 애정이 담긴 말을 사용하는 것이 편안하다면 그렇게 해보세요. 마치 울고 있는 아이의 머리를 쓰다듬듯이 아픈 감정이 머무는 곳을 마음속으로 어루만지는 것을 상상해보세요. 모든 것이 잘 될 거라고 안심시키고 이 힘든 경험을 극복하는 데 필요한 정서적 지지를 주겠다고 자신을 안심시키세요.

고통스러운 감정으로 몰고 가는 상황에 이끌려갈 때는 그냥 단순하게 몸에서 일어나는 신체적 감각으로 당신의 자각을 가져오면서 다시 시작하면 됩니다.

이 연습을 할 때는 '부드럽게 하기, 위로하기, 허용하기'라는 문구를 말없이 되뇌이는 것이 도움이 됩니다. 이러한 연습은 감정에 대한 저항을 부드럽게 하면서 당신이 느끼는 불편함을 적극적으로 진정시키고 위로해주니까요. 그리고 있는 그대로의 감정을 받아들이도록 상기시켜줍니다. 당신이 자신을 연민할 때 당신이 경험하는 신체적 감각이 변화하는지 알아차려보세요. 아픈 감각들이 완화되거나 느슨해지나요? 시간이 지나면서 견디기가 더 쉬워지나요? 단단한 긴장의 덩어리가 깨지면서 움직이고 변화하기 시작하는 것처럼 느껴지나요? 상황이 더 나아지거나 나빠지거나 아니면 그대로이든 관계없이 당신이 경험하는 동안 계속 연민을 주세요.

그런 다음 적당하다고 느끼는 시점에서 한두 번 스트레칭을 하고 그날 해야 할 일을 계속해보세요. 약간의 연습만으로도 당신은 생각이나 문제 해결 모드에 깊이 빠지지 않고 당신 몸에 마법처럼 작용하는 자기연민의 힘으로 힘든 상황을 극복할 수 있습니다.

온전하게 느끼기

자기연민은 부정적인 감정을 줄여주면서도 부정적인 감정을 혐오스럽게 밀어내는 것이 아니라는 사실을 기억하는 것이 중요하다. 사람들은 이 부분을 가끔 혼동한다. 왜냐하면 어떤 전통적인 지혜 훈련에서는 긍정적인 것은 드러내고 부정적인 것은 제거해야 한다고 말하기 때문이다. 하지만 문제는 부정적인 면을 제거하려고 하면 역효과를 낳는다는 점이다. 고통에 대한 정신적, 감정적 저항은 고통을 더 악화시킬 뿐이다(기억하라. 고통 = 아픔 × 저항). 모든 회피나 억압은 우리의 잠재의식에 저장되기 때문에 우리가 회피하려고 하면 종국에는 증폭된다.

심리학자들은 원치 않는 생각과 감정을 의식적으로 억제하는 능력에 대한 많은 연구를 해왔다. 그들의 발견은 명확하다. 우리에겐 그러한 능력이 없다. 역설적이게도 원치 않는 생각과 감정을 의식적으로 억누르려는 시도는 모두 그 생각과 감정을 더 강화하는 것으로 드러났다. 한 고전적인 연구에서 연구진은 참가자들에게 5분 동안 머릿속에서 떠오르는 생각들을 보고하라고 했다. 그런데 그렇게 하기 전에 참가자들에게 흰 곰은 생각하지 말라고 지시했다. 만약 그들이 흰 곰을 생각하게 되면 작은 종을 울리라고 했다. 그 결과 마치 크리스마스 시즌처럼 종이 울려 퍼졌다. 다음 연구에서 똑같은 실험을 했는데 이번에는 5분 동안 흰 곰에 대해 생각하라고 요청했다. 이번에도 5분 동안 떠오르는 생각을 보고하고 흰 곰을 생각할 때마다 벨을 울리라고 했다. 종소리는 훨씬 적게 울렸다. 원치 않는 생각을 억제하려는 시도는 오히려 그 생각을 더 강하게 그리고 더 자주 떠오르게 만들었다(흥미롭게도 그 실험에서 흰 곰이 선택된 이유는 마음의 설득력을 보여주려고 했던 표도르 도스토옙스키가 그의 형에게 방구석에 서서 흰 곰에 대한 생각을 멈추면 돌아오기로 하는 게임을 하게 된 데서 유래했다. 말할 필요도 없이 그의 형은 그날 저녁 식사를 놓쳤다).

자기연민 수준이 높은 사람은 자기연민이 낮은 사람들에 비해 원치 않는 생각과 감정을 훨씬 더 적게 억누른다는 연구가 있다. 그들은 힘든 감정을 훨씬 더 기꺼이 경험하고 자신의 감정이 타당하고 중요하다는 사실을 더 잘 인정한다. 자기연민이 안정감을 주기 때문이다. 당신이 경험을 하는 동안 지지를 받을 것이라는 사실을 알고 있을 때 정서적인 아픔에 직면하는 것이 두렵지 않게 된다. 돌봄을 받고 이해받을 수 있는 가까운 친구에게 마음을 여는 것이 더 쉬운 것처럼 당신의 아픔이 연민 어린 자각으로 포용될 것이라는 믿음이 있을 때 스스로에게 아픔을 개방하는 것이 더 쉬워진다.

자기연민의 아름다움은 부정적인 감정을 긍정적인 감정으로 대체하는 것이 아니라 부정적인 감정을 포용함으로써 새로운 긍정적인 감정이 생성된다는 데 있다. 돌봄과 연결에 대한 긍정적인 감정들이 우리의 아픈 감정들과 함께 느껴진다. 우리가 자신에게 연민을 가질 때 빛과 그림자를 동시에 경험하게 된다. 이는 저항의 연료가 부정의 불길에 보태지지 않게 해준다. 또한 모든 경험을 기쁨으로 수용하게 해줌으로써 우리는 부분이 아닌 전체가 될 수 있다. 마르셀 프루스트Marcel Proust가 말했듯이 "우리는 고통을 온전하게 경험해야만 고통에서 치유된다."

전체성으로의 **여행**

전체성으로 가는 여행길은 어느 정도 시간이 걸린다. 하룻밤 사이에 이루어지지 않는다. 레이첼은 대학원 시절 나의 좋은 친구였다. 재치 있고 지적이었지만 다소 블랙홀 같은 존재이기도 했다. 내가 처음 레이첼을 만났을 때 레이첼이 입고 있던 티셔츠에는 이런 문구가 적혀 있었다. "인생은 아주 엿 같다. 쉬우면 인생인가? 어려우니까 인생이지." 레이첼은 부정적 사상가였는데 항상 반쯤 채워진 유리컵을 보고 반이 차 있다고 보기보다는 반이 비어 있다고 보았다. 심지어 단지 한두 가지 도전적인 일이 있을 뿐 모든 것이 상대적으로 잘 되어가고 있을 때조차도 잘못되는 일에만 집중하는 유형이었다. 레이첼은 자신의 인생에서 좋은 상태에 있는 것들은 모두 당연하게 여겼다. 잘되고 있는 것은 문제가 아니기 때문에 고칠 필요가 없었기 때문이다. 레이첼은 종종 불안해했고 좌절했으며 우울해했다.

나는 레이첼이 내 생일날 직접 초콜릿 케이크를 만들어주었던 것을 기억한다. 식료품점에 레이첼이 가장 좋아하는 초콜릿이 없었기 때문에 별로 좋아하지 않는 초콜릿을 사용했음에도 케이크는 정말 맛이 있었다. 하지만 내가 케이크가 맛있다고 아무리 말해도 레이첼은 케이크 질이 평소보다 약간 떨어진다는 사실에만 집중했다. 자기가 만든 케이크에 집착하다가 기분이 나빠진 레이첼은 결국 파티에 끝까지 남아 있지 않고 일찍 떠나고 말았다.

그럼에도 레이첼은 나를 자주 웃게 만들었기 때문에 나는 레이첼의 성격을 감당할 수 있었다. 한번은 레이첼에게 소개팅은 잘 되어가냐고 물었었다. "내가 그에게 어땠냐고 물었더니 진짜 지루했다고 말했어." 레이첼이 대학원 때 사귀었던 남자는 레이첼이 별로 재미있다고 생각하지 않았고 결국 레이첼이 바보 같다며 차버렸다. 그후부터 레이첼은 자기가 너무 부정적이라며 자기비난을 하기 시작했다. 물론 상황은 더욱 악화되었다.

레이첼은 대학원 공부를 마치고 나면 태도를 바꾸겠다고 맹세했다. 긍정적 사고에 대한 책을 몇 권 읽은 후 레이첼은 "나는 긍정적인 에너지를 발산하는 사람이다. 매일 모든 면에서 나는 더 나아지고 있다"라고 하며 날마다 긍정적으로 말하기 시작했다. 레이첼은 어떤 상황에서든 긍정적으로 생각하려고 애썼다. 심지어 내면으로는 불행을 느끼더라도 그렇게 하려고 애썼다. 몇 개월 동안 계속 자신과의 약속을 지켰다. 그러나 오래가지는 못했다. 가짜 노력처럼 보였고 지나치게 애를 썼기 때문이다.

레이첼과 나는 여러 해 동안 계속 연락을 주고받았다. 하루는 레이첼이 나에게 어떻게 지내냐고 물었을 때 나는 내가 연구 중인 자기연민에 대해 말해주었다. "삶이 별 볼일 없다는 사실을 사탕발림하는 거 아니야?"라며 처음에는 별 인상을 받지 않았다. 그러나 우리는 오랜 친구였기에 레이첼은 내 의견을 가치 있게 여겼고 내가 그 개념을 설명했을 때 레이첼은 처음들었던 저항감을 극복하고 경청했다. 그런 후 잠시 아무 말도 하지 않았다. 나는 레이첼이 눈을 굴리면서 내가 하는 말을 모두 무시할 것이라고 짐작했다. 그런데 레이첼은 자신에게 좀 더 연민을 갖고 싶다고 말하면서 나더러 도와달라고 했다. 레이첼이 무엇을 어떻게 하는 것이 좋을까 생각해보다가 나는 내가 했던 것을 말해주었다.

나는 몇 년 전에 자기연민을 기억하기 위해 이 연습을 개발했고 지금도 여전히 계속 사용하고 있다. 이것은 일종의 자기연민 만트라로 부정적인 감정을 다루는 데 아주 효과적이다. 내가 나 자신에 대해 좋아하지 않는 뭔가를 알아차릴 때마다 혹은 내 삶에서 뭔가가 잘못되고 있을 때마다 나는 조용히 다음 문구를 반복한다.

이것은 고통의 순간이다.

고통은 삶의 일부다.

지금 이 순간 내가 나 자신에게 친절하기를.

내가 나 자신에게 필요한 연민을 줄 수 있기를.

나는 이러한 문구가 짧고 쉽게 기억할 수 있을 뿐만 아니라 자기연민의 세 가지 측면을 모두 담고 있기 때문에 실용적이고 유용하다는 사실을 발견했다. 첫 번째 문구인 '이것은 고통의 순간이다'는 당신이 고통받고 있다는 사실에 마음챙김을 하게 해주기 때문에 중요하다. 체중이 몇 킬로그램 늘었다거나 교통 위반에 적발되어 화가 난 경우 그러한 것들이 연민을 받을 만한 고통의 순간이라는 사실을 기억하기는 어렵다.

두 번째 문구인 '고통은 삶의 일부다'는 완전하지 않음이 인간조건의 일부임을 상기시켜준다. 원하는 대로 일이 풀리지 않는다고 해서 맞서 싸울 필요가 없다. 원하는 대로 되지 않는 것이 일반적이고 자연스러운 인간사이기 때문이다. 무엇보다 지구상에 있는 다른 모든 사람도 당신과 같이 힘든 일을 겪는다.

세 번째 문구인 '지금 이 순간 내가 나 자신에게 친절하기를'은 당신이 현재 겪고 있는 경험을 보살필 수 있는 감각을 불러일으키는 데 도움을 준다. 당신이 고통을 겪고 있다는 것에 대해 자신을 위로하고 달래줄 때 당신의 가슴은 부드러워진다.

마지막 문구인 '내가 나 자신에게 필요한 연민을 줄 수 있기를'은 자기연민을 잘하는 사람이 되고자 하는 당신의 의도를 확고하

러브 유어셀프

게 해주고 당신이 연민 어린 돌봄을 받을 가치가 있다는 사실을 상기시켜준다.

이러한 자기연민 만트라를 몇 주간 연습하고 나서 레이첼은 끊임없이 부정적으로 작동되는 마음에서 조금씩 자유를 느끼게 되었다. 레이첼은 자신의 어둡고 우울한 생각을 더 잘 자각하게 되었고, 그 결과 절망적인 우울함에 빠지지 않았다. 레이첼은 전보다 자기비난을 더 적게 하고 자기 인생이 잘못되었다고 불평도 하지 않는 자신을 발견하게 되었다. 부정적인 생각이나 감정을 경험할 때는 저 문구들을 되뇌면서 자기는 상처를 받았고 보살핌이 필요하다는 사실을 상기시키려고 노력했다.

레이첼은 자기연민의 가장 좋은 점이 "자기연민을 잘하기 위해 나 자신을 속일 필요가 없다"라는 사실이라고 말했다. 실제 상황이 그렇지 않음에도 불구하고 모든 것이 괜찮고 멋있다고 스스로 설득시키기 위해 긍정적인 지지를 연습했던 것과 달리 자기연민은 때로 인생은 엉망이라는 사실을 인정하고 받아들일 수 있게 했다. 이미 일이 엉망인데 거기에 더 나쁘게 할 필요는 없다는 것이다. 자기연민의 열쇠는 고통을 부정하는 것이 아니라 고통이 지극히 정상적이라는 사실을 인식하는 것이다. 우리가 있는 그대로의 인생이 아닌 뭔가 다른 것을 기대하는 게 아니라면 완전하지 않는 인생 자체는 잘못된 것이 아니다.

"정말 이상해"라고 레이첼이 말했다. "내가 문구를 되뇌이면 부정적인 부분이 사라져. 그것들을 사라지게 하려고 기를 쓰고 노력한 것도 아닌데 데이비드 코퍼필드David Copperfield 쇼처럼 그냥 사라져버려."

　하지만 레이첼은 낙천적인 사람으로 바뀌지는 않았다. 여전히 무엇이 옳은지 알기 전에 잘못된 상황을 먼저 알아차리는 사람이었다. 그러나 부정적인 태도가 더 이상 우울증으로 이어지는 않았다. 레이첼은 자신의 어두운 생각을 비웃을 수 있다. 부정적인 생각이 더 이상 레이첼을 완전하게 장악하지 못하기 때문이다. 일단 자기연민을 기억하면 레이첼은 유리컵의 절반이 남았다는 사실에 감사할 수 있고 나머지 절반이 비어 있다는 것도 알아차릴 수 있게 되었다.

실습
2

당신의 자기연민 만트라 개발하기

　자기연민 만트라는 당신이 자신에게 연민을 갖고 싶을 때마다 고요하게 반복할 수 있도록 암기하는 문구 세트입니다. 자기연민 만트라는 고통스러운 감정이 강하게 일어날 때마다 그 순간에 적용하기에 가장 유용합니다.

　내가 만든 문구가 당신에게도 효과가 있을지도 모르지만 당신에게 더 잘 맞는 문구가 있는지 찾아보는 것도 의미가 있습니다. 중요한 것은 어떤 단어를 사용하느냐가 아니라 자기연민의 세 가지 측면을 모두 불러일으키게 하는 것입니다. 첫 번째 구절인 '이것은 고통의 순간이다'에 대한 다른 가능한 표현은 '나는 지금 정말로 힘든 시간을 보내고

러브 유어셀프

있다' '내가 지금 이것을 느끼고 있는 것이 괴롭다' 등입니다.

두 번째 문구인 '고통은 삶의 일부다' 대신에 다른 가능한 표현으로는 '모든 사람은 가끔 이런 식으로 느낀다' '이것은 인간으로 존재하는 것의 일부다' 등이 있습니다.

세 번째 문구인 '지금 이 순간 내가 나 자신에게 친절하기를'의 다른 가능한 표현으로는 '내가 나의 아픔을 부드럽게 감싸안을 수 있기를' '내가 나 자신에게 부드럽고 이해심이 있기를' 등이 있습니다.

마지막 문구인 '내가 나 자신에게 필요한 연민을 줄 수 있기를'에 대한 다른 표현으로는 '나는 자기연민을 받을 가치가 있다' '나는 가능한 한 나에게 연민의 태도를 갖도록 노력할 것이다" 등이 있습니다.

당신에게 가장 편안하게 느껴지는 네 개의 문구를 발견하고 외워질 때까지 반복해보세요. 그러면 다음에 당신이 스스로를 판단하거나 힘든 경험을 할 때 자신에게 좀 더 연민 어린 당신의 만트라를 사용할 수 있습니다. 만트라는 힘든 마음 상태를 위로하고 진정시키는 데 도움이 되는 편리한 도구입니다.

자기연민과 정서지능

자기연민은 강력한 감성지능의 한 형태다. 다니엘 골먼Daniel Goleman이《EQ 감성지능》이라는 자신의 책에서 정의했듯이 감성지능은 자신의 감정을 모니터하고 자신의 생각과 행동 지침을 위해서 그 감정을 능숙하게 사용할 수 있는 능력과 관련이 있다. 감성지능은 자신의 감정에 사로잡히지 않고 그 감정을 자각함으로써 현명한 선택을 할 수 있게 한다. 만약 당신이 예의 없는 말을 한 어떤 사람에게 화가 났다는 사실을 인식하게 되면 당신은 마음에서 튀어나오는 험한 말들을 내뱉기 전에 감정을 식히기 위해 주변을 걸을 수도 있다. 그런데 화가 난 그 상태에서 곧바로 "너를 바보라고 말하면 그건 오히려 모든 바보를 모욕하는 거지"라고 되받아치면서 분풀이를 하게 되면 얼마 안 가 후회할 수 있다.

연구에 의하면 자기연민의 수준이 높은 사람일수록 감성지능이 더 높다는 결과가 있다. 이는 자기연민을 잘하는 사람이 당황하고 좌절했을 때 정서적 균형을 더 잘 유지한다는 것을 의미한다. 어색하고 당황스러운 작업을 해야 하는 상황에서 사람들이 어떻게 반응하는가를 관찰한 연구가 있다. 참가자들은 카메라를 들여다보면서 "옛날 옛날에 작은 곰 한 마리가 있었어요…"로 시작하는 동화를 만드는 비디오를 촬영했다. 참가자들은 나중에 녹화된 영상을 보며 그들이 경험한 감정에 대해 보고했다. 자기연민 수준이 높은 사람들은 자신이 바보 같은 이야기를 하는 것을 보면서 행복하고 편안하고 평화로웠다고 말하는 경향이 있었다. 자기연민이 부족한 사람들은 슬프거나 당황하거나 긴장감을 느끼는 경향이 더 많았다.

또 다른 연구는 자기연민을 잘하는 사람들이 일상생활에서 부정적인 사건들을 다루는 방식을 조사했다. 참가자들에게 지난 20년 동안 연인과 싸우거나 직장에서 긴장했던 경험들에 대해 보고하게 했다. 그 결과 자기연민 수준이 높은 사람들일수록 문제로 인해 발생하는 감정보다는 문제 자체에 더 집중하는 경향이 있었다. 이를 테면 그들은 대부분의 다른 사람들이 경험하는 것에 비해 자기들의 경우가 덜 나쁘다고 느꼈다. 또한 자기연민을 잘하는 사람들은 자신의 문제를 생각할 때 불안과 자의식을 더 적게 경험했다.

자기연민을 잘하는 사람들이 정서적인 대응 기술이 더 좋다는 주장을 뒷받침하는 생리학적인 자료가 있다. 연구자들은 더 많은 자기연민을 갖도록 훈련받은 사람들의 코르티솔 수치와 심장박동의 변화를 측정했다. 코르티솔은 스트레스 호르몬이고, 심장박동 변화는 스트레스에 효과적으로 적응하는 능력을 나타내는 지표다. 자기연민을 잘하는 사람이 자기비난을 잘하는 사람에 비해 코르티솔 수치가 낮고 심장박동 변화는 높았다. 이는 자기연민적인 사람이 더 많은 정서적 평정심을 가지고 도전적인 삶에 잘 대처할 수 있다는 것을 의미한다.

물론 자동차 사고로 거의 죽을 지경이거나 성폭행 같은 극단적인 고통을 경험한 사람들은 그것을 극복하는 데 특별한 어려움을 겪을 수 있다. 그러한 경우 외상후스트레스장애PTSD가 생길지도 모른다. 외상후스트레스장애는 극단적인 심리적 트라우마로 인한 극심하고 지속적인 정서적 반응이다. 외상후스트레스장애는 종종 수면 패턴을 방해하는 과거 회상 또는 악몽, 지속적인 공포나 분노를 통해 트라우마를 일으킨 사건을 재경험하는 것과 관련이 있다. 외상후스트레스장애의 주요 증상 가운데 하나는 경험적인 회피다. 이는 트라우마 피해자들이 일어난 사건과 관련된 불편한 감정을 밀어내는 경향이 있음을 의미한다. 불행하게도 그러한 회피는 외상후스트레스장애를 더 악화시킨다. 억압된 감정은 의식적인 자각으로 올라오려고 하기 때문에 더 강해지는 경향이 있다. 또한 억압된 감정을 궁지에 몰아넣는 데 필요한 노력은 좌절감을 다루는 데 필요한 에너지를 약화시킬 수 있다. 그래서 외상후스트레스장애로 고통받는 사람들은 종종 신경질적이 된다.

자기연민이 외상후스트레스장애를 극복하는 데 도움을 준다는 몇몇 증거가 있다. 교통사고, 화재, 생명을 위협하는 질병 같은 트라우마 사건을 경험한 이후에 외상후스트레스장애를 보이는 대학생들을 대상으로 한 연구에서 자기연민의 태도를 지닌 사람들이 그렇지 않은 사람들에 비해 덜 심각한 증상을 보였다. 특히 그들은 정서적인 회피 징후를 더 적게 보였고 일어났던 사건에 의해 촉발되는 생각과 감정과 감각들을 직면할 때 더 편안해했다. 그러므로 당신이 고통스러운 감정을 기꺼이 느끼고 그 감정을 연민으로 끌어안게 되면 일상생활에서 장애는 그만큼 줄어들게 된다.

자기연민은 우리가 원하지 않는 감정을 정면으로 마주하는 데 필요한 용기를 준다. 고통스러운 감정으로부터 도망가는 것은 실제로 불가능하기 때문에 우리가 할 수 있는 최선의 선택은 그 순간 있는 그대로 우리의 힘겨운 감정들을 명료하게 그러나 연민 어린 태도로 경험하는 것이다. 모든 경험은 결국 끝이 있기 마련이기 때문에 만약 우리가 고통과 함께 현재에 머물 수 있다면 고통은 자연히 종 모양의 사이클을 거치면서 일어나다가 정점에 이르러서 사라지게 되어 있다. 성서에서 말하듯이 "이 또한 지나갈 것이다." 붓다가 말했듯이 "모든 감정은 파괴되고 덧없고 사라지고,

러브 유어셀프

소멸된다." 아픈 감정은 본질 그 자체가 일시적이다. 우리가 저항을 통해 아픈 감정을 연장하거나 증폭시키지 않는 한 시간이 지나면 그러한 감정은 약해지게 되어 있다. 따라서 고통으로부터 우리 자신을 자유롭게 하는 유일한 방법은 결국 있는 그대로의 고통과 함께하는 것이다. 고통에서 탈출할 수 있는 유일한 방법은 그 고통을 통과하는 것이다. 우리는 용감하게 우리의 고통을 향해 나아가야 한다. 그리고 시간이 치유의 마법을 부릴 수 있도록 그렇게 나아가는 우리 자신을 위로해야 한다.

자기연민의 **치유력**

46세 이혼녀로 판매 일을 하고 있는 페니는 지속적인 불안으로 고통을 겪고 있었다. 딸 에린은 21세로 대학 기숙사에서 살고 있는데 며칠 동안 전화가 없으면 페니는 곧장 무슨 잘못된 일이 일어나고 있다고 생각했다. 페니는 무소식은 나쁜 소식이라고 가정하면서 에린에게 안부를 묻는 절망적인 전화 메세지를 남긴다. 에린이 휴대전화로 친구와 통화할 때 "아, 안 돼!" 같은 말을 하는 것을 들으면 페니는 곧장 "뭐가 잘못됐는데? 뭐가 잘못됐는데?"라고 미친듯이 물으면서 대화에 끼어든다. 에린은 어머니를 사랑했지만 항상 너무 긴장하고 예민한 엄마 때문에 집에 오는 것을 두려워했다. 페니는 딸이 집에 오는 것을 싫어한다는 사실을 알고 있었고, 초조하고 불안해하는 자신을 가혹하게 비난했다. 그런 엄마가 되는 것이 자기가 원하는 모습은 아니었기 때문이다.

에린은 어머니의 불안이 해결되지 않은 정서적 외상 때문이라고 확신했다. 페니의 아버지는 페니가 겨우 여섯 살이었을 때 베트남 전쟁에 참전했다가 실종되었다. 페니의 어머니는 그 소식을 듣고 신경쇠약에 걸렸고 어머니가 회복될 때까지 페니는 2년 동안 외할머니 손에서 자랐다. 페니의 아버지는 끝내 발견되지 않았고 아버지의 죽음을 정식으로 애도할 수 있는 기회도 갖지 못했다. 그 결과 페니는 아버지를 잃어버렸던 것처럼 자기 딸 에린도 잃어버릴까 봐 불합리한 두려움에 싸이게 되었고 페니의 삶 구석구석에 그러한 불안이 스며들어 있었다.

에린은 대학에서 자기연민에 대한 강연을 듣고서 어머니에게 자기연민이 필요하다고 설득했다. 에린은 "엄마, 나는 엄마가 행복했으면 좋겠어요. 자기연민이 엄마를 도와줄 거예요. 그리고 우리 관계에도 도움이 될 거예요"라고 말했다.

딸에 대한 사랑 때문에 페니는 마지못해 자기연민 치료를 하는 상담사를 선택해 치료를 받기로 결정했다. 마침내 페니는 자신의 불안과 아버지를 잃은 슬픔을 마주했다. 페니의 치료자는 페니에게 천천히 편안하게 느낄 수 있는 만큼만 하라고 말해주었다.

페니는 먼저 어른으로서 느꼈던 불안감에 대해 연민을 갖는 데 초점을 맞추었다. 페니는 항상 가슴이 꽉 조일 정도로 두려움을 느끼면서 늘 주먹을 쥐고 있을 정도로 고통받고 있는 자신을 깨닫게 되었다. 페니의 치료자는 페니에게 불안은 매우 흔한 경험이고 수백만의 사람들이 매일 겪는다는 사실을 부드럽게 상기시켜주었다. 시간이 지나면서 페니는 자기가 불안해한다는 사실 때문에 스스로를 심각하게 비난하던 것을 줄여가는 방법을 배웠다. 대신 그렇게 지속적이고 통제할 수 없는 두려움을 경험하는 자신을 위로하게 되었다. 마음의 준비가 되었다고 느꼈을 때 페니는 두려움의 근원으로 주의를 돌릴 수 있었다. 자기가 너무 어렸을 때 아버지와 어머니를 동시에 잃어버렸던 경험 말이다.

처음에는 좀 더 감당하기 쉽게 느끼는 어머니에 대한 연민에 초점을 맞추었다. 남편이 죽었는지 살았는지 알지 못한 채 실종되었다는 소식을 듣고 자기 어머니가 겪었을 공포를 생각할 때 페니의 심장은 찢어질 것 같았다. 그러고 나서 페니는 아버지가 실종되었다는 사실을 알고 어머니마저 무너져버렸을 때 너무나 두렵고 혼자였던 자기 자신을 향해 연민을 느끼려고 애썼다. 처음에는 아무것도 느낄 수 없을 정도로 멍멍했다.

치료자가 페니에게 도움이 될지는 모르지만 다음 회기에 어렸을 때 사진을 가져오라고 했다. 페니가 가져온 사진은 밤색 벨벳 드레스를 입고 크리스마스 선물을 열고 있는 여섯 살짜리 소녀 사진이었다. 페니는 사진 속에서 어린 에린이 자기를 보고 있는 모습을 보았다. 페니는 에린이 여섯 살 때 자기와 똑같은 일을 당했다면 에린이 어떻게 느꼈을지를 상상했다. 그러한 상상은 페니의 방어를 뚫고 지나가면서 자기가 여섯 살 때 느꼈던 엄청난 두려움, 혼란, 슬픔과 접촉하는 강력한 순간을 경험했다.

몇 주 동안 페니는 자신의 어린 시절을 생각할 때마다 흐느꼈다. 과거에 일어난 일을 고치거나 변화시키기 위해 할 수 있는 일은 아무것도 없었다. 자기 딸 에린에게 어떤 해로운 일도 닥치지 않도록 하기 위해 할 수 있는 것 역시 아무것도 없었다. 오직 아픔, 슬픔, 비통함, 걱정, 두려움만이 있었다. 하지만 거기에는 연민도 있었다. 부정적인 감정에 휩싸일 것같이 느낄 때마다 페니는 어릴 때 찍은 사진을 떠올렸다. 페니는 어린 꼬마의 머리를 어루만지면서 부드러운 목소리로 '꼬마야, 괜찮아질 거야'라고 말하는 것을 상상했다. 비록 불안이 사라지지는 않았지만 불안의 언저리가 부드러워지기 시작했다. 불안을 견디는 것이 조금씩 쉬워졌고 감정에 덜 압도되었다.

어느 날 페니는 매우 흥분해서 치료실에 들어왔다. "에린이 어제 집에 왔는데 친구하고 휴대전화로 '끔찍하군! 세상에!'라고 말하는 것을 들었어요. 평소 같으면 본능적으로 뭐가 잘못되었냐고 즉각 물어볼 텐데 어제는 그렇게 하지 않았어요. 대신에 제가 두려움을 느끼게 그냥 내버려두었어요. 에린이 전화를 끊어도 곧장 달려가지 않았어요. 만일 위급한 상황이 있으면 에린이 나에게 말한다는 것을 깨달았어요. 기다리기 힘들기는 했지만 감당할 수 있을 만큼 내가 충분히 강하다는 것을 느꼈어요. 나중에 알고 보니 에린이 좋아하는 드라마 인물이 극중에서 죽었다는 이야기를 친구하고 했더군요. 그게 다였어요. 제가 노력한 게 완전히 성공했어요!"

이런 이야기들은 실제로 아주 흔하다. 특히 치료사처럼 지지적인 사람의 도움을 받았을 때 자기연민은 삶을 근본적으로 전환시키는 힘을 가지고 있다. 이런 이유로 많은 임상심리사는 자기연민을 치료 방법에 공개적으로 포함시키고 있다.

러브 유어셀프

연민 어린 마음 훈련

더비 대학교의 임상심리학자이자 《연민 어린 마음The Compassionate Mind》의 저자인 폴 길버트Paul Gilbert는 치료 도구로서 자기연민을 사용해온 선두적인 사상가이자 연구자다. 길버트는 '연민 어린 마음 훈련Compassionate Mind Training, CMT'이라는 그룹 기반의 치료 모델을 개발해왔다. 연민 어린 마음 훈련은 심한 수치심과 자기비난으로 고통받는 사람들을 위해 설계되었다. 그는 내담자가 지속적인 자기비난을 통해 자신을 해친다는 사실을 이해하고서 그러한 경향에 대해 연민을 갖도록 돕는 데 초점을 두었다. 길버트는 자기비난은 자신을 안전하게 지키기 위해 진화 과정에서 고안된 생존 기제이기 때문에 비판받아서는 안된다고 주장한다. 연민 어린 마음 훈련은 사람들이 이 기제를 이해하도록 돕고 자기반성보다는 자기연민으로 자신과 관계하는 방법을 가르친다. 그러한 과정이 어떤 사람들에게는 어려울 수 있다.

길버트의 환자 중 많은 사람이 신체적으로나 정서적으로 부모에게 학대당한 경험이 있다. 따라서 그들은 대개 처음에는 자기연민을 두려워하고 자신에게 친절할 때 상처받기 쉽다고 느낀다. 이는 어린 시절에 자신을 돌보고 키워준 사람(주로 부모)들에게 해로움을 당한 경험으로 인해 그들에 대한 신뢰를 잃어버렸기 때문이다. 그렇게 때문에 따뜻한 느낌은 공포심과 뒤섞이게 되고 자기연민의 도움을 받고자 하는 시도는 오히려 복잡해진다. 길버트는 부모에게 학대받은 경험을 가진 사람들은 지나치게 두려워지거나 압도당하지 않도록 자기연민의 길을 천천히 걸어가야 한다고 경고한다. 길버트의 연구에 의하면 심지어 신체적 또는 정신적으로 학대받은 경험이 없는 사람들 가운데서도 자기 자신에게 연민을 보이는 것을 두려워하는 사람들이 있다고 한다. 그러한 사람들은 자기의 결점을 대할 때 자기비난을 사용하지 않으면 자기가 약해지거나 거부당할까 봐 염려한다. 이처럼 연민에 대한 두려움은 자신에게 친절해지는 데 장애물로 작용하고 자기판단과 자신에 대한 부적절한 느낌을 증폭시킨다.

연민 어린 마음 훈련은 내담자에게 온정과 안정감을 불러일으키는 자기연민의 이미지 실습을 많이 사용한다. 먼저 치료사는 내담자에게 안전한 장소를 떠올리게 한다. 그런 다음 내담자로 하여금 배려심 많고 연민 어린 이상적 이미지를 그리게 한다. 특히 자신에게 연민을 갖는 데 어려움을 겪는 사람들에게는 그들이 떠올린 연민 어린 이미지를 자기를 대신해 위로해주는 자원으로 사용할 수 있다. 그렇게 하면 자기연민이 덜 두렵게 되고 패배감과 부적절하다는 감정을 다루는 데 도움이 될 수 있다.

정신건강 병원의 치료 프로그램에 참여하고 있는 환자들(극심한 수치심과 자기비난으로 치료를 받고 있는 사람들)을 대상으로 연민 어린 마음 훈련의 효과를 알아보는 연구에 환자들은 매주 2시간씩 12주 동안 참여했다. 그 결과 우울증, 자기공격, 열등감, 수치심이 통계적으로 유의미하게 감소했다. 게다가 거의 모든 환자가 치료 프로그램이 끝났을 때 병원에서 퇴원할 준비가 되었다고 느꼈다.

연민 어린 이미지 사용하기

이 연습은 폴 길버트의 책 《연민 어린 마음》을 기반으로 재구성한 것입니다.

1. 조용한 곳에 편안하게 앉습니다. 첫 번째 과제는 안전한 장소에 대한 이미지를 떠올리는 것입니다. 당신이 평화롭고 고요하고 편안하게 느낄 수 있는 곳이라면 상상이든 실제든 어디든지 좋습니다. 흰 모래사장이나 사슴을 방목하는 풀숲, 할머니의 부엌 또는 장작불 근처 등 마음의 눈으로 그러한 장소를 상상해봅니다. 어떤 색깔인가요? 얼마나 밝은가요? 어떤 소리나 냄새가 있나요? 자기 연민 속으로 여행하는 동안 염려스럽거나 불안한 느낌이 든다면 당신은 이 이미지를 당신의 안전한 장소로 사용함으로써 마음을 고요하게 하고 위로받을 수 있습니다.

2. 두 번째 과제는 지혜와 힘, 온정 그리고 비판단적 수용이 내재된 자상하고 연민 어린 이상적인 인물의 이미지를 떠올리는 것입니다. 어떤 사람에게는 붓다나 예수와 같이 잘 알려진 종교적 인물이 될 수도 있습니다. 또 다른 이들에게는 자기가 좋아하는 이모나 선생님처럼 과거에 알고 지냈던 누군가일 수도 있습니다. 또는 사랑하는 반려동물, 완전한 상상 속의 존재, 심지어는 하얀 빛과

같은 추상적인 이미지일 수도 있습니다. 가능한 한 많은 감각을 통합하면서 생생하게 이미지를 보도록 합니다.

3. 지금 현재 당신이 어떤 식으로든 고통을 겪고 있다면 이 이상적인 연민의 존재가 지금 당신을 위로하기 위해 어떤 지혜와 돌봄을 줄지에 대해 생각해봅니다. 어떤 목소리일까요? 어떤 느낌으로 어떤 톤으로 말을 할까요? 만일 당신의 느낌이 멍하거나 막힌 상태라면 그냥 이상적인 이미지의 연민 어린 존재와 함께하면서 가만히 있어보세요.

4. 이제 연민 어린 이미지를 내려놓고 호흡을 몇 차례 해봅니다. 그리고 자신의 몸 안에 고요히 안주하면서 자신의 몸과 마음에서 일어나는 편안함과 위로를 음미해봅니다. 당신이 자신을 위해 연민을 일으키기를 원할 때마다 이 이미지를 발판으로 사용함으로써 친절이라는 선물을 받을 수 있습니다.

마음챙김-자기연민

마음챙김과 심리치료를 통합하는 데 전문적인 역할을 하는 하버드의 임상심리학자인 크리스토퍼 거머Christopher Germer는 자신에게 치료를 받으러 오는 대부분의 내담자에게 자기연민을 가르친다. 또한 크리스는 나와 함께 자기연민 워크숍을 지도하는 친구이자 동료다. 그는 수년간 얻은 지식을 요약하고 자신의 내담자들이 좀 더 연민 어린 태도로 자기 자신과 관계하도록 도와주는 훌륭한 책,《오늘부터 나에게 친절하기로 했다》를 썼다.

거머는 내담자들이 치료를 받는 동안 여러 단계의 자기연민 수행을 거친다는 사실을 발견했다. 시작 단계에서 공통적인 경험은 특히 심하게 무가치함을 느껴서 고통받는 사람들에게 나타나는 '역류backdraft'라는 현상이다. 불이 났을 때 산소가 부족한 상태에서 신선한 공기가 갑자기 유입되면 종종 폭발이 일어난다(소방관에 의해 역류로 알려진 과정이다). 마찬가지로 자기비난으로 일관해온 사람들이 처음에 자신에게 좀 더 친절하고 부드럽게 다가가게 되면 화가 나고 강한 부정이 폭발한다. 마치 자아 감각이 위협(무가치하다는 느낌)을 받을 때 그 자아는 생존을 위해 투쟁하게 되고 그러한 투쟁은 자아로 하여금 더 많은 부적절감을 느끼게 만드는 것과 같은 이치다. 역류를 다루는 방법은 마음챙김으로 그 경험을 수용하는 것이다. 그리고 그렇게 강한 부정적인 경험을 하는 것이 얼마나 힘든가에 대해 연민을 갖는 것이다.

일단 초기 저항이 부드러워지면 내담자는 흔히 자기연민 수행이 얼마나 강력한 도구인지 깨닫게 되면서 엄청난 열정을 가지게 된다. 거머는 이것을 '열병infatuation' 단계라고 부른다. 오랫동안 자신과 싸우고 나서 사람들은 자기 자신과 부드러운 방식으로 관계하면서 발견한 평화와 자유의 느낌에 빠지게 된다. 그들은 새로 만난 연인에게 키스를 받는 것처럼 머리부터 발끝까지 흥분하게 된다. 이 단계에서 사람들은 자기연민에 의해 생겨난 좋은 감정들에 집착하는 경향이 일어나고 그런 좋은 감정들을 계속해서 경험하고 싶어 한다.

하지만 시간이 지나면 사람들은 자기연민이 마법처럼 자신의 모든 부정적인 생각과 감정을 사라지게 하지는 않는다는 사실을 깨닫게 되고 열병은 사라진다. 자기연민이 아픔이나 부정적인 경험들을 없애는 것이 아니라 친절함으로 그것들을 포용함으로써 아픔과 부정적인 경험이 저절로 전환될 수 있도록 공간을 주는 것이라는 사실을 기억해야 한다. 만일 자기연민을 부정적인 감정에 저항하는 수단으로 사용하게 되면 나쁜 감정이 그대로 남아 있게 될 뿐만 아니라 더 나빠지기도 한다. 거머는 이 단계의 치료 과정을 좋은 신호라고 말했다. 내담자들이 자기연민을 수행하는 동기에 대해 의문을 갖게 되었다는 것을 의미하기 때문이다. 연민의 태도를 갖고자 하는 이유가 정서적으로 건강하기를 원하기 때문인가, 아니면 자신의 아픔을 없애고 싶어서인가? 우리가 연민의 태도를 가져야 하는 일차적 이유가 무엇일까?

만약 자기연민에 대한 열병이 사라지고 실망을 하게 되는 중간 단계에서 포기하지 않고 계속 수행을 할 수 있다면 종국에는 '진정하게 수용'할 수 있는 지혜를 발견하게 된다. 이 단계에서 자기연민에 대한 동기는 '치유'에서 '돌봄'으로 이동하게 된다. 그렇게 되면 인생은 고통이고 우리는 모두 완전하지 않다는 사실이 살아 있는 존재에게는 필수불가결한 부분이라는 것을 온전히 수용하게 된다. 행복은 우리가 원하는 대로 상황이 바뀌거나 우리가 되고 싶어 하는 바로 그런 사람이 되느냐에 달려 있는 것이 아니다.

오히려 행복은 기쁨과 고통, 강함과 약함, 영광과 실패가 모두 완전한 인간경험에 필수라는 사실을 깨닫고 우리 자신과 삶을 있는 그대로 사랑하는 데서 온다.

크리스 거머와 나는 8주간의 훈련 프로그램인 마음챙김-자기연민Mindful Self- Compassion, MSC을 개발했다. 이 프로그램은 존 카밧진의 MBSR 프로그램과 비슷하다. 우리는 MSC가 MBSR을 보완하는 유용한 프로그램이 되기를 희망한다. 프로그램 첫 회기에서는 주로 자기연민의 개념을 설명하고 자기연민이 자존감과 어떻게 다른지를 설명하는 데 초점을 맞춘다. 두 번째 회기에서는 다양한 명상법, 과제 그리고 경험적인 연습(이 장과 다른 장에 있는 것들을 포함해서)들을 사용하면서 힘겨운 감정들을 다루는 데 자기연민을 어떻게 사용할 것인지에 초점을 맞춘다. MSC 프로그램은 사람들의 삶을 더 나은 방향으로 전환시키는 데 상당히 강력한 효과가 있는 것으로 드러났다. 현재 치료 개입으로 MSC의 효과를 검증하는 많은 연구 자료가 나오고 있다. 거머와 나는 MSC 프로그램에 참여하는 것이 사람들의 정서적 회복탄력성과 삶의 질을 극대화하는 데 도움이 될 것이라고 확신한다(프로그램에 관한 더 자세한 정보는 http://www.self-compassion.org 또는 www.mindfulself.compassion.org, 한국 사이트로는 (사)한국명상심리상담연구원, http://www.ikmp.org를 참조하길 바란다).

연민 어린 바디스캔

MBSR 같은 마음챙김 과정에서 공통적으로 가르치는 한 가지 기법은 '바디스캔'입니다. 바디스캔은 정수리에서 발바닥까지 당신의 주의를 체계적으로 빗자루질하듯이 쓸어줌으로써 몸 안에 있는 모든 신체적 감각에 마음챙김하는 자각을 가져가는 것입니다. 크리스 거머와 나는 이 바디스캔에 자기연민을 보탬으로써 약간 변형하여 MSC 워크숍에서도 사용하고 있습니다. 바디스캔을 하는 동안 불편한 감각과 접촉할 때마다 적극적으로 긴장을 풀어주고 연민을 제공해줍니다. 마음으로 당신의 몸을 달래줌으로써 당신의 통증과 아픔을 확연히 편안하게 할 수 있습니다.

시작할 때는 침대나 방바닥에 눕는 것이 가장 좋습니다. 등을 평평하게 대고 팔을 옆으로 약 15센티미터 정도 간격을 두고 부드럽게 내려놓은 다음 다리는 어깨 너비 정도로 벌립니다. 요가에서는 이것을 '시체 자세'라고 부르는데 모든 근육을 완전하게 이완시킬 수 있습니다. 머리 정수리에서부터 시작합니다. 두피의 느낌이 어떤지 알아차려 보세요. 가려운가요, 간지러운가요? 따뜻한가요, 차가운가요? 거기에 어떤 불편함이 있는지 알아차립니다. 만약 있다면 그 부위의 긴장을 풀고 부드럽게 해보세요. 당신의 몸 부분을 친절하게 돌봅니다. "저런, 엄청 긴장이 많구나. 괜찮아. 그냥 이완하면 돼"와 같이 위로하고 달래주는 내면의 말들은 엄청나게 도움이 됩니다. 일단 불편한 신체 부위에 연민을 보내보세요. 만일 아무런 불편함이 없다면 다음 신체 부위로 이동해도 좋습니다.

바디스캔을 할 때 선택할 수 있는 방법은 여러 가지가 있습니다. 저는 보통 머리 끝에서 얼굴로, 머리 뒤로, 목, 어깨, 오른쪽 팔(팔의 윗부분에서 아랫쪽), 왼쪽 팔, 가슴, 복부, 등, 골반 부위, 엉덩이 부위, 오른쪽 다리(허벅지에서 무릎, 종아리, 발)로 가는데 다른 사람들은 발부터 시작해서 몸을 통해 머리 정수리로 올라가기도 합니다. 고정된 방법이 있는 것이 아니고 자신에게 가장 맞다고 느껴지는 대로 하면 됩니다.

신체 부위를 옮겨가면서 자각을 가지고 스캔을 할 때 그 부위에 어떤 긴장이 있는지 확인하고 아픔이 있으면 자신에게 연민을 주고 의식적으로 그 부위를 부드럽게 하고 이완시키고 편안함을 주세요. 저는 종종 저를 위해 얼마나 힘들게 애쓰는지를 인식하면서 아픈 부위에 감사를 표현합니다(이를테면 큰 머리를 받치고 있는 목). 연민 어린 바디스캔은 매우 실질적인 방법으로 자신에게 친절할 수 있는 기회입니다. 좀 더 천천히 그리고 마음챙김하면서 연습할수록 더 많이 얻게 될 것입니다.

일단 머리에서 발끝까지 스캔하는 것을 마치면(어떤 속도로 하느냐에 따라서 5분에서 30분 정도 소요) 주의를 몸 전체로 가져가서 자신에게 사랑과 연민을 보내보세요. 대부분의 사람은 이 연습 후에 아주 편안하면서도 활기찬 느낌을 받는다고 말합니다. 그리고 마사지받는 것에 비하면 돈이 들지 않는다는 것도 현실적으로 큰 장점입니다.

자존감 게임에 관여하지 않기

·

에고를 너무 중요하게 생각하지 말라. 당신 내면에 있는 에고의 행동을 감지하면 그냥 미소 지으라. 때론 소리 내어 웃어볼 수도 있다. 어떻게 인간이 그리 오랫동안 에고에 현혹될 수 있었을까?

─에크하르트 톨레, 《삶으로 다시 떠오르기》

·

·

　심리적으로 건강해지기 위해서는 자존감이 높아야 한다는 생각이 서양 문화에 널리 퍼져 있기 때문에 자존감을 위태롭게 할수 있는 무언가를 한다는 것에 사람들은 상당한 두려움을 느낀다. 우리는 무슨 일이 있어도 우리 자신의 모습을 긍정적으로 생각해야 한다는 말을 듣는다. 학생들이 자기 자신을 뿌듯해하고 스스로를 특별한 존재라고 느낄 수 있도록 교사들은 모든 학생에게 별 스티커를 주도록 권장받는다. 높은 자존감은 무지개 끝에 있는 황금 항아리 같은 것이어서 무슨 수를 써서라도 획득하고 지켜야 하는 귀중한 것으로 묘사된다.

　자존감이 높은 사람들은 명랑하고 친구가 많으며 삶에 동기가 있는 반면, 자존감이 낮은 사람들은 외롭고 불안하며 우울해한다.

　　　　　　　　　　　　　　　　　　러브 유어셀프

자존감이 높은 사람들은 낙관적이고 세상에 못할 것이 없다고 생각한다. 자존감이 낮은 사람들은 아침에 신발끈을 묶는 것같이 단순한 일도 제대로 못하기도 한다. 바로 자존감이 이러한 결과들을 **유발한다는** 것이다. 높은 자존감이 정신 건강을 좋게 만든다는 거의 종교에 가까운 믿음은 학교, 지역 센터, 정신건강 시설에서 많은 자존감 프로그램이 운영되는 결과를 만들어냈다. 1986년에 캘리포니아주는 연간 25만 달러의 예산을 편성해 자존감과 개인 및 사회적 책임에 관한 특별 전담반을 운영했다. 캘리포니아 지역 아동들의 자존감이 높아지면 왕따, 범죄, 십 대 임신, 약물 남용, 낮은 학업 성취도 같은 문제들이 완화될 것이라고 생각했기 때문이었다. 심지어 높은 자존감을 가진 사람들이 자존감이 낮은 사람들보다 수입이 높은 경향이 있기 때문에 아이들의 자존감에 투자하면 장기적으로 세수입에서 성과를 거둬 비용을 다 충당해낼 수 있을 것이라는 주장도 있었다. 수많은 여성 잡지들이 높은 자존감의 이점에 대해 앞다퉈 다뤘고, 자존감을 얻거나 키우거나 유지하는 방법에 관한 수천 권의 책이 출판됐다.

벌거벗은 **임금님**

이와 같이 높은 자존감에 대한 매력은 자존감을 주제로 한 1만 5천 개 이상의 학술 논문을 발표한 심리학자들로 인해 더 큰 힘을 얻게 되었다. 그러나 최근 심리학자들은 높은 자존감이 알려진 것처럼 진정한 만병통치약인지에 대해 의문을 품게 되었다. 예를 들어, 캘리포니아주가 설계한 자존감 프로그램의 효과에 대한 보고서들은 그것이 완전한 실패작이었음을 시사한다. 프로그램에서 기대되었던 성과들은 거의 입증되지 못했다. 물론 이것이 태스크포스로 하여금 '저하된 자존감이 주요한 사회적 문제를 일으키는 강력한 **독립 변수**(조건, 원인, 요인)'라는 결론을 내리는 것을 중단하게 하지는 못했다. 우리는 이것이 모두 사실이며 그 주제에 관해 우리를 설득하기 위해 특별한 캘리포니아 태스크포스를 만들 필요는 없다는 것도 알고 있다. 다시 말해 비록 우리 자신의 데이터가 그렇지 않다고 말할지라도 자존감이 효과가 있다는 것을 **알고 있기 때문에** 우리는 애초에 자명한 일을 입증하려고 애쓰지 말았어야 했다. 유머 작가인 윌 로저스Will Rogers는 "전 여러분께 농담하지 않아요. 그저 정부가 무엇을 하는지 지켜보다가 사실을 알릴 뿐이죠"라고 말한 바 있다.

자존감에 관한 문헌 중 한 영향력 있는 리뷰에서는 높은 자존감이 실제로 학업 성취도나 직무 수행능력 또는 리더십 기술을 향상시키지 **않았으며** 아이들이 흡연, 음주, 약물 복용, 조기 성관계를 하는 것을 예방하지 **않았다고** 결론지었다. 오히려 높은 자존감은 건강한 행동의 원인이라기보다는 **결과인** 것으로 보인다고 했다. 또한 이 보고서는 집단 따돌림을 행하는 집단의 사람들이 낮은 자존감 때문에 그러한 행동을 한다는 가정에도 이의를 제기했다. 괴롭히는 사람들도 다른 사람들과 마찬가지로 높은 자존감을 가지고 있을 수도 있다. 다른 사람들을 괴롭히는 것은 그들 자

러브 유어셀프

신이 강하고 우월하다는 것을 느낄 수 있는 주요한 방법 중 하나다. 자존감이 높은 사람들은 배타적인 경향이 있어서 그들은 일반적으로 '아웃사이더' 보다는 그들이 속한 집단 내의 구성원들을 더 좋아한다. 따라서 연구는 자기 자신을 싫어하는 사람들만큼이나 자존감이 높은 사람들 또한 편견에 사로잡혀 있다는 것을 보여준다. 자존감이 높은 사람들도 자존감이 낮은 사람들만큼 시험에서 부정 행위를 하는 것과 같이 사회적으로 바람직하지 않은 행동을 흔히 한다.

자존감이 높은 사람들은 모욕감을 느낄 때 종종 다른 사람들을 비난한다. 한 연구에 참가한 대학생들은 그들의 지능 테스트 결과가 평균보다 낮게 나왔다는 말을 들었다. 자존감이 높은 사람들은 다른 연구 참가자들을 모욕하고 무시함으로써 나쁜 소식을 보상하려는 경향이 있었다. 반면 자존감이 낮은 사람들은 더 친절하게 행동하며 더 호감이 가는 방식으로 다른 참가자들을 칭찬하는 반응을 보이는 경향이 있었다. 당신의 직장에서 연례 실적 리뷰가 발표되었을 때 **당신은** 누구와 더 나가서 놀고 싶겠는가?

그렇다면 자존감이란 과연 **무엇일까?**

더 나아가기 전에 실제로 자존감을 구성하는 것이 무엇인지 자세히 살펴보려고 한다. 본질적으로 자존감은 자신의 가치에 대한 평가, 즉 우리가 쓸모 있고 가치 있는 사람이라는 판단이다. 서구

심리학의 창시자 중 한 명인 윌리엄 제임스William James는 자존감은 '중요한 분야에서의 역량에 대한 지각'의 결과로 생긴다고 주장했다. 이 말은 자존감이 우리에게 개인적으로 의미가 있는 일들을 잘해낸다고 생각하는 것에서 비롯된다는 것을 의미한다. 나는 체커 실력은 뛰어나지만 체스 실력은 형편없는 사람일 수 있다. 하지만 내가 체커나 체스 중 잘하는 어느 것에 나의 가치를 두느냐에 따라 이것이 내 자존감에 영향을 줄 수 있다는 것이다. 제임스가 밝힌 관계 역학은 우리가 두 가지 주요한 방법으로 자신의 자존감을 높일 수 있다는 것을 시사한다.

한 가지 접근법은 우리가 잘하는 것에 가치를 두고 못하는 것은 평가절하하는 것이다. 농구는 잘하지만 수학을 못하는 십 대 소년이 농구는 정말 중요하지만 수학은 쓸데없는 것이라고 단정할 수도 있다. 물론 이 접근법의 잠재적인 문제점은 단지 우리 자신의 기분을 더 좋게 하기 위해 가치 있는 기술을 배우는 것의 중요성을 과소평가할 수도 있다는 것이다. 아이가 프로농구 선수가 되는 데 모든 에너지를 쏟고 수학 배우기를 등한시할 때 그는 자신의 장래 취업 기회를 스스로 제한하게 되는 것인데 이러한 시나리오는 너무 자주 일어난다. 다시 말해 단기적으로 높은 자존감을 달성하고자 하는 우리의 욕구가 장기적으로는 우리의 발전에 해를 끼칠 수 있다.

우리의 자존감을 높이는 다른 한 방법은 우리에게 중요하다고 여겨지는 영역에서 자신의 능력을 향상시키는 것이다. 예를 들어, 모델처럼 보이는 것을 중시하는 여성은 자신이 원하는 몸무

러브 유어셀프

게에 도달하기 위해 마지막 7킬로그램을 계속해서 빼려고 노력할 수 있다. 여기서 문제는 개선하고자 노력하는 것이 때때로 오히려 역효과를 낳는다는 것이다. 본래 날씬하지는 않지만 가장 작은 사이즈의 청바지에 자신의 몸을 맞추려고 애쓰는 여자는 결국엔 배고픔, 좌절, 낙담을 경험하게 될 것이고 애초에 모델처럼 말라 보이는 것이 그렇게 중요하지 않다고 생각하는 편이 본인을 위해 더 나은 일이었을 수 있다(결국 대부분의 남자는 밋밋함보다는 볼륨 있는 몸매를 더 좋아한다고 말하니까).

20세기 초에 글을 쓴 유명한 사회학자 찰스 호튼 쿨리Charles Horton Cooley는 자존감의 또 다른 원천을 발견했다. 그는 자기가치감이 '거울 속에 비치는 자아'에서 비롯된다고 했다. 이것은 다른 사람들의 눈에 우리가 어떻게 비추어지는지에 대한 우리의 인식을 말한다. 만약 다른 사람들이 우리를 긍정적으로 판단한다고 믿는다면 우리는 자신에 대해 좋게 느낄 것이다. 만약 다른 사람들이 우리를 부정적으로 판단한다고 믿는다면 우리는 스스로에 대해 나쁘게 느낄 것이다. 다른 말로 하자면 자존감은 스스로에 대한 판단뿐 아니라 다른 사람에 의해 인식된 판단에도 영향을 받는다는 것이다. **인식된**이란 단어가 방점이다.

연구에 의하면 자존감은 가까운 친구와 가족보다는 모르는 사람의 판단에 더 큰 영향을 받는다. 한번 생각해보자. 당신 어머니가 당신이 너무나 똑똑하고 매력적이라고 말한다고 해서 얼마나 진지하게 그 말을 받아들일 수 있겠는가? **"물론** 어머니는 그렇게 말씀하실 수 있죠. 제 어머니잖아요!" 우리는 이름도 모르고 얼굴도 모르는 '타인(가령, 직장 동료, 이웃, 학교에 있는 다른 아이들처럼 좀 더 객관적이라고 생각될 수 있는 사람들)이 우리를 어떻게 생각하는지에 더 많은 의미를 두는 경향이 있다. 이러한 방식의 가장 큰 맹점은 우리 자존감을 붙잡아 걸어 놓은 그 실이 믿을 수 없을 정도로 얇다는 것이다. 첫째, 우리를 잘 알지 못하는 사람들이 우리에 대한 충분한 정보 없이 판단을 내린다는 점을 고려해볼 때 왜 우리는 그들의 의견에 그렇게 동요해야 하는가? 둘째, 애초에 그들의 의견을 우리가 얼마나 잘 알고 있는가?

내가 대학생이었을 때 나는 인기 있는 데스록 나이트클럽에 가기 바로 직전까지 고스(Goth: 검은색 옷을 입고 흰색, 검은색으로 화장을 하는 패션의 한 형태) 머리와 화장을 하느라 몇 시간을 보내곤 했다. 나는 다른 고스족들에게 멋지게 보이고 싶었다. 하지만 나는 항상 나 자신이 '가짜'처럼 느껴졌고 사람들이 내 뒤에서 나를 못마땅하게 바라본다고 생각했다. 하얗게 분장한 얼굴과 크게 부풀린 머리를 만드는 데 들인 노력에도 불구하고 나는 나의 로커룩에 대체적으로 낮은 자존감을 갖고 있었다. 몇 년이 지난 후 친구들은 다른 사람들이 내 모습이 멋져 보인다고 생각**했었고** 심지어 나를 모방하려고 했었다고 말해주었다. 다른 사람들의 인식에 대한 나의 인식은 완전히 잘못된 것이었다. 그리고 그 당시의 사진을 다시 보니 그들의 인식 또한 잘못된 것으로 보였다. 고스족 분장은 나에게 어울리는 차림새가 **아니었다고** 이제는 확실히 말할 수 있다.

우리는 또래 집단의 압박과 불안감의 희생물이 되는 것은 젊은

러브 유어셀프

사람들뿐이라고 생각하곤 한다. 그러나 어른들도 '다른 사람'이 나를 어떻게 보고 있는지에 대한 막연하고 근거 없는 관념 때문에 자주 기분이 좋다가도 나빠진다. 현실에 대한 우리의 인식 능력은 종종 심각하게 흐려질 뿐만 아니라 우리가 다른 사람들에 대해 가지고 있는 인상에 대한 집착 역시 심각한 자기망상으로 이어질 수도 있다.

거울아, 벽에 걸린 **거울아**

자존감이 높은 사람들은 자기 자신을 호감 있고 매력적인 사람이라고 여기며 낮은 자존감을 가진 사람들보다 다른 사람과 더 나은 인간관계를 맺는다고 알려져 있다. 그러나 객관적으로 관찰해보면 이 말에 반드시 동의할 수는 없다. 한 연구에서 연구자들은 대학생들이 자신들의 대인관계 기술—새로운 친구를 사귀고 다른 사람들과 터놓고 이야기하며 갈등을 조절하고 정서적 지지를 보이는지—에 대해 어떻게 생각하고 있는지 조사했다. 자존감이 높은 사람들은 당연히 그들이 이런 좋은 자질들을 많이 가지고 있다고 보고했다. 하지만 그들의 룸메이트들에 따르면 그들의 대인관계 기술(그런 일이 없기를 바라지만!)은 겨우 평균 수준이라고 했다. 유사한 연구에 따르면 자존감이 높은 사람들은 자신들이 인기가 많다고 확신하는 반면, 자존감이 낮은 사람들은 다른 사람들이 자신을 별로 좋아하지 않는다고 생각한다. 그러나 일반적으로 자존감이 높건 낮건 대부분의 사람이 다른 사람에게 똑같은 호감을 얻는다. 단지 자존감이 낮은 사람들은 실제로 다른 사람들이 얼마나 그들을 인정하는지에 대해 상당히 과소평가하는 반면, 자존감이 높은 사람들은 다른 사람들의 인정을 훨씬 과대평가할 뿐이다. 다시 말하자면, 높은 자존감은 더 나은 사람**이라는 것**과는 관련이 없고 단지 당신이 더 나은 사람이라고 **생각하는 것**과 관련이 있다는 것이다.

내 남편의 할아버지 로비는 짐바브웨에서 무자비하게 농장을 경영했던 부유한 백인 농부였다. 로비는 자기 자신에 대해 매우 높은 평가를 했고 다른 사람들도 그렇게 자신을 평가한다고 생각했다. 한번은 짐바브웨를 방문했었는데 로비의 흑인 하인(실제로 그는 로비를 '주인님'이라고 불렀다)이 우리에게 차를 대접하고 있을 때 로비가 그의 농장 노동자들과 자신과의 관계에 대해 이야기했다. 이야기 말미에 로비는 회한에 가득 찬 표정을 지으며 말했다. "보다시피 저들이 나를 꽤 좋아하는 것 같아요." 그는 전혀 아무런 생각이 없거나 적어도 그의 일꾼들이 일자리를 잃게 될까 두려워 그에게 그저 아부를 하고 있다는 생각을 억누르고 있는 것 같았다. 비록 친구 하나 없었지만(대부분의 친척은 그의 폭압적인 행동 때문에 그를 멀리했다) 죽는 날까지 그는 사람들의 사랑과 존경을 받고 있다는 망상에 매달렸다. 흥미로운 사실은 로버트 무가베가 짐바브웨에 있는 모든 백인 농장을 인수했다고 선언한 지 며칠 뒤에 로비가 갑자기 사망했다는 것이다. 아마도 로비는 자존감의 가장 중요한 원천 없이 살고 싶지 않았나 보다.

높은 자존감은 결코 중요하지는 않지만 분명한 하나의 이점이 있는데 바로 행복을 느끼게 해준다는 것이다. 사람은 자기 자신을 좋아하면 즐거워지고 자기 자신을 싫어할 때 우울해지는 경향이 있다. 이러한 기분 상태는 일반적으로 우리의 삶에 대한 느낌에 영향을 미친다. **우리가** 위대하다고 믿을 때 인생은 위대해지며 그렇게 믿지 않을 때 삶은 악취가 풍긴다. 행복은 좋은 삶을 영위하는 데 있어 중요한 요소이기에 분명히 추구할 가치가 있다. 하지만 순간적인 행복을 위해 높은 자존감으로 지불한 대가는 엄청날 수 있다.

나르시스 연못

자아도취자들은 매우 높은 자존감을 가지고 있으며 대부분의 경우 상당히 행복하다. 물론 그들은 자신의 매력, 능력, 지능에 대한 과장되고 비현실적인 개념을 가지고 있어서 특별한 대우를 받을 자격이 있다고 느낀다.

자아도취증이란 말의 유래가 된 신화 속 나르시스는 강의 신 케피수스와 님프 리리오페의 사이에서 태어난 아들이었다. 그는 연못에 비친 자신의 모습과 사랑에 빠졌는데 그 모습에 너무나 사로잡혀서 자신을 떼어낼 수 없었고 결국 죽음에 이르게 되었다. 현대 심리학에서 자아도취증은 일반적으로 자기애적 성격 검사를 통해 사람들의 점수를 조사하는 방식으로 측정되는데 여기에는 '나는 내가 특별하다고 생각한다' '나는 거울 속에 비친 나 자신의 모습을 보는 것이 좋다' '만약 내가 지도자가 된다면 이 세상은 훨씬 더 나은 곳이 될 수 있을 것이다'와 같은 항목이 포함되어 있다. 연구 결과에 따르면 일반적으로 이 척도에서 높은 점수를 받은 사람들이 자신의 삶에도 만족해한다고 한다. 자신이 주연으로 출연하는 쇼를 좋아하지 않을 사람이 누가 있겠는가?

하지만 자아도취자들은 사실 사회적 덫에 걸려 있는 것이다. 비록 그들 개개인이 갖고 있는 위대함이 친구들과 추종자들보다 우위에 있어서 다른 사람들에 의해 추앙받기를 바랄지라도 실상은 시간이 지남에 따라 거의 대부분의 자아도취자들은 사람들을 멀리 떠나가게 만든다. 사람들은 처음에는 자아도취자들의 자신감과 허세에 깊은 인상을 받을지 모르지만 결국은 바로 그러한 그들의 성향이 사람들로 하여금 그들을 향한 흥미를 잃게 만든다. 대부분의 사람은 자아도취증 성향이 높은 사람들을 싫어하기 때문에 오래지 않아서 자아도취자의 인간관계는 늘 그렇듯이 엉망이 되고 만다. 당신의 파트너가 자기 생각에만 지나치게 사로 잡혀 있다면 당신이 이해받거나 당신의 욕구가 충족되기는 힘들 것이다.

많은 사람은 자아도취자들이 마음속 깊은 곳에서는 스스로를 증오하며 그들의 부풀려진 자아상은 불안을 감추기 위한 것일 뿐이라고 믿는다. 이러한 생각은 미국의 대중매체에 깊숙이 침투해 있다. 린제이 로한이나 패리스 힐튼 같은 젊은 스타들의 문제에 대해 이야기하며 한 TV 평론가는 "그들은 여러분이 삶에서 원했던 모든 것을 이미 가지고 있어요. 그들은 마침내 TV에도 얼굴을 비추잖아요. 그렇지만 그들 내면의 작은 목소리는 '너는 아직 충분하지 않아. 부족해' 라고 말하고 있어요"라고 논평한다. 그러므로 자아도취증에 대한 치료법은 더 높은 자존감을 갖게 하는 것이라고 여긴다. 그러나 연구에 따르면 이러한 가정은 잘못된 것이다. 과학자들은 암묵적 연합 검사라고 불리는 것을 사용하여 무의식적인 자기태도를 평가하는 방법을 발견했다. 이 컴퓨터 기반 검사는 사람들이 얼마나 빨리 '나'와 '~하지 않은 나'라는 단어를 **아주 멋진** 같은 긍정적인 단어나 **끔찍한** 같은 부정적인 단어와 연관시키는지를 측정했다. '나'를 긍정적인 단어와 빠르게 연관시키지만 부정적인 단어와는 천천히 연관시키는 사람들은 높은 암묵적 자존감을 가지고 있다고 말할 수 있는 반면, 반대 패턴을 보인다는 것은 낮은 암묵적 자존감을 가진 것이라고 말할 수 있다. 자아도취자들은 암묵적으로나 명시적으로나 자신이 멋지다고 생각하는 것으로 밝혀졌다. 패리스 힐튼이 "세상에 나 같은 사람은 없어요. 10년마다 마릴린 먼로나 다이애나 왕세자비처럼 금발 미녀 우상이 나타난다고 생각해요. 그리고 지금은 제가 바로 그 금발의 우상이죠"라고 말했을 때 그녀가 마음 깊은 곳에서 자신이 불안정하다고 생각하기 때문에 그렇게 말하지는 않았을 것이다. 자기 자신을 더 사랑하라고 말함으로써 자아도취자들을 도우려 하는 것은 불에 기름을 붓는 것과 같다.

불과 관련된 이 은유는 아주 적절하다. 자신이 마땅히 받아야 한다고 믿는 관심과 존경을 받고 있는 한 자아도취자들은 천하를 얻은 듯한 기분일 것이다. 문제는 그들이 우월한 위치에서 미끄러지기 시작할 때 발생한다. 나쁜 평가를 받게 될 때 자아도취자들은 일반적으로 분노와 반항으로 대응한다.

한 고전적인 연구에서 연구자들은 자아가 위협을 받았을 때 자아도취자들이 어떻게 행동하는지를 연구했다. 연구자들은 참가자들에게 중요한 문제에 대한 에세이를 작성하도록 요구했는데 이것을 옆 방에 있는 연구 파트너(참가자는 결코 만난 적이 없고 실제로 존재하지도 않는 사람)가 읽고 평가하게 되어 있다고 짐작하게 했다. 그 에세이들은 '이것은 내가 읽은 것 중 최악의 에세이!'라거나 '덧붙일 것도 없는 훌륭한 에세이!'라는 두 가지 논평 중 하나를 가상의 연구 파트너에게 무작위로 작성받았다. 학습 과제라고 묘사된 연구의 다음 단계에서 참가자들은 그들과 그들의 파트너가 간단한 문제를 푼 후에 가능한 한 빨리 버튼을 눌러야 한다고 지시받았다. 그런 다음 누구든지 더 늦게 버튼을 누른 사람은 학습을 촉진하기 위해 일련의 소음을 듣게 될 것이라는 말을 들었다. 물론 그 상황은 조작된 것이었다. 참가자들은 그들이 가장 빠른 사람이었다는 말을 듣고 '느린' 파트너(방금 자신의 에세이를 평가했다고 믿고 있는 사람과 동일한 사람)에게 들려줄 소음 수준과 지속 시간을 설정해달라는 요청을 받았다. 그 결과 경멸적인 피드백을 받은 자아도취자들이 가장 폭력적이었는데 그들은 파트너에게 길고 시끄러운 소음을 줌으로써 이전에 받은 모욕에 대해 보복을 했다.

자아도취자들이 다른 사람들로부터 모욕을 받을 때 그들의 보복은 빠르고 격렬하며 심지어 폭력적일 수도 있다. 자기애적 분노는 자아도취자들을 위한 역할을 충실히 수행한다. 부정적인 관심을 자기가 아닌 다른 사람에게 돌리게 해서 자신이 겪고 있는 모든 어두운 감정을 전부 그 사람 탓으로 돌리는 것이다. 이러한 패턴은 임상학자 오토 컨버그Otto Kernberg가 학교 총기 난사범들의 폭력을 '악의적인 자아도취증'이라고 부르는 이유를 설명하는 데 도움이 된다. 컬럼바인 고등학교 총기 난사범들인 에릭 해리스와 딜런 클리볼드는 몇몇 학교 얼뜨기 운동선수들에게 사소한 모욕을 받았다는 이유로 그러한 잔혹한 행위를 저질렀다. 그들의 자만심 가득한 마음속에서 그 얼뜨기 운동선수들은 응분의 대가를 치르게 되었다. 자신의 급우들에게 방아쇠를 당기기 바로 며칠 전에 에릭과 딜런은 서로에게 "우리가 마땅히 누려야 할 존중을 받는다는 게 재밌지 않니?"라고 웃으며 말했다고 한다.

만약 당신이 자아도취자를 이미 알고 있다면 이 패턴에 매우 익숙할 것이다. 존중에 대한 자아도취자들의 욕구와 요구는 끝이 없다. 자아도취자들은 항상 붙잡을 수 없는 높은 자존감에 매달려서 애쓰기 때문에 그들의 소중한 에고가 위험에 빠졌을 때 빠져드는 분노는 주목할 만한 것이다.

내 친구 아이린은 일전에 전형적인 자아도취자의 특징을 모두 지닌 한 여성에 대한 이야기를 들려준 적이 있다. 아이린은 처음 수잔을 보면 그 누구도 수잔이 자아도취자라는 것을 짐작조차 할 수 없을 것이라고 했다. 수잔은 과체중에 격무에 시달리고 있었으며 사람들과도 잘 어울리지 않았다. 하지만 수잔이 자신의 삶에서 진정 열정을 가지고 대하는 한 가지 일이 있었는데 바로 가난한 아이들을 돕는 것이었다. 수잔은 일 년에 두 번 이상 제3세계 국가에 자원봉사를 하러 떠나는 유능한 국제 구호원이었다.

그러나 아이린은 수잔이 자신의 자선 활동을 주로 우월감을 느끼는 방법으로 사용한다는 사실을 깨닫게 되었다. 수잔은 제3세계 어린이들의 영양실조 문제에 관한 한 '세계적 권위자 중 한 사람'이었으며(수잔의 말에 따르면), 수잔은 빛나는 갑옷을 입고 어려움에 처한 사람들을 구하는 기사처럼 도움을 주는 사람의 위치에 서 있는 사람과 동일시했다. 그녀가 사람들에게 여러 번 말했듯이 그녀의 평생 꿈은 1년 내내 영양실조로 고통받는 아이들에게 음식을 줄 수 있는 푸드뱅크를 여는 것이었다. 그런데 아이린이 예상치 못한 재정적 지원을 얻게 되어서 수잔의 꿈을 실현해줄 수 있는 위치에 설 수 있게 되었다. 아이린은 수잔을 센터 관리자로 고용하여 방글라데시 시골 지역에 푸드뱅크를 열 비영리 단체를 설립하기로 결심했다.

하지만 수잔은 도움에 감사하기는커녕 즉시 아이린을 공격하기 시작했다. 수잔은 뒤에서 비방을 하기 시작했는데 그렇게 어리석은 여자와 함께 일을 해야만 한다며 자신의 이야기를 들어주는 사람들 모두에게 불만을 토로했다. 수잔은 '아이들을 위해' 푸드뱅크 매니저가 될 의향은 있지만 명백하게 무능한 누군가의 지휘 아래 그 일을 한다는 것은 너무나 힘든 일이 될 것이라고 말했다. 그리고 나서 수잔은 아이린의 인격과 청렴함을 공격하는 훨씬 더 심하고 거짓된 소문을 퍼뜨렸다. 다행히도 한 지인이 아이린에게 무슨 일이 일어나고 있는지 푸드뱅크가 문을 열기 일주일 전쯤 말해주었고 아이린은 더 늦기 전에 수잔과 계약하지 않기로 결정할 수 있었다.

아이린은 뺨을 한 대 맞은 것 같았다. 하지만 잠시 후 그녀는 수잔의 행동이 자신과는 아무런 상관이 없다는 것을 깨달았다. 수잔은 세계의 구원자로서 거룩하게 빛나는 자신의 초상화를 그렸는데 오히려 자신이 도움을 받는 위치에 서게 되자 그 상황을 도저히 감당하지 못했던 것이다. 수잔은 천사 같은 자신의 이미지를 유지하기 위해 아이린에게 악마 역할을 맡겨야 했다. 애석하게도 자아도취증은 세상에서 좋은 일을 하는 사람들 사이에 당신이 생각하는 것보다 더 흔하게 존재한다. 자선 사업을 벌이는 힘의 근원이 자신의 높은 자존감을 추구하는 것에 있다면 아무리 아름다운 자선 행위라 할지라도 굶주리고 탐욕스러운 자아에 의해 그 가치가 훼손될 수 있다.

무분별한 칭찬

높은 자존감을 **추구**하는 것은 여러 문제를 낳을 수 있지만 높은 자존감 그 자체가 나쁜 것은 아니다. 쓸모 없고 무가치하다고 느끼는 것보다 훌륭하고 가치 있다고 느끼는 것이 분명 훨씬 더 낫다. 높은 자존감에 이르는 건강한 경로와 건강하지 않은 경로가 둘 다 존재하는 것이다. 나를 지지해주는 가족을 가졌거나 가치 있는 목표를 달성하기 위해 열심히 일하는 것은 높은 자존감을 위한 건강한 자원이다. 반면 내 자존감은 한껏 끌어올리고 다른 사람들을 깎아내리는 것은 좋지 않다. 그러나 자존감에 대한 대부분의 연구는 건강한 자존감과 건강하지 않은 자존감을 구분하지 않는다.

자존감을 측정할 때 가장 일반적으로 사용되는 척도인 로젠버그 자존감 척도Rosenberg Self-Esteem Scale는 상당히 일반적인 질문을 한다. 예를 들어, '나는 여러 가지 좋은 자질을 가지고 있다고 느낀다' 또는 '나는 나 자신에게 긍정적인 태도를 취한다' 같은 질문으로 되어 있다. 자신이 최고라고 생각하는 자아도취자들은 이 척도에서 상당히 높은 점수를 받게 될 것이고, 단지 인간 존재 자체가 본질적으로 존중받을 가치가 있기 때문에 자신을 좋아한다고 말하는 겸손한 사람 역시 자존감 척도에서 상당히 높은 점수를 받게 될 것이다. 결국 당신이 자존감의 근거를 알아내기 전까지는 그것이 건강한 것인지 건강하지 못한 것인지 구별해내는 것 불가능하다.

자존감을 높이기 위해 고안된 많은 교육용 프로그램의 문제점은 건강한 자존감과 건강하지 않은 자존감을 구분하지 못한다는 데 있다. 그러한 프로그램들은 아이의 자존감이 어떻게 왜 그 자리에 있게 되었는지에 대해서는 관심을 갖지 않은 채 그저 아이의 현재 자존감 수준에만 초점을 맞춰 아이들의 자아상을 신장시켜주기 위해 무분별한 칭찬을 하는 경향이 있다. 결과적으로 많은 어린이는 그들이 무엇을 하든 칭찬과 감탄을 받을 자격이 있다고 믿게 된다.

진 트웬지Jean Twenge는 그녀의 매력적인 책《#i세대》에서 이러한 경향에 대해 기술했다. 그녀는 학교 아이들을 위한 자존감 프로그램이 메스꺼울 정도까지 자아를 부추기는 경향이 있다고 지적한다. 아이들은《자존감 왕국에서 사는 사랑스러운 사람들The Lovables in the Kingdom of Self-Esteem》같은 책을 읽게 되는데 이 책에서 아이들은 "나는 사랑스럽다!"라는 말을 자랑스럽게 세 번 반복하면 자존감의 문이 열린다는 것을 배운다.《승자가 되기: 자존감 색칠공부 및 활동집Be a Winner: A Self-Esteem Coloring and Activity Book》 같은 두꺼운 책들은 아이들이 얼마나 특별하고 중요한지 깨닫도록 도와준다. '매직 서클The Magic Circle' 같은 게임은 하루에 한 명의 어린이를 지정해 '나는 대단해'라고 적힌 배지를 착용하게 하고 급우들은 그 선택 받은 아이의 칭찬 목록을 작성한다. 특히 초등학교는 학생들의 자존감을 높여주고 나중에 자라서 행복하고 성공한 인생을 살 수 있게 아이들을 준비시키는 것이 그들의 사명이라고 생각한다. 이런 이유로 교육당국은 자존감에 손상을 줄 수 있다는 이유로 교사가 어린 학생들에게 비판적인 말을 하지 못하게 한다.

심지어 일부 학교에서는 'F'가 '실패fail'를 의미하기 때문에 'F'를 채점의 범주에서 제외시키기도 했다. 대신에 그들은 도저히 점수를 줄 수 없는 과제를 평가할 때 'E'라는 글자를 사용하는데 아마 그것이 'D' 뒤에 따라오는 비판단적인 글자이기 때문일 것이다 ('훌륭한excellent'이라는 의미도 내포하기 때문일지 모른다). 아이들의 자존감을 높이려는 이러한 욕구는 심각한 수준의 성적 인플레이션으로 이어졌다. 한 연구에 의하면 1968년에 전체의 18퍼센트에 불과했던 고등학생의 A 등급의 수치가 2004년에는 48퍼센트에 이르렀다고 한다. 비록 미국 학생들이 거의 모든 학업성취도 면에서 다른 나라에서 온 학생들에게 뒤처지고 있을지라도 그들은 자신이 세계에서 가장 뛰어나고 가장 똑똑하다고 생각하고 있다는 사실은 이제 놀랄 일도 아니다. 미국의 이름을 워비곤 호수합중국으로 바꾸는 게 더 나을 것 같다.

아이들의 자존감을 높이는 데 중점을 두는 것이 비록 좋은 동기에서 비롯되었고 아이들의 자존감을 낮추는 과거의 가혹한 교육 관행에서 벗어나기 위해 행해졌다 하더라도 무분별한 칭찬은 아이들 스스로가 자신이 가진 모든 가능성에 도달할 수 있는 능력을 제한시켜 자신을 명확하게 바라볼 수 없게 만들 수 있다.

무슨 수를 써서라도 자존감을 높이는 데 방점을 두었던 이러한 풍조는 자아도취증을 증가시키는 걱정스러운 결과를 낳게 되었다. 트웬지와 동료 연구자들은 1987년에서 2006년 사이에 자기애적 성격 척도Narcissistic Personality Inventory를 이용하여 1만 5천 명 이상의 대학생들에 대한 점수를 조사했다. 20년 동안 점수는 천정부지로 치솟아 요즘 학생들의 65퍼센트가 이전 세대들보다 자기애 점수가 더 높았다. 우연의 일치가 아닌 것이 같은 기간 동안 학생들의 자존감 수준 평균 점수도 훨씬 더 높아졌다.

트웬지는 최고의 나르시시즘 연구자인 키스 캠벨Keith Campbell과 함께《나는 왜 나를 사랑하는가》라는 책을 공동 집필했다. 저자들

러브 유어셀프

은 미국의 자존감을 높이는 데 중점을 둔 교육이 어떻게 실재하는 문화적 질병을 낳게 되었는지 살펴보고 있다.

자아도취증은 장기적으로 사회에 파괴적인 결과를 낳기 때문에 자아도취증을 전염병으로 이해해야 한다. 자기찬미에 초점을 맞추는 미국 문화는 현실에서 과대 환상의 나라로 향해 비행을 떠나게 했다. 우리는 (만기일시상환 담보대출과 산더미 같은 빚을 안고 있는) 가짜 부자들, (성형수술과 화장술로 만들어진) 가짜 미인, (경기력 향상 약물을 복용한) 가짜 운동선수들, (리얼리티 TV와 유튜브를 통해 양산된) 가짜 유명인사들, (부풀려진 성적으로 만들어진) 가짜 천재 학생, (11조 달러나 되는 정부 부채를 안고 있는) 가짜 국가 경제, (자존감에 초점을 맞춘 육아 및 교육을 받은) 친구들 사이에서 자신만이 특별하다는 가짜 감정을 가지고 있는 아이들 그리고 (소셜 네트워크의 폭발적 증가로 늘어나게 된) 가짜 친구들을 가지고 있다. 이 모든 환상은 우리의 기분을 좋게 만들어줄 수는 있지만 안타깝게도 현실의 벽을 넘을 수는 없다. 주택담보대출 붕괴와 그에 따른 금융위기는 결국 부풀려진 욕망이 어떻게 현실과 충돌하는지 보여주는 하나의 증거일 뿐이다.

아이들의 자존감을 높이기 위해 교사들과 학부모가 주는 칭찬은 너무나 무조건적이다. 그래서 어떤 이들은 얼마나 열심히 일하고 노력하는지의 여부에 따라 선택적으로 칭찬을 해서 아이들이 스스로 칭찬받아 마땅하다고 생각**될 때만** 자신에 대해 대견스러울 수 있게 해야 한다고 주장한다. 만약 평범한 작품이 최고 수준의 작품과 똑같은 찬사를 받는다면 누가 잘하려고 애쓰겠는가? 칭찬과 비판은 성공 및 실패와 관련되어 있을 때 효과적인 동기부여의 힘을 가지게 된다. 여기에는 자신에 대해 기분 좋게 느끼면 좋은 결과를 예상할 뿐 반대의 경우는 오지 않을 것이라는 생각이 미묘하게 내재되어 있는 것이다. 하지만 슬프게도 조건부로 자존감을 사용하여 우리가 성공했을 때만 자신에 대해 좋게 느끼고 실패할 땐 자신에 대해 나쁘게 느끼는 것은 우리의 자존감의 근거를 전혀 아무것도 아닌 것에 두는 것만큼이나 문제가 있다.

조건부 자기가치감

'조건부 자기가치감'은 심리학자들이 성공이나 실패, 인정이나 불인정에 따라 달라지는 자존감을 지칭하기 위해 사용하는 용어다. 개인적 매력, 동료의 인정, 다른 사람과의 경쟁, 직장이나 학교에서의 성공, 가족의 지지, 도덕성, 심지어 신의 사랑 등과 같은 여러 가지 조건부 자기가치감의 공통 영역이 있다. 이런 다양한 영역에서 받게 되는 긍정적인 평가에 자존감이 얼마나 영향을 받느냐의 정도는 사람에 따라 다르다. 어떤 사람들은 개인적인 매력 같은 하나의 특질에 집중하기도 하고 어떤 사람들은 모든 것을 다 잘하려고 노력한다. 연구에 따르면 여러분의 전반적 자존감이 특정 영역에서의 성공에 더 많이 의존할수록 그 영역에서 실패할 때 더 많이 비참함을 느낀다고 한다.

조건부 자존감을 갖는 것은 롤러코스터에 올라탄 것과 같은 느낌일 수 있다. 한순간 의기양양했다가 다음 순간 파멸로 치닫는 기분의 변화를 맛보는 것이다. 당신의 자기가치감이 마케팅 업무에서 좋은 실적을 얻는 데서 나온다고 가정해보자. 당신이 그 달의 판매왕으로 뽑히면 마치 왕이 된 것처럼 느끼겠지만 당신의 월별 판매 수치가 그저 평균이라면 처참한 기분이 들 것이다. 당신이 자존심의 근거를 다른 사람들에게 호감을 받는 것에 두는 경우 칭찬을 받으면 엄청나게 기분이 좋을지 모르지만 누군가 당신을 무시하거나 비판을 하면 먼지 구덩이 속으로 추락하는 기분이 들 것이다.

일전에 나는 아주 엄청난 칭찬과 통렬한 비난을 동시에 받은 적이 있다. 평생 말을 탔던 루퍼트와 함께 승마 센터를 찾아갔었는데 그 마구간을 운영하던 나이 지긋한 스페인 승마 강사가 내 어두운 지중해 풍 외모가 마음에 들었나 보다. 그는 나에게 정중하게 보이려고 자신이 생각하기에 최고의 찬사를 내게 던졌다. "당신 엄~청 멋지군요. 절대로 콧수우~염을 깎지 마세요."

나는 웃어야 할지 그를 때려야 할지 부끄러움에 고개를 숙여야 할지 아니면 고맙다고 말해야 할지 알 수 없었다(첫 번째와 마지막 옵션을 골랐지만 사실 나머지 두 가지도 심각하게 고려하고 있었다). 루퍼트는 웃느라 아무 말도 하지 못했다.

역설적이게도 자신의 자존감을 지키는 중요한 분야에서 뛰어나고자 하는 사람들은 좌절에 가장 취약하다. 한결같이 A를 받는 학생은 시험에서 낮은 점수를 하나라도 받으면 마음이 무너지지만 D를 받는 학생은 C 하나만 받아도 세상 꼭대기에 올라간 것 같은 기분을 느낄 수 있다. 높이 올라가면 갈수록 더 아래로 떨어지게 되어 있다.

또한 조건부 자존감은 쉽게 떨쳐버릴 수 없는 중독성을 가지고 있다. 처음 느꼈던 자존감의 쾌감이 너무 좋아서 그러한 칭찬을 계속 받거나 경쟁에서 지속적으로 이기고 싶어 한다. 우리는 처음 느꼈던 쾌감을 계속 쫓아가지만 마약이나 술이 그러하듯 우리 몸에 내성이 생겨 충족시켜줘야 하는 쾌감의 양은 점점 더 많아지게 된다. 심리학자들은 이 과정을 '쾌락의 쳇바퀴'라고 부르는데 행복을 추구하는 것을 그저 같은 위치에 머무르기 위해 계속해서 더 열심히 러닝머신 위를 달리는 사람으로 비유해서 하는 말이다.

당신의 자존감을 쏟아부은 분야에서 당신의 패기를 계속해서 증명하려고 노력하는 것 또한 역효과를 낳을 수 있다. 마라톤에서 우승하고 싶은 가장 큰 이유가 자신에 대해 기분 좋게 느끼기 위해서라면 달리기 자체를 사랑하는 당신의 마음은 어떻게 되는 것인가? 당신은 그것을 즐기기 때문에 하는 것이 아니라 높은 자존감을 보상받기 위해 시작한 것이다. 그 말은 당신이 마라톤에서 우승하지 않으면 포기할 확률이 더 높아진다는 것을 의미한다. 그것은 단지 물고기를 받아 먹고 싶어서 불 붙은 고리를 통과하는 돌고래가 되는 것과 같은 것이다. 하지만 먹이가 주어지지 않는다면, 즉 당신이 그렇게 투자한 자존감 상승이 더 이상 이뤄지지 않는다면 돌고래는 뛰어오르지 않을 것이다.

지니는 클래식 피아노를 사랑해서 겨우 네 살이었을 때 피아노를 배웠다. 피아노는 큰 기쁨의 원천이었고 그녀에게 평온하고 아름다운 안식처가 되어주었다. 하지만 십 대가 되자 어머니는 그녀를 피아노 경연대회에 참가시키기 시작했다. 지니에게 더 이상 피아노는 위안이나 기쁨을 주지 못했다. 한창 정체성이 형성되어가는 중인 지니는 '잘하는' 피아니스트가 되는 것에 너무 몰두되어 있었기 때문에 대회에서 1등을 하느냐, 2등을 하느냐, 3등을 하느냐는 매우 중요한 일이었다(지니에게나 엄마에게나 둘 다). 그리고 만약 상을 받지 못하면 지니는 자신이 완전히 쓸모없게 느껴졌다. 지니가 더 잘 연주하려고 노력하면 할수록 음악 자체보다는 경쟁에 더 집중하게 되었기 때문에 연주는 더 나빠질 수밖에 없었다. 대학에 들어갈 때쯤 지니는 피아노를 완전히 그만두었다. 더 이상 피아노 연주가 재미있지 않았다. 예술가와 운동선수들은 종종 이런 경험을 한다. 우리의 자존감이 순전히 성과에만 근거를 두게 되면 인생에서 느꼈던 가장 큰 기쁨도 힘든 일처럼만 보이게 되고 기쁨은 고통으로 변하게 된다.

영역 혼동하기

우리는 자기성찰 능력을 가지고 있으며 자기개념을 형성할 수 있는 능력을 가진 인간이기 때문에 실제 우리 자신의 모습과 자신에 대한 생각과 평가가 종종 일치하지 않을 수 있다. 마치 세잔이 그린 과일 정물화를 과일 그 자체와 융합시켜 캔버스에 그린 그림을 실제 과일로 착각하고는 그림 속 과일을 먹을 수 없다는 사실에 좌절감을 느끼는 것과 같다. 물론 우리의 자기개념이 우리의 **실제** 자기는 아니다. 그것은 가끔 정확할 때도 있지만 우리의 습관적인 생각과 감정과 행동에 대한 부정확한 묘사로 만들어진 표상에 불과하다. 그리고 애석하게도 자기개념의 윤곽을 그리는 대략적인 붓놀림은 우리의 실제 자기가 가진 복잡성과 미묘함 그리고 경이로움을 전혀 다루지 못한다.

그럼에도 불구하고 우리는 자신에 대한 부정적인 그림보다는 긍정적인 그림을 그리는 것이 삶이냐 죽음이냐 하는 것처럼 심각한 문제라는 생각을 매우 강하게 가지고 있다. '만약 내가 자신에 대해 완벽하고 바람직한 이미지를 만든다면 **나는** 완벽하고 바람직하다는 무의식적인 사고 과정이 이어지기 때문에 다른 사람들은 나를 거부하기보다는 받아들일 것이다. 하지만 만약 내가 만든 이미지가 흠이 있거나 바람직하지 않다면 나는 배척받고 버려질 것이다.' 이 문제에 대한 우리의 생각은 믿을 수 없을 정도로 흑백논리인 경향이 있는데 다 좋거나(휴~ 하고 안도의 한숨을 내쉬거나) 또는 다 나쁘다(패배를 인정하는 것이 나을 수 있다)고 생각하는 것이다. 따라서 자신이 어떤 사람인가 하는 정신적 표상에 대한 어떠한 위협도 실제적이고 본능적인 위협으로 느껴지기 때문에 자신의 목숨을 지키기 위해 죽을 힘을 다해 맞서는 군인처럼 대응하게 되는 것이다.

마치 우리의 목숨을 구해줄 수 있는 아니면 우리가 너무나 갈망하는 긍정적 자기감을 적어도 구해주고 받쳐줄 고무 보트처럼 자존감을 붙잡고 있지만 결국 고무 보트가 찢겨 있어 그 사이로 공기가 빠르게 빠져나가고 있다는 사실을 알게 될 뿐이다. 우리는 때때로 좋은 자질을 보여주고 때로는 나쁜 면을 보여주기도한다. 때때로 우리는 도움이 되고 생산적인 방식으로 행동하기도하지만 때로는 해롭고 부적응적인 방식으로 행동하기도 한다. 그렇지만 우리는 이러한 자질이나 행동으로 **규정될** 수는 없다. 우리는 명사가 아닌 동사다. 우리는 고정되어 있는 '어떤 것'이 아니라 변화를 겪는 과정이다. 우리의 행동은—우리가 변화하는 존재이기에—시간, 상황, 기분, 환경에 따라 끊임없이 바뀐다. 그러나우리는 종종 이 사실을 잊고 우리 자신을 구겨 넣을 '좋은'이라고이름 붙여진 영원한 상자—찾을 수 없는 성배 같은—를 찾으려애쓰면서 높은 자존감을 집요하게 추구하느라 스스로를 계속 채찍질한다.

자존감이라는 만족을 모르는 신에게 우리 자신을 제물로 바침으로써 끊임없이 펼쳐지는 우리 삶의 경이로움과 미스터리를 개성 없는 폴라로이드 사진과 맞바꾸려 한다. 기쁨과 고통, 사랑과분노, 열정, 승리, 비극으로 이루어진 우리 삶을 통해 경험하게 되는 풍부함과 복잡성을 즐기는 대신 자기가치라는 극도로 단순한평가로 우리의 인생 경험을 포착하고 요약하려고 애쓴다. 하지만이러한 판단은 단지 생각에 불과하다. 그리고 대개의 경우 정확한 생각도 아니다. 자신을 우월하게 평가하고 싶은 욕구는 다른사람과의 상호연결성이 아니라 분리를 강조하게 만들며 결국 고립, 단절, 불안정함으로 이어질 뿐이다. 그래서 누군가는 이렇게

물을지도 모른다. '그게 그럴 만한 가치가 있는 일이야?'

자기연민 대 **자존감**

만약 우리가 자기가치를 판단과 평가에 의해 규정하지 않고 우리 자신에 대한 긍정적 느낌이 전혀 다른 곳에서 나온다는 걸 알게 된다면? 만약에 그것들이 우리의 머리가 아니라 가슴에서 나온다면 어떨까?

자기연민은 우리 존재 가치나 본질을 파악하거나 규정하려 하지 않는다. 그것은 생각, 명명, 판단, 평가가 아니다. 대신에 자기연민은 우리 자신이 누구인가 하는 신비로움과 **관계 맺는** 방법이다. 자기연민은 항상 입맛에 맞게 자기 이미지를 관리하기보다는 모든 인간이 장점과 단점을 모두 가지고 있다는 사실을 존중한다. 좋고 나쁨에 대한 생각 속에서 길을 잃고 헤매는 대신 그것이 끊임없이 변하며 영구적이지 않다는 것을 깨달으면서 현재 경험에 마음챙김을 하는 것이다. 우리는 성공하기도 하고 실패하기도 한다. 성공과 실패는 우리를 규정하지도 않고 우리의 가치를 결정하지도 않는다. 그것들은 단지 살아가는 과정의 일부분일 뿐이다. 우리의 머리가 그렇지 않다고 우리를 설득하려 들 수도 있지만 우리의 진정한 가치는 느끼고 인지하는 의식적 존재라는 핵심적인 경험 속에 있다는 것을 우리의 **가슴**은 안다.

자존감과 달리 자기연민은 특별하고 평균 이상이거나 이상적인 목표를 달성하는 것에 달려 있지 않다. 대신에 자기연민은 부서지기 쉽고 불완전하지만 여전히 대단한 우리 자신을 보살피는 데서 나온다. 끝없는 비교 게임에서 다른 사람들과 경쟁하기보다는 우리가 다른 사람들과 공유하는 것을 받아들이고 그 과정에서 더 많은 연대감과 하나됨을 느끼게 된다. 그러한 자기연민의 감정은 우리가 일을 망치거나 상황이 잘못될 때도 사라지지 않는다. 사실 우리가 실패하거나 무능력하다고 느낄 때마다 자존감이 우리를 저버리는 바로 그 지점으로 **정확히** 자기연민이 들어온다. 변덕스럽고 환상적인 자존감이 우리를 버릴 때 모든 것을 아우르는 자기연민의 포옹은 그곳에서 참을성 있게 우리를 기다리고 있다.

혹자는 그렇다면 연구 결과는 무엇을 보여주는 것이냐고 반문할 것이다. 결론적으로 연구 결과에 따르면 자기연민은 어떤 뚜렷한 단점 없이 높은 자존감이 주는 것과 같은 이점을 주는 것처럼 보인다. 첫째로 알아야 할 것은 자기연민과 자존감은 함께 가는 경향이 있다는 것이다. 만약 당신이 자기연민적인 사람이라면 자기비난적인 사람보다 더 높은 자존감을 가질 것이다. 그리고 높은 자존감을 갖고 있을 때와 마찬가지로 자기연민이 있을 때는 행복감, 낙천주의 그리고 긍정적인 감정이 더 충만할 뿐만 아니라 불안감과 우울감은 훨씬 덜하게 된다. 무엇보다 자기연민은 일이 잘못되거나 우리의 자아가 위협 받을 때 자존감에 비해 분명한 장점이 있다.

내 동료들과 함께 한 연구에서 우리는 학부생에게 자기연민과 자존감 척도를 작성하게 했다. 어려운 부분은 그다음 단계였다.

그들은 '면접 기술을 시험해보기 위해' 모의 면접에 참여해보라는 요청을 받았다. 많은 학부생이 인터뷰를 한다는 것에 긴장감을 보였는데 그들은 곧 실제로 직업을 얻기 위해 많은 인터뷰에 지원해야 했기 때문이다. 실험의 일환으로 학생들은 '자신의 가장 큰 약점을 설명하시오'라는 질문에 답을 해야 했다. 작성을 마친 후에 연구자들은 학생들에게 자신이 얼마나 불안했는지 보고하게 했다.

그 결과 자존감 수준이 아니라 자기연민 수준이 참가자들의 불안 정도를 정확히 예측했다. 자기연민 수준이 높은 학생들은 자기연민이 부족한 학생들보다 남의 시선을 덜 의식했고 덜 긴장했는데 아마도 자신의 약점을 인정하고 그것에 대해 말하는 것이 괜찮았기 때문일 것이다. 반면에 높은 자존감을 가진 학생들은 자존감이 낮은 학생들만큼이나 불안감을 느꼈다고 하는데 자신들의 실패에 대해 이야기해야 하는 어려움 때문이었던 것 같다. 그리고 흥미롭게도 자기연민 수준이 높은 학생들은 약점에 대해 쓸 때 '나' 같은 1인칭 단수 대명사를 덜 사용했고 대신 '우리' 같은 3인칭 복수 대명사를 더 많이 사용했다. 또한 그들은 친구, 가족 그리고 다른 사람들에 대해 더 자주 언급했다. 이것은 자기연민에 내재된 상호연결감이 불안을 완충할 수 있는 능력을 준다는 것을 보여준다.

또 다른 연구에서는 사람들에게 당황스러울 수 있는 상황에 처해 있다고 상상하게 했다. 예를 들어, 스포츠 팀 선수로 참가해서 중요한 경기를 날려버리거나 연극을 하면서 대사를 잊어버리는 상황을 상상하게 했다. 만약 이런 일이 일어난다면 참가자들은 어떻게 느낄까? 자기연민의 태도를 지닌 참가자들은 굴욕감이나 자신이 무능하다는 느낌을 덜 느끼고 그 일을 지나치게 개인적으로 받아들이지도 않았다. 오히려 그들은 '모든 사람이 가끔 바보짓을 한다' 라든가 '장기적으로 보면 이건 중요하지 않다' 같은 생각들을 하면서 모든 것을 침착하게 받아들일 것이라고 말했다. 하지만 자존감이 높은 사람이건 낮은 사람이건 간에 '나는 정말 패배자야' 또는 '죽었으면 좋겠어' 같은 생각을 비슷하게 했다. 다시 한번 높은 자존감은 힘든 상황에서 속수무책이라는 것을 보여준다.

다른 연구에서 참가자들은 자신을 소개하고 설명하는 비디오를 만들라는 요청을 받았다. 그러고 나서 누군가가 비디오를 보고 그들이 얼마나 따뜻하고 친근했으며 지적이고 호감이 가고 성숙해 보였는지 피드백을 줄 것이라는 말을 들었다(물론 피드백은 가짜다). 참가자의 절반은 긍정적인 피드백을 받았고, 다른 절반은 중립적인 피드백을 받았다. 자기연민을 잘하는 사람들은 그 피드백이 긍정적이든지 중립적이든지 관계없이 상대적으로 차분한 모습을 보였고 그 피드백이 어느 쪽이든 자신의 성격에 근거한다고 기꺼이 말했다. 하지만 자존감이 높은 사람들은 중립적인 피드백을 받았을 때 화를 내는 경향이 있었다. ("뭐라고요? 내가 그저 평균밖에 안 된다고요?") 또한 그들은 중립적인 피드백이 그들의 성격에 기인한 것이라는 사실을 부정했다. ("분명 내 비디오를 본 사람이 바보였을 거예요!") 이것은 자기연민의 태도를 지닌 사람들이 다른 사람들에게 받는 칭찬의 정도와 상관없이 그들이 누구인지를 더 잘 받아들일 수 있다는 것을 보여준다. 반면 자존감은 평가가 좋을 때만 커지고 자신에 대한 불쾌한 진실을 마주할 가능성이 있을 때는 회피와 역효과를 불러일으킨다.

최근에 나는 동료 루스 본크와 함께 다양한 직업군에 종사하는 3천 명이 넘는 사람들을 대상으로 자기연민 대 자존감의 장점에 대해 조사했다. 이것은 지금까지 이 분야에서 행해진 가장 큰 규모의 연구였다. 우선 우리는 시간이 변화함에 따라 스스로에 대해 느끼는 긍정적 감정의 안정성을 조사했다. 이러한 감정들이 마치 요요처럼 오르락 내리락 했나 아니면 상대적으로 일정한 상태를 유지하고 있었나에 관한 것이다. 우리는 자존감이 자기가치에 대한 불안정한 느낌과 관련이 있다고 가정했는데 자존감은 원하는 만큼 일이 잘되지 않을 때마다 감소하는 경향이 있기 때문이다. 반면에 연민은 좋을 때나 나쁠 때나 언제든 자신에게로 확장될 수 있기 때문에 우리는 자기연민과 관련된 자기가치의 감정이 시간이 지나도 더 안정적으로 유지될 것으로 예상했다.

이 생각을 테스트하기 위해 참가자들에게 '나는 지금 이 순간 다른 사람들보다 열등하다고 느낀다' 또는 '나 자신에 대해 좋은 기분이다'와 같은 질문에 대해 그 당시 스스로에 대해 어떻게 느꼈는지 8개월 동안 12번을 보고하도록 했다.

다음으로 우리는 이 기간 동안 자기연민이나 자존감의 전반적인 수준으로 자기가치의 안정성을 예측해보았다. 예상대로 자존감에 비해 자기연민은 더 확고하고 지속적인 자기가치의 감정과 연관되어 있었다. 또한 자기연민은 자존감보다 사회적 승인, 성공적인 경쟁 또는 매력적인 느낌 같은 특정한 결과에 의존할 가능성이 적다는 것도 발견했다. 어떤 목표를 얻는 것에 의존하기보다는 본질적으로 존중할 만한 인간이기 때문에 우리의 자기가치가 생겨난다면 우리의 자기가치는 훨씬 덜 흔들린다.

또한 자존감과 비교했을 때 자기연민은 사회적인 비교를 덜하고 개인적인 모욕에 대해 보복할 필요성을 적게 느끼는 것과 관련이 있다는 것을 발견했다. 또한 그것은 '인지적 종결 욕구'가 덜한 것과도 관련이 있는데 인지적 종결 욕구란 정신건강의학과 의사들이 말하는 애매한 상황을 못 견디고 정확한 결론을 찾아야만 하는 욕구를 일컫는다. 우월감과 확신감을 느끼기 위해 자존감을 쓰는 사람들은 그들의 지위가 위협받을 때 화를 내고 방어적인 태도를 보이는 경향이 있다. 하지만 그들의 불완전함을 연민으로 받아들이는 사람들은 더 이상 자아를 보호하기 위해 그렇게 건강하지 못한 행동을 하지 않는다. 사실 이 연구에 있어 놀라운 발견은 높은 자존감을 가진 사람들이 낮은 자존감을 가진 사람들보다 훨씬 더 자기애적이라는 것이다. 이와는 반대로 자기연민은 나르시즘과 아무런 연관성이 없었다(부정적인 상관성이 없었던 이유는 자기연민이 부족한 사람들 역시 자기애적인 경향이 없었기 때문이다).

**실습
1**

교란꾼 알아보기

A. 당신의 자존감에 중요한 역할을 하는 자신과 관련된 10가지 측면들, 즉 자신에 대해 좋게 느끼거나 나쁘게 느끼게 하는 부분을 기술해보세요(직무 수행, 부모로서의 역할, 몸무게 등).

1.

2.

3.

4.

5.

6.

7.

8.

9.

10.

B. 각 항목과 관련해 다음의 질문을 스스로에게 던지고 당신의 대답이 각 항목에 대한 생각을 바꾸는지 생각해보세요. 자존감 교란꾼은 어떻게 해서 당신이 길을 잃고 헤매게 하나요?

러브 유어셀프

1. 다른 사람들보다 더 낮다고 느끼고 싶나요, 아니면 연결된 느낌을 받고 싶나요?
2. 나의 가치는 스스로의 특별함에서 나오는 것일까요, 아니면 인간 존재이기 때문에 나오는 것일까요?
3. 나는 완벽해지기를 원하나요, 아니면 건강해지고 싶은가요?

자아로부터의 **자유**

자아가 완전히 사라지지는 않지만 자기연민이 있으면 자아가 전경에서 배경으로 이동한다. 자신을 다른 사람과 구분되는, 명확하게 그어진 경계를 가진 고립된 개인으로 평가하는 대신 더 크고 상호연결된 전체의 일부로 바라볼 수 있다. 그 '자아'를 창조한 많은 상호작용하는 조건들과 관련 없는 별개의 '독립된 자아'가 존재한다는 생각은 환상에 불과하다. 우리가 '독립된 개체'라고 믿는 함정에 빠졌을 때만이 자존감의 문제가 더욱 중요한 역할을 한다. 물론 우리는 우리 자신에 대해 좋게 느낄 때 오는 행복을 경험하고 싶다. 모든 사람이 그럴 것이다. 더욱이 이 행복은 우리의 타고난 권리다. 하지만 실제적이고 지속적인 행복은 우리가 다른 모든 것에서 분리되지 않고 서로 연결된 삶의 흐름과 함께하고 있다는 것을 인식할 때 경험할 수 있다.

끊임없이 높은 자존심을 향상시키거나 유지시키려 하면서 자아를 통해 경험을 걸러내기만 할 때 우리는 우리가 가장 원하는 자신을 완전히 부정하게 된다. 우리가 있는 그대로의 모습으로 받아들여지기 위해서는 우리의 작은 자아들보다 훨씬 더 큰 통합적인 것이 있어야 한다. 한계가 없고 측정할 수 없고 자유로운 그런 것 말이다.

"자기연민은 우리 존재 가치나 본질을 파악하거나 규정하려 하지 않는다. 그것은 생각, 명명, 판단, 평가가 아니다. 대신에 자기연민은 우리 자신이 누구인가 하는 신비로움과 관계 맺는 방법이다. 자기연민은 항상 입맛에 맞게 자기 이미지를 관리하기보다는 모든 인간이 장점과 단점을 가지고 있다는 사실을 존중한다."

동기와 개인적 성장

•

있는 그대로의 나 자신을 받아들일 때 비로소 진정으로 변화할 수 있다는 것은 흥미로운 역설이다.

—칼 로저스, 《진정한 사람되기》

•

•

두 명의 무법자가 술집에 앉아 있었다.

그중 한 명이 이렇게 말했다. "요즘 빌리를 본 적 있나?"

"응. 며칠 전에 같이 점심을 먹었어."

"그래?"

"응. 시내로 가려고 말을 타고 다리를 건너고 있었는데 빌리가 총을 든 채 나를 겨누고 '그 말에서 내려'라고 하더라고.

그가 총을 가지고 있었는데 내가 어쩌겠어. 말에서 내렸지.

빌리가 말똥 더미를 가리키더니 '저 말똥 보이지? 저걸 먹어' 하길래 그가 총을 가지고 있으니 내가 어쩌겠어. 말똥을 먹었지.

빌리가 너무 심하게 웃어서 총을 떨어뜨리기에 내가 주웠지.

'이봐 빌리.' 내가 말했어. '이제 총이 나한테 있어. 저 말똥 보이

지? 말똥을 먹어.'

빌리가 어쩌겠어, 내가 총을 가지고 있는데. 그가 똥을 먹었지. 그러니 아까 내 말처럼 우린 점심을 함께 먹었어."

이러한 농담은 누군가로 하여금 뭔가 불쾌한 일을 하게 만들려면 총을 머리에 겨눠야 한다는 일반적인 믿음을 강조한다.

사람들이 자신에게 연민적이지 않은 가장 큰 이유는 게으름과 방종에 대한 두려움 때문이다. '매를 아끼면 아이를 망친다'라는 속담에서 드러나듯이 가혹한 처벌만이 게으름을 막는다는 믿음이 있다. 신체적 체벌은 오늘날 가정과 학교에서 거의 사라졌지만 우리는 자신에게 여전히 이러한 접근법을 고수하고 자기 채찍질(비록 정신적인 것이라 할지라도)이 유용하고 효과적이라 믿는다. 이것은 채찍과 당근이라는 오래된 접근법인데 자기비판은 채찍이고 자존감은 당근인 것이다. 비록 원하지 않더라도 당신이 해야 할 일을 한다면 자기비난의 맹공을 피하고 자신에 대해 더 낫게 느낄 것이다.

실제로 이것을 믿는 홀리라는 학생이 있었다. 그녀는 자신이 원하는 사람이 되기 위해 스스로 규칙을 준수하려면 자신에게 엄격해야 한다고 확신했다. 믿을 수 없을 정도로 높은 기대를 가진 보수적인 텍사스 가정에서 태어난 홀리는 대학을 졸업하는 것으로는 충분하지 않다고 느꼈다. 홀리는 MBA에 가야 한다고 생각했다. 고등학교 이상 다니지 못한 부모님은 모든 희망과 꿈을 딸의 성공에 걸었다. 홀리는 끊임없는 자기비난을 통해 스스로에게 극심한 부담을 주었다. 성적이 기대치보다 낮으면 '너는 멍청하고 변변찮아. 이런 식으로 계속 망치면 넌 절대 대학원에 가지 못할 거야' 등과 같은 가혹한 혼잣말로 자신을 비판했다. 홀리가 열심히 매달려 일한 보상은 자존감이었다. 홀리는 부모가 자기를 자랑스럽게 여기고 자신도 스스로를 자랑스럽게 여기길 바랐다. 홀리도 자신이 목표에 도달할 수 있는 유일한 방법은 인정사정없는 자기비난으로 박차를 가하는 것이라고 믿었다.

놀랍게도 이런 유형의 사고는 흔하지만, **과연 진실일까?**

사기를 꺾는 **채찍**

첫째, 자기비난이 불러일으키는 마음 상태를 고려하라. "넌 정말 게으르고 아무 짝에도 쓸모 없어. 네가 싫어." 어떤 기분이 당신을 이런 말로 몰아넣는가? 기운나고 격려받고 세상과 맞설 준비가 된 기분 상태인가? 챔피언이여, 쟁취하라는 기분 상태인가?

우리가 아이를 대하듯이 다른 사람에게 동기 부여를 하는 것을 생각하면 좀 더 이해하기 쉽다. 당신의 열 살 난 딸아이가 시험에서 낙제점을 받고 집에 돌아왔다고 가정해보자. 더 나은 학습 습관을 갖도록 아이를 격려하여 다음에 더 잘할 수 있게 하는 가장 좋은 방법은 무엇인가? 무섭게 비난해야 하나? 아이에게 쓸모없는 존재라고 말하면서 저녁을 굶기고 잠자리에 들게 해야 하나? 물론 아니다. 그런 가혹한 비난은 감정적으로 아이를 위축되게

러브 유어셀프

하여 다시 공부를 시작할 에너지가 남지 않도록 만든다. 슬프게도 일부 부모들은 이런 방법을 쓰지만 오히려 그들이 원하는 이상과 거리가 멀어지게 된다. 그것보다 효과적인 방법은 이런 일은 일어날 수 있으며 그럼에도 불구하고 여전히 부모는 아이를 사랑한다고 안심시키는 것이다. 그러면서 아이가 더 잘할 수 있으며 잘할 것이라고 확신시키고, 단호하지만 연민 어린 태도로 새로운 학습 습관을 격려하는 것이다.

긍정적이고 믿음을 주는 메시지가 의욕을 갖게 하고 최상의 잠재력에 도달하도록 마음 상태를 증진시킨다는 사실을 우리 모두 알고 있다. 우리는 최선을 다할 수 있도록 차분하고 안정된 상태에서 자신감을 가져야 한다. 이것이 우리가 사랑하는 이들에게 동기 부여를 하려 할 때 그들을 믿고 있고 영원한 신의와 애정과 지지를 보낸다는 것을 알게 하려고 비상한 노력을 하는 이유다. 하지만 이상하게도 우리는 자신에게는 정반대로 접근한다.

동기에 대해 연구하는 학자들은 자신감 수준이 목표에 도달하는 능력에 극적인 영향을 미친다는 것을 발견했다. 수십 개의 연구들이 실험심리학자인 앨버트 밴듀라Albert Bandura가 '자기효능감self-efficacy' 신념이라고 이름 붙인, 우리 자신의 능력에 대한 우리의 믿음이 꿈을 성취하기 위한 능력과 직접적으로 연관되어 있음을 확인했다.

한 연구에서 고등학교 레슬링 선수 2백 명 이상을 한 시즌 동안 추적했다. 이전 성적과는 별개로, 강한 자기효능감 신념을 가진 학생들이 스스로를 의심하는 학생들보다 더 많은 경기에서 이겼다. 이는 특히 동점 경기의 연장전같이 스트레스가 많은 상황에서 두드러졌다. 연장전 승부는 점수를 먼저 따는 선수가 이기는 단판승이다. 두 선수가 모두 지친 상태이고 대등한 신체적 기술을 가졌으며 연장전까지 왔으므로 승부는 더 어렵다. 이런 경우 승부를 예측하는 유일한 요소는 자신의 능력에 대한 선수의 정신적 믿음이다.

자기비난은 자기효능감 신념을 약화시키는 경향이 있기 때문에 최선을 다하려는 우리의 능력에 도움보다는 해를 끼칠 수 있다. 끊임없이 자신을 무시함으로써 우리는 결국 스스로에 대한 믿음을 잃게 되는데 이것은 우리의 능력으로 도달할 수 있는 곳까지 가지 못하게 된다는 것을 의미한다. 또한 자기비난은 우울증과 강하게 연관되어 있다. 우울증의 사고방식은 '척척 해나가는' 태도에 전혀 도움이 되지 않는다.

물론 자기비난은 동기 부여처럼 **어느 정도**는 효과가 있다. 그렇지 않다면 많은 사람이 하지 않을 것이다. 자기비난이 조금이라도 효과가 있다면 단지 **두려움**이라는 한 가지 이유 때문이다. 실패했을 때 자신에게 가혹하게 비난받는 것이 매우 불쾌하기 때문에 우리는 자신에게 혹독한 평가를 받고 싶지 않은 욕구에 의해 자극을 받는다. 이것은 가혹한 자기비난이 주는 두려움이 우리가 현실에 안주하는 것을 막을 수 있다고 여기는 것인데 마치 머리를 도마 위에 올려놓고 최악의 상황을 만들어 위협하는 것과 같다.

이 접근법은 어느 정도 효과가 있지만 몇 가지 심각한 문제점이 있다. 두려움을 동기 부여로 사용하는 가장 큰 문제 중 하나는 불안 자체가 수행 정도를 약화시킬 수 있다는 것이다. 발표 불안이든 시험 불안이든 무대 공포증 또는 작가가 출판을 두려워하는 것이든 간에 부정적인 판단을 받는 두려움은 심신을 상당히 약화시킬 수 있다. 불안은 당면한 일에 대한 주의를 빼앗기 때문에 집중력과 최선을 다하는 능력을 방해한다.

자기비난은 불안을 일으킬 뿐만 아니라 실패할 경우 자기비난을 막도록 계획된 심리적 속임수로 스스로를 이끌 수 있고 결국 실패할 가능성을 더 크게 만든다. 실패에 대한 그럴 듯한 구실을 만들어 자신의 성과를 약화시키는 경향을 '자기불구화' 현상이라고 한다. 자기불구화 현상의 흔한 형태 중 하나는 열심히 노력하지 않는 것이다. 동네 테니스 경기를 위해 미리 연습하지 않는다면 패배했다 해도 테니스 실력이 없어서가 아니라 연습 부족 탓으로 돌릴 수 있다. 마지막 순간까지 준비를 시작하지 않아 일을 망치면 무능보다는 준비 부족 탓으로 돌릴 수 있다.

연구에 따르면 자기비난적인 사람들은 이런 자기불구화 전략 때문에 목표를 잘 달성하지 못한다. 한 연구에서 학생들에게 그들이 가진 다양한 학문적, 사회적 목표 및 건강과 관련한 목표를 적게 하고 얼마나 진척을 이루었는지 보고하게끔 했다. 자기비난적인 사람들은 다른 사람들보다 목표 달성률이 현저히 낮았고 더 자주 미뤘다고 보고했다. 자기비난은 유용한 동기 부여가 되기보다 실상 우리의 무덤을 파게 만들 수 있는 것이다.

짐은 내가 만난 사람 중 최악으로 해야 할 일을 미루는 사람이었다. 모든 일을 임박해서야 끝냈다. 그는 중요한 일을 해내는 자신의 능력에 불안감을 느낄 때마다 일을 미루었는데 일을 망치게 되면 "시간이 없었어"라고 변명했다. 대학원에 들어가기 위해 GRE 시험을 치렀을 때도 며칠 전까지 공부를 시작하지 않았다. 기막히게 좋지는 않지만 괜찮은 점수를 얻었을 때 그는 "공부를 안 한 것 치고는 그리 나쁘진 않아"라고 내게 말했다. 사회복지학 석사 프로그램의 일환으로 인턴십을 받을 때도 그는 마지막 순간까지 지원서를 보내지 않았다. 결국 그는 아무도 원하지 않았던 인턴십 과정을 제안받았다. 그의 반응은 "내가 지원서를 보냈을 때는 대부분 자리가 이미 차 있었지. 어쨌든 제안은 받았잖아"였다.

최악은 결혼식 날이었다. 약혼녀 나오미는 결혼식이 완벽하길 바라며 행사를 직접 준비했는데 결혼식은 그녀가 가족과 함께 어렸을 때 다녔던, 19세기에 지어진 아름다운 교회에서 열렸다. 나오미는 신부 들러리를 위한 드레스와 짐과 신랑 들러리를 위한 턱시도를 골랐다. 그녀가 짐에게 부탁한 한 가지는 그의 턱시도에 어울리는 검은 예복용 구두를 구입하라는 것이었다. 결혼식은 일요일 정오였고, 짐은 아침 9시에 쇼핑몰에 가면서 자신이 잘하고 있다고 생각했다. 신발을 구입하고 11시까지 교회 대기실에 가기까지 시간이 충분했다.

그가 잊은 것은 일요일에는 쇼핑몰이 정오에 문을 연다는 점이었다. 동네에는 정오 전에 문을 연 신발 가게가 **없었다**. 이미 갖고 있는 예복용 신발도 없었다. 목이 긴 운동화 두 켤레와 가죽 샌들 한 켤레만 있을 뿐이었다. 그는 망했다. 다행히 동네 저가 매장이 10시에 문을 연다는 사실을 기억했고 매장에 작은 신발 코너가 있었다. 그는 그곳에서 무언가를 살 수 있었다. 그러나 검은색으로 된 유일한 신발은 값싼 크록스 모조 제품이었다. 나오미는 짐이 식장으로 걸어들어올 때에야 신발을 보았고 충격과 경악의 표정이 잠깐 얼굴에 나타나기는 했지만 잠시 동안 그 문제를 무시하고 가장 중요한 그들의 혼인 서약에 집중하기로 결심했다. 그러나 나는 피로연에서 둘 사이에 긴장이 오가는 것을 보았다. 엿듣지 않으려 애쓰는 중에(어쩌면 약간 엿들었을지 모른다) 짐이 "오늘 아침에야 쇼핑을 갔던 걸 감안하면 신발이 나쁘진 않아. 그리고 꽤 편해"라고 말하는 것을 들었다.

물론 짐이 어떻게든 해내려고 마지막 순간까지 노력했고 실수를 대비해 항상 준비된 변명으로 가혹한 자기비난에서 자신을 구한 것은 사실이지만 짐은 결코 잠재력을 충분히 발휘하지 못했다. 짐이 더 일찍 GRE 공부를 시작했다면 그의 지성이 빛을 발할 수 있는 좋은 대학원에 입학했을 것이다. 만약 그가 적시에 지원서를 보냈다면 그의 마음을 끄는 사회복지 분야의 경험을 얻을 수 있는 더 나은 인턴십 자리를 제안 받을 수 있었을 것이다. 짐이 하루 일찍 쇼핑몰에 갔더라면 결혼식 날 신부와 다투게 되는 일을 예방할 수 있었을 것이다. 만일 짐이 자신이 최선을 다하더라도 실패할 **수 있다는** 사실을 좀 더 편하게 생각했다면 실패**했을 때** 자아를 지키기 위해 태만할 필요가 없었을 것이다. 우리가 성의 없이 노력할 때 어떤 실패는 피할 수 없다.

관심을 가지고 있는 사람이 **당신이기 때문에**

그렇다면 왜 자기연민이 자기비난보다 동기 부여에 더 효과적
인가? 그 원동력이 두려움이 아닌 사랑이기 때문이다. 두려움이 우
리에게 불안과 초조함(우리의 편도체가 과열되고 시스템에 코르티솔
이 넘치게 함으로써)을 주는 동안 사랑은 우리로 하여금 자신감과
안정감(일부는 옥시토신을 증진시켜서)을 느끼게 한다. 실패했을 때
우리 자신에게 이해와 연민이 있다고 스스로 믿는다면 자신에게
불필요한 스트레스와 불안을 주지 않을 것이다. 얼마나 잘하느냐
형편없느냐에 개의치 않고 받아들여질 것임을 알면 우리는 안심
할 수 있다. 하지만 그것이 사실이라면 우리는 왜 열심히 노력하는
가? 왜 두 발 뻗고 피자를 먹으며 종일 TV 재방송을 보지 않는가?

많은 사람은 자기연민이 우리 자신을 애지중지하는 것 이상도
이하도 아닌 단지 기분 좋은 느낌일 뿐이라고 생각한다. 그러나
치유와 성장은 그러한 얄팍한 치료로 이루어지지는 않는다. 당신
이 충분한지 묻는 자기비난과 달리 자기연민은 **무엇이 당신에게
좋은지** 묻는다. 자기연민은 행복하고 건강해지고자 하는 당신 내
면의 욕구를 자극한다. 자신을 아낀다면 배우고 성장하기 위해 해
야 할 일을 할 것이다. 비록 잠시 동안만이라도 좋아하는 어떤 것
들을 포기한다는 것을 의미한다 해도 당신은 도움이 되지 않는 행
동 습관을 바꾸고 **싶어 할** 것이다. 세심한 부모는 아이가 사탕을
좋아한다고 해서 끊임없이 사탕을 주지 않는다. 아이의 모든 변덕

을 받아주는 것은 좋은 양육 방식이 아니다. 우리가 아끼는 이들을 양육한다는 것은 때로 거절하는 것을 의미한다.

마찬가지로 자기연민은 장기적으로 행복으로 이어지는 선택들을 하면서 당신 자신에게 깊은 가치를 두는 것이다. 자기연민은 장애를 영구화하지 않고 치유하길 원한다. 물론 가끔 제멋대로 탐닉하는 것이 문제될 것은 없다. 때로 레몬 케이크를 한 조각 먹는 것은 자기돌봄의 한 형태이지만 지나친 방임(치즈 케이크 한 판을 전부 먹는 것)은 바람직하지 않게 느껴진다. 그것은 가장 높은 잠재력에 도달할 수 없게 함으로써 우리가 진정 원하는 것을 얻지 못하게 하기 때문에 비생산적이다.

붓다는 자기연민이 가진 이러한 동기 부여적 특징을 '올바른 노력'이라고 불렀다. 이러한 관점에서 볼 때 잘못된 노력은 자아와의 관계에서 자신을 증명하고 통제하려는 욕구에서 비롯된다. 이 노력은 오히려 고통을 증가시키고 당신이 세상과 단절되고 따로 떨어졌다고 느끼게 한다. 모든 것이 우리가 원하는 대로 되어야만 한다는 기대를 갖게 하기 때문이다. 한편, 올바른 노력은 고통을 치유하려는 자연스러운 열망에서 나온다. 붓다가 말했듯이 "머리에 불이 난 것을 인지하는 것과 같다." 머리에서 연기가 나는 것을 보았을 때 젖은 수건을 움켜쥐거나 욕실로 뛰어들어가는 것 같은 다급한 행동은 화상의 위험에서 벗어나고 문제를 해결하고자 하는 데서 비롯되지 우리를 증명하려는 열망에서 나오지 않는다(내가 얼마나 훌륭한 소화기인지 증명하려는 열망에서가 아니다). 마찬가지로 자기연민을 통해 나오는 노력은 이기주의적 분투가 아니라 고통을 줄이고자 하는 자연스러운 욕구에서 나오는 것이다.

성공하고 싶다면 우리는 스스로를 해칠 수 있는 방법을 직시하고 나아지는 방법을 알아내야 한다. 하지만 이 과정에서 자신에게 잔인할 필요는 없다. 어려운 변화의 과정에 참여하는 동안 우리는 자신에게 친절하고 지지적이어도 된다. 그 과정에서 삶은 힘든 것이며 도전은 인간경험의 한 부분이라는 것을 깨달을 수 있다. 다행히도 친절과 격려는 꽤 기분 좋은 것이고 약을 삼킬 수 있도록 도움을 준다.

실습
1

우리가 정말 원하는 것이 무엇인지 파악하기

1. 당신이 동기를 부여하기 위해 자기비난을 사용하는 방법에 대해 생각해봅니다. 자신을 심하게 대하는 것이 변화에 도움을 준다고 생각하기 때문에 스스로를 비난하는 개인적 특성이 있나요?(감정 기복이 심하다, 게으르다, 뚱뚱하다 등) 그렇다면 첫째로 자기비난으로 인한 자신의 감정적 고통을 인식하고자 노력하고, 그렇게 비난받는 느낌을 경험하는 자신에게 연민을 주세요.

2. 다음으로는 자신을 변화시키도록 동기 부여를 하는 더 친절하고 세심한 방법을 생각해봅니다. 현명하고 따뜻한 보살핌을 주는 친구, 부모, 교사, 멘토가 당신의 행동이 얼마나 비생산적인지를 부

러브 유어셀프

드럽게 지적하고 동시에 당신이 다르게 행동하도록 격려하는 데 사용하는 언어가 무엇인가요? (당신이 생각하기에) 건강하고 행복해지는 당신의 근본적인 소망과 일치하는 지지적인 메시지는 무엇인가요?

3. 이제부터 당신이 좋아하지 않는 자신의 특성에 판단을 내리는 스스로를 발견할 때마다 먼저 자기판단이 주는 고통을 알아차리고 자신에게 연민을 줍니다. 그런 다음 용기를 더 북돋고 지지할 수 있도록 당신의 내적 대화를 재구성하기 위해 노력합니다. 자신에게 동기를 부여하기 원한다면 두려움보다 사랑이 더 강력하다는 것을 기억해야 합니다.

자기연민, 학습 및 개인적 성장

많은 사람은 스스로에게 연민을 가지면 충분한 야심을 가질 수 없을 것이라 생각하며 두려워한다. 그러나 연구에 따르면 그렇지 않다. 한 연구에서 우리는 사람들이 자신의 기준을 충족하지 못했을 때 어떻게 반응하는지 그리고 처음에 그들의 기준이 얼마나 높았었는지를 조사했다. 우리는 자기연민을 잘하는 사람들이 자기연민이 부족한 사람들만큼이나 자신에게 높은 기준을 가지고 있지만, 기준을 충족하지 못한 경우에 자신에게 훨씬 덜 엄격한 것을 발견했다. 또한 우리는 자기연민을 잘하는 사람들이 끊임없이 자신을 비난하는 사람들보다 개인적 성장을 향해 나아간다는 것을 발견했다. 그들은 목표에 도달하고 삶을 더 균형 있게 만들기 위한 구체적인 계획을 더 잘 세운다. 자기연민은 삶의 기준을 낮게 설정하게 만들지 않는다. 하지만 자신이 바라는 것만큼 잘 해내지 못할 때도 스스로에 대한 반응이 부드러운데 이는 장기적으로 목표를 달성하는 데 실제적인 도움을 준다.

잠재력을 깨닫는 능력은 부분적으로는 우리의 동기가 어디에서 왔는지에 달려 있다. 우리의 동기는 내부에서 왔는가, 외부에서 왔는가? 내적 동기 부여는 우리가 배우거나 성장하고 싶거나 또는 그저 활동이 흥미로워서 무언가를 하게 될 때 생겨난다. 외적 동기 부여는 우리가 보상을 얻거나 처벌을 피하려고 뭔가를 하려고 할 때 생겨난다. 심지어 보상과 처벌이 자존감으로 인한 보상 또는 자기비난으로 인한 처벌처럼 내부에서 비롯된 경우라도 우리의 동기는 여전히 외부적인데 이때 외부적 동기는 감추어진 채로 우리로 하여금 어떤 일을 하게 만든다.

《마인드셋》의 저자인 실험심리학자 캐롤 드웩Carol Dweck은 사람들이 목표를 달성하기 원하는 두 가지 주요 이유를 알려준다. **학습** 목표를 가진 사람들은 호기심과 새로운 기량을 개발하고자 하는 욕구에 의해 동기 부여를 받는다. 그들은 지식을 습득하기 원하기 때문에 목표를 달성하고 싶어 하는데 이때 중요한 것은 실수를 학습 과정의 일부로 본다는 것이다. 반면, **성과** 목표를 가진 사람들은 자신들의 자존감을 강화하거나 방어하기 위해 외적으로 동기 부여를 받는다. 그들은 다른 사람들에게 인정받기 위해 일을 잘 해내고 싶어 하며 무슨 일이 있어도 실패를 피하려 하는 경향이 있다. 이는 그들이 도전을 피하는 대신 안전한 길을 택한다는 것을 의미한다. 당신은 그 유형을 알고 있다. 손쉬운 A를 바라고 그 과정에서 얼마나 배우는지는 신경쓰지 않는 사람들이다. 연구에 따르면 장기적으로 볼 때 학습 목표는 성과 목표보다 더 효과적이다. 그들은 자신이 하는 것을 즐기기 때문에 학습 목표는 더 오랫동안 더 열심히 노력하도록 그 사람들을 나아가게 한다. 또한 정답을 몰라서 실력이 없어 보이는 것에 대해 걱정을 덜 하기 때문에 사람들에게 필요한 도움과 가르침을 요청할 수 있다.

케이트와 다니엘을 예로 들어보자. 동물을 사랑하는 어린 쌍둥이 자매는 수십 장의 사자, 얼룩말, 코뿔소, 기린 사진을 갖고 있었고 자라는 동안 이국적인 동물들이 그들의 침실 벽을 온통 장식했다. 그들은 사육사가 되는 게 꿈이었다. 결국 지역 대학에 같이 가서 3학년 때는 상급 수준의 동물학 과정에 등록했다. 과정은 무척 어려웠고 실제로 첫 시험에서 둘 다 낙제했다. 다니엘은 자신을 훌륭한 학생이라 생각했기 때문에 과목에서 낙제점을 얻었다는 사실을 견디지 못하고 중도 포기했다. 반면, 케이트는 동물에 대해 배우고 있다는 사실을 가장 중요하게 생각했다. 거의 매주 몇 시간씩 조교 사무실에 갔고 결국 B를 받았다. 졸업 후 다니엘은 큰 회사에 들어가 초급 관리직을 맡았다. 급여는 좋았고 단 몇 개월 만에 새 차를 사서 모든 친구에게 깊은 인상을 남겼다. 일은 비교적 쉽고 안정적이었으나 지루했다. 반면, 케이트는 한 달간 보츠와나에 가기 위해 식당 종업원으로 일하면서 돈을 모았다. 그녀는 인생 최고의 시간을 보냈다. 언젠가 직접 사파리 사업을 하고 싶다고 마음먹었고, 저임금에 고된 일을 하며 여러 인턴십에서 요령을 배워 결국엔 그 꿈을 이뤘다. 케이트와 다니엘은 둘 다 지성 있고 열심히 일하는 젊은 여성이었지만 자신에게 도전하여 평생의 꿈을 이룬 것은 케이트였다.

예상한 대로 우리 연구에 따르면 자기연민을 가진 사람들은 성과 목표보다 학습 목표를 가질 가능성이 높다. 그들은 자기비난을 피하려는 욕구보다 배우고 성장하는 데서 동기 부여를 얻기 때문에 학습 위험들을 기꺼이 감수한다. 그들은 실패를 크게 두려워하지 않는다. 예를 들어, 최근 중간 고사에 낙제한 대학생 그룹 중 자기연민을 지닌 학생들은 자신의 실패를 성장의 기회로 재해석할 가능성이 높다는 것을 발견했다. 실패를 판단보다 이해로 받아들일 수 있다는 믿음이 있을 때 실패는 더 이상 옷장 안에 숨어 있는 괴물이 될 수 없으며 그 자체로 큰 스승이 된다.

또한 연구에 따르면 자기연민을 잘하는 사람들은 실패하더라도 전반적인 자기효능감 신념이 덜 손상된다. 자신에게 그렇게 엄격하지 않기 때문에 넘어졌을 때 자신을 일으켜 세우고 다시 시도하는 것에 대한 자신감이 충분히 남아 있다. 사실 최근 연구에서 자기연민을 잘하는 사람들은 삶의 어느 순간에 불가피하게 중요한 목표를 포기하도록 강요받을 때 새로운 다른 목표에 에너지를 집중하는 경향이 있다는 것을 발견했다. 반대로 자기비난적인 사람들은 포기할 가능성이 크다. 또한 자기연민적인 사람들이 자기연민이 부족한 사람들보다 덜 미루는 것을 발견했다. 이것은 다른 사람들이 자신의 성과를 어떻게 보는지 덜 걱정하기에 실패에 대한 변명이 필요하지 않기 때문으로 보인다.

그러므로 자기연민은 결코 자기만족과 타성으로 이어지지 않는다. 실패에 대한 두려움을 버리고 자유로워짐으로써 우리는 훨씬 더 큰 도전을 할 수 있게 된다. 동시에 인간이라는 한계를 인정함으로써 어떤 목표가 우리에게 효과적인지 그리고 언제가 새로운 접근법을 취할 때인지를 더 잘 파악할 수 있다. 자기연민과 진정한 성취는 서로 밀접하게 관련이 있으나 방종과는 거리가 멀다. 자기연민은 꿈을 추구하도록 우리를 격려하고 그것들을 실제로 달성할 수 있도록 용기, 자신감, 호기심 그리고 탄력적인 사고 방식을 가져다준다.

실습 2

자기연민 및 지연

우리는 여러 가지 이유로 미룹니다. 어떤 때는 게으르거나 불쾌한 일을 하고 싶지 않아서, 또 어떤 때는 실패가 두렵기 때문에 미룹니다. 다행히 자기연민은 미루는 버릇을 다루어 그것이 장애가 되지 않도록 도움을 줄 수 있습니다.

즐겁지 않음

세금을 내거나 엄청나게 지루한 할 일 목록을 작성하는 것과 같이 즐겁지 않은 일을 미루는 것은 매우 일반적입니다. 심지어 빨래를 개어 정리하는 것 같은 일조차 가끔 우리는 그저 단순히 게을러지고 몸을 일으키고 싶지 않습니다. 불쾌함을 피하고 쉬고 싶은 것은 자연스러운 반응이기에 그다지 놀랍지 않습니다. 이런 식으로 일을 미루는 것은 필요한 일을 하지 않음으로써 결국 당신이 스트레스를 받게 되지 않는 한 문제가 되지 않습니다. 그러나 당신이 하기 싫은 일을 마주할 때 습관적으로 미루는 경향이 있다면 당신의 저항 이면에 있는 감정을 살펴보는 것이 도움이 될 수 있습니다. 우리는 종종 원하지 않는 일에 관한 생각을 회피합니다. 그러나 그처럼 싫고 피하고 싶은 일에 대해 매우 인간적인 반응을 보이는 자신에게 연민을 주면 어떨까요? 일에 대해 생각할 때 두려움과 무기력 또는 무엇이든 당신에게 나타나는 감각에 완전히 뛰어들어봅니다. 판단하지 않는 마음챙김의 자각을 유지하면서 당신의 몸에서 어떤 감정을 느낄 수 있나요? 작다고 해도 이것이 고통의 순간임을 인식해봅시다. 우리의 모든 감정은 느껴지고 수용될 가치가 있습니다. 당신 자신에게 편안한 느낌을 준다면 아마도 당신은 시작에 대한 두려움을 덜 느끼게 될 것입니다.

실패에 대한 두려움

우리의 미루는 습관 아래에는 깊이 흐르는 어떤 감정들이 있습니다. 큰 프로젝트를 시작하는 것처럼 중요한 임무라면 우리는 실패할 가능성으로 인해 두려운 감정을 갖게 됩니다. 프로젝트를 생각할 때 나타나는 두려운 감정, 실패 가능성을 생각할 때 나타나는 무가치하다는 기분은 압도적일 수 있습니다. 불쾌한 감정을 경험하고 싶지 않을

러브 유어셀프

때 일을 미룸으로써 회피하는 것은 매우 일반적인 방법입니다. 우리 무의식이 우리가 실패하도록 방해한다면 일을 잘할 만큼 충분한 시간이 없었다고 탓함으로써 무가치하다는 감정을 피할 수 있습니다. 그러나 이러한 패턴이 습관이 되면 당신이 잠재력을 발휘할 수 있는 범위가 심각하게 제한될 수 있습니다.

당신이 미루는 이유가 실패에 대한 두려움 때문이라면 이 책에서 논의된 내용을 다시 생각해보기에 좋은 시간입니다. 모든 사람은 때때로 실패한다는 것을 기억하세요. 이것은 인간 조건의 일부입니다. 모든 실패는 강력한 학습 기회입니다. 실패했을 때 가혹하게 자신을 비난하기보다 친절하고 온화하게 이해심을 가지고 대하도록 스스로에게 약속하세요. 미지의 어둠에 가고 싶지 않아 하는 당신 안에 있는 겁먹은 어린아이를 안심시키고 그 길에서 힘을 보태기 위해 당신이 거기 있을 것이라는 확신을 주세요. 그리고 당신이 뛰어들 수 있을지 살펴보세요. 우리 모두가 경험해보아서 알듯이 어려운 일을 처리할 때 가장 힘든 부분은 시작하기 위한 용기를 얻는 것입니다.

진정한 행복 찾기

자기연민을 통해 갖게 된 꿈은 자기비난으로 동기 부여가 된 꿈보다 진정한 행복을 만들 가능성이 더 크다. 우리가 한 조사에 따르면 자기연민 수준이 높은 사람들은 자신의 삶에서 진정성이 있고 자율적인 경향이 있는 반면, 자기연민이 부족한 사람들은 사회적 평가나 거절의 위험을 원치 않기 때문에 더 순응하는 경향이 있다. 진정성과 자율성 없는 삶은 의미 없는 고역으로 느껴질 수 있기 때문에 진정성과 자율성은 행복을 위해 매우 중요하다.

이 장 앞부분에서 얘기했던 대학생 홀리는 결국 이 교훈을 배웠다. 내 수업에서 자기연민 개념을 공부한 후 그녀는 자신에게 너무 비판적인 것은 해가 될 뿐이라는 것을 깨닫게 되었다. 홀리는 스트레스성 편두통을 앓았다. 두통이 너무 심해서 공부에도 지장이 있었다. 이대로는 안 된다고 판단한 홀리는 자기연민을 실행해보기로 결정했다. 하루 종일 휴대전화에 다양한 간격으로 알람을 설정했고, 알람이 울리면 언제든 자신에게 질문했다. '지금 내가 하기에 무엇이 가장 건강하고 자기연민적인 것일까?' (홀리는 모든 일을 매우 체계적으로 하는 성격이었다.)

약 한 달 후 우리는 홀리의 실험이 어떻게 진행되고 있는지 알아보기 위해 만났다. 놀랍게도 홀리는 자신에게 친절하게 대해도 공부를 열심히 하지 않는 것은 아니었다고 말했다. 사실 그 순간 가장 건강해질 수 있는 일이 무엇인지 묻기 위해 멈출 때마다 그 답은 학업에 중점을 두자는 것이었다. 하지만 밤늦게까지 공부하기 위해 낮잠을 자게 되었고, 결과적으로는 일할 때 더 맑은 정신 상태를 유지할 수 있었다. 또한 어려움을 겪거나 갇혔다고 느낄 때마다 더 부드럽고 지지적인 말을 사용하려고 했는데 이것은 홀리가 상황에서 더 빨리 빠져나올 수 있게 해주었다. 또 홀리는 논문을 쓰면서 힘든 시간을 보내고 있을 때 도움을 구하기 위해 교수 연구실에 찾아갔다. 전 같으면 바보처럼 보일까 봐 두려워서

242

결코 그렇게 하지 않았을 것이라고 말했다. 하지만 결국 인간이기에 도움이 필요하다는 것을 깨달았고 훨씬 더 수월하게 일을 끝내게 되었다.

1년 정도 시간이 흘렀을 때 홀리는 내 연구실에 들러 인사를 하고 대학원 추천서를 써줄 수 있는지 물었다. 홀리는 경영학 전공자였고 오래전부터 MBA를 전공하려고 했다. 부모님이 원하고 기대하는 바였다. 하지만 홀리는 특수교육 학교에 지원했다. 홀리는 장애아를 위한 지역 비영리 단체에서 자원봉사를 하고 있었는데(그녀가 인정하기로는 이력서에 도움이 되기 때문에) 예상치 못하게 자신의 소명을 찾았다고 말했다. 자원봉사를 하며 보낸 시간은 홀리에게 가장 행복한 시간이었고 홀리는 자신의 직업을 통해 세상을 변화시키기를 원했다. 부모님의 반대에도 불구하고 홀리는 그 길이 자신이 행복해지고 자아실현을 할 수 있는 길임을 깨달았다. 그래서 홀리는 특수교육학 석사 학위를 받았고 초등학교에서 특수 지원 교사로 근무하게 되었다. 자기연민은 우리로 하여금 예상치 못했던 선택을 하게 할 수 있지만 이것은 올바른 선택이다. 우리 가슴을 따르고자 하는 욕구는 올바른 선택을 하게 하는 바람직한 이유이기 때문이다.

자기연민과 **우리의 몸**

자기연민과 동기 부여에 대한 내 토론은 대부분 학습 영역에 집중되어 있는데 아마도 내가 대학 교수이고 매일 이런 문제를 다루기 때문일 것이다. 하지만 자기연민은 여러 다른 영역에서도 강력한 동기 부여가 된다. 자기연민이 특히 강력한 역할을 하는 영역은 우리 몸을 수용하고 인정하기 위해 서사적 투쟁이 일어나는 영역일 것이다. 우리는 종종 우리가 원하는 외모가 아닐 때 스스로를 비난하며 난도질한다. 우리는 잡지 표지에 있는 유산소 운동으로 다져진 깡마른 모델을 보며 우리 모습이 기대에 부합하지 않는다고 느낀다. 그러한 이미지는 보정이 많이 이루어지기 때문에 심지어 당사자조차 자신의 실제 모습이 아니라고 느낀다.

우리 사회가 아름다움에 큰 가치를 부여한다는 것을 생각하면 사람들이 표면적인 매력으로 자신의 가치를 가늠한다는 것은 놀라운 일이 아니다. 모든 사람이 이러한 경향을 보이지만 특히 여성인 경우 더 그러하다. 만약 십 대 소녀들의 자존감에 왜 문제가 있는지 알고 싶다면 단지 그들의 외적인 매력을 고려해보면 된다. 연구에 따르면 소년들이 자신의 매력에 대해 지각하는 것은 어린이와 청소년기에 안정된 상태를 유지하는 경향이 있다(초등학생-잘생겼다, 중학생-잘생겼다, 고등학생-여전히 잘생겼다). 반면, 소녀들은 나이가 많아지면서 외모에 대해 더 불안감을 느낀다(초등학생-예뻐 보인다, 중학생-더 이상 자신이 없다, 고등학생- 난 너무 못생겼어! 이 사진에 무슨 문제가 있는 거 아니에요?). 남자들이 여자들보다 정말 더 매력적인가? 나는 그렇지 않다고 생각한다.

문제는 아름다움에 대한 기준이 남성에 비해 여성에게 훨씬 높다는 것인데 특히 체중이 그렇다. 여성들은 마르면서도 최상의 곡선미가 있어야 하는데 성형 수술과 꾸준한 다이어트 없이 달성하기에는 거의 불가능한 이상이다. 우리는 이런 비현실적인 이상에 집착하는 사람은 주로 부자와 유명인사라고 생각할지도 모른다. 이런 농담이 있다. "거지가 로데오 거리에서 옷을 잘 입는 여자에게 다가가서 '4일 동안 아무것도 먹지 않았어요'라고 말한다. 그러자 그 여자는 이렇게 말했다. '와, 저한테도 당신 같은 의지력이 있었으면 좋겠네요.'" 연구에 의하면 미국 여성 5명 중 4명이 자신의 외모에 만족하지 못하고 있고, 반 이상이 다이어트를 하고 있다. 초등학교 1학년에서 3학년인 모든 여학생 중 50퍼센트가 날씬해지고 싶다고 말하고, 18세까지는 80퍼센트의 여학생들이 한때 다이어트를 했다.

일부 사람들에게는 날씬해지고자 하는 강박이 신경성 식욕부진증이나 거식증 같은 식이장애로 이어진다. 신경성 식욕부진증은 거의 기아 상태가 될 때까지 안 먹게 된다. 거식증은 한번에 비정상적으로 많은 양의 음식을 먹은 다음(폭식), 구토, 설사약 남용 또는 과다한 운동으로 열량을 제거한다(제거). 하지만 날씬해지는 것을 문화적으로 강조함에도 불구하고 가장 일반적인 식이장애는 사람들이 배가 불렀는데도 계속 먹고 **제거는 하지 않는** 폭식이다.

심리학자들은 사람들이 내면의 정서적 굶주림을 채우기 위해 폭식을 하는 경향이 있다는 것에 동의한다. 자신을 채우는 것은 고통스러운 감정을 무감각하게 한다. 음식으로 자신을 치료하는 방법이다. 음식의 즐거움을 탐닉하는 것은 즉각적으로 자신을 행복하게 만드는 쉬운 방법이다. 하지만 과식이 장기적으로 미치는 영향은 즐겁지만은 않다. 미국인의 3분의 1은 비만으로 분류되며 그중 절반이 폭식증으로 고통 받는 것으로 추산된다. 이것은 사회에서 주요한 건강 문제를 일으키며 매년 의료 시스템에 수십억 달러의 비용이 들게 한다. 비만인 사람들이 경험하는 정서적 고통과 자기혐오는 말할 것도 없다. 폭식장애를 가진 사람들은 불운한 하향 나선에 갇히는데 우울증이 과식을 부채질하고 이것은 비만으로 이어지며 결국 우울증을 더 심화시킨다.

그렇다면 대부분의 사람이 다이어트를 하는데도 과체중이 흔한 이유는 무엇일까? 거의 모든 사람이 개인적인 경험을 통해 알듯이 다이어트는 효과가 없기 때문이다. 사람들은 외모가 마음에 들지 않아서 다이어트를 시작하지만 다이어트를 중단하면 애초에 줄인 것보다 체중이 더 증가하게 된다. 사무실 파티에서 과식한 후에 다음과 같은 내적인 대화가 이루어진다. **'내가 그렇게 많이 먹었다는 것을 믿을 수 없어. 나 자신이 정말 역겨워. 난 분명히 실패했으니까 감자 칩 한 봉지를 다 먹어 치우는 게 나을 것 같아.'** 이런 식으로 자신을 비난하게 되면 자기위안을 위한 수단이 필요해져서 더 많이 먹게 될 것이다. 먹는다는 것이 기분을 안 좋게 만들기 때문에 기분이 좋아지기 위해 오히려 더 먹는 것이다. 그것은 멈추기 힘든 악순환이고 다이어트 후 요요가 생기는 흔한 이유 중 하나다.

다이어트를 중단하는 것에 자기연민으로 반응하는 것은 앞서 말한 반응과 근본적으로 다르다. 첫째, 자기연민은 실수를 용서

러브 유어셀프

하는 것이다. 만약 당신의 궁극적인 목표가 건강해지는 것이라면 때때로 당신이 식이요법을 하지 않는다 해도 별로 문제가 되지 않는다. 우리는 단순히 다이얼을 '저칼로리 섭취'로 돌리면 해결되는 기계가 아니다. 대부분의 사람은 목표를 달성하는 데 집중하는 능력에 변동성이 있다. 두 걸음 앞으로 나아가면 한 걸음 뒤로 물러나는 것이 자연스럽다. 당신이 다이어트에서 벗어날 때 자신을 연민하면 당신은 나중에 기분이 나아지기 위해 과식할 필요가 없게 될 것이다.

최근 한 연구는 이러한 주장을 뒷받침해준다. 연구의 일환으로 여대생들에게 도넛을 먹게 했다. TV를 시청하는 동안 식습관에 대한 연구에 참여하고 있다는 가짜 설명을 들었다. 도넛을 먹은 후 참가자들 중 절반은 달콤한 간식에 빠진 것에 대해 연민을 가지도록 지시받았다. "이 연구에서 많은 사람이 도넛을 먹고는 기분이 나쁘다고 말했어요. 당신 자신에게 너무 매정하게 대하지 않기를 바라요. 모든 사람이 때때로 건강에 좋지 않은 음식을 먹기도 해요. 또 이 연구에 참여한 모든 사람이 같은 음식을 먹었기 때문에 기분 나쁘게 생각할 이유가 없어요." 대조군의 나머지 절반에게는 아무 지시도 주어지지 않았다. 연구자들은 다이어트 중인 여성들 가운데 대조군 여성들이 도넛을 먹은 후에 더 많은 죄책감과 부끄러움을 느꼈다는 것을 발견했다. 그리고 나중에 '입맛조사' 세션의 일부로 원하는 만큼의 사탕을 먹을 수 있는 기회가 주어졌을 때 그들은 실제로 다이어트를 하지 않은 사람들보다 **더 많은** 사탕을 먹었다. 이와는 대조적으로 도넛에 대해 자기연민적의 태도를 권고받은 여성들은 훨씬 덜 심란해했다. 그들은 입맛 조사 세션에서도 사탕을 덜 먹었는데 이는 마차에서 잠시 떨어졌음에도 불구하고 체중감량 목표를 더 잘 지킬 수 있었다는 것을 의미한다.

운동 또한 건강의 중요한 부분이다. 여러 연구는 자기연민을 가진 사람들이 올바른 이유로 운동을 하는 경향이 있다는 것을 보여준다. 자기연민을 잘하는 여성들은 운동하려는 외적인 동기보다는 본질적인 동기를 가지고 있다. 그들은 해야만 하기 때문이 아니라 만족스럽고 가치가 있다고 생각하기 때문에 운동을 한다. 또한 연구는 자기연민을 잘하는 사람들이 자신의 몸을 더 편안하게 받아들이고, 자기비난이 많은 사람들처럼 신체적 외모에 집착하지 않는다는 것을 보여준다. 또한 그들은 다른 사람들에게 어떻게 보이는지에 대한 걱정을 덜하는 편이다.

오프라 윈프리는 신체 문제를 연민으로 다룬 훌륭한 본보기다. 1988년 역사적인 쇼에서 그녀는 자신이 감량한 30킬로그램의 지방을 담은 카트를 밀고 나와서 보여주었다. 얼마 후 그녀는 다시 살이 쪘다. 2005년에 그녀는 잘 짜인 식단과 운동 프로그램을 통해 다시 살을 뺐다. 그러나 결국 다시 살이 쪘다. 오르막과 내리막에도 불구하고 오프라는 여전히 가장 중요한 것에 집중했다. "제 목표는 날씬해지는 것이 아니에요. 제 목표는 튼튼하고 건강하고 적합한 제 몸이 지탱할 수 있는 몸무게입니다. 제 목표는 이 몸을 수용하고 이 몸이 제게 준 것에 대해 매일 감사하는 법을 배우는 것입니다."

자신에 대해 좋은 기분을 느끼기 위해 완벽할 필요가 없을 때 당신은 충분히 날씬하다거나 예쁘다는 강박관념을 버리고 있는 그대로의 자신을 받아들일 수 있고 즐길 수도 있다. 있는 그대로 스스로에게 편안함을 느끼는 것은 당신으로 하여금 정말 중요하고 건강한 것에 집중할 수 있게 해준다. 그래서 항상 멋진 느낌이 난다.

실습
3

자기연민과 우리의 몸

우리 몸이 불완전하다는 것에 연민을 갖는 것은 신체적 매력에 사로잡힌 문화에서 어려운 일일 수 있습니다. 우리는 미디어가 보여주는 비현실적인 아름다움과 비교하지 않으면서 있는 그대로의 우리 몸을 사랑하고 받아들이는 법을 배워야 합니다. 많은 사람이 자기 몸을 잘 돌보지 않습니다. 스트레스는 우리가 필요한 것보다 더 많이 먹고 마시게 하며 우리 몸은 운동 부족과 야외에서 보내는 시간 부족으로 고통받을 수 있습니다. 중도적인 방법은 아름다움이 다양한 모양과 크기로 나타난다는 것을 인식하면서 우리의 불완전함을 받아들이는 동시에 신체 건강과 행복을 키우는 것입니다.

1. 우선 펜과 종이를 가져다놓고 당신의 몸에 대해 친절하고 정직한 평가를 해봅니다. 먼저, 여러분이 좋아하는 몸의 모든 특징을 나열

합니다. 당신은 멋진 머리카락이나 사랑스러운 미소를 가지고 있을지도 모릅니다. 보통 자기 이미지에 영향을 주지 않을지도 모르는 것들, 즉 강한 손을 가지고 있다는 사실 또는 위가 음식을 잘 소화한다는 사실 등을 간과하지 마세요(당연하게 받아들일 일이 아닙니다). 자신이 행복하게 느끼는 신체의 측면에 대해 깊이 감사해보세요.

2. 이제 여러분이 별로 좋아하지 않는 몸의 모든 특징을 나열해보세요. 피부에 잡티가 있거나 엉덩이가 너무 크거나 건강이 좋지 않아 쉽게 지칠 수도 있습니다. 불완전한 인간으로 사는 것의 어려움에 대해 연민을 가져보세요. 모든 사람은 자기 몸에 불만이 있습니다. 모든 사람이 이상적인 신체적 조건에 도달하지 못합니다. 동시에 당신의 부족함에 대해 균형 잡힌 평가를 하고 있는지 확인해보세요. 당신의 머리가 희끗희끗해지고 있다는 사실이 정말 문제가 되나요? 몸무게가 5킬로그램 더 나간다는 사실이 정말로 여러분이 자신의 몸에 대해 건강하고 좋은 기분을 느끼는 것에 문제가 될까요? 당신의 결점을 최소화하려고 노력하지 마세요. 하지만 그것들을 부풀리지도 마세요.

3. 이제 자신의 불완전함에 대해 연민을 가지고 특정한 방식으로 보아야 하는 사회적 압력을 느끼는 것이 얼마나 힘든지 기억해보세요. 자신의 몸에 만족하지 못하기 때문에 당신이 직면하게 되는 고통—대부분의 사람이 직면하는 고통—을 느낄 때 자신에게 친

절하게 대하고 자신을 지지하며 이해하려고 노력해보세요.

4. 마지막으로, 당신의 몸에 대해 좋게 느끼는 데 도움이 될 수 있도록 어떤 조치를 취하고 싶은지 생각해봅니다. 다른 사람들이 어떻게 생각하는지는 잊어버리고 당신이 자신을 아끼기 때문에 **스스로** 바꾸고 싶은 것이 있는지 생각해봅니다. 만약 당신이 살을 빼거나 운동을 더 많이 한다면 혹은 회색빛을 숨기기 위해 머리에 염색을 한다면 기분이 더 나아질까요? 만약 그렇다면 그렇게 해보세요! 여러분이 원하는 변화들을 도표로 작성할 때 자기비난보다는 친절함으로 당신 자신에게 동기 부여를 해봅니다. 가장 중요한 것은 건강하고 행복해지고 싶은 욕구라는 것을 기억합니다.

자기명료화와 **자기계발**

자기연민은 변화를 위해 강력한 동기를 부여해줄 뿐만 아니라 무엇이 변해야 하는지를 명료하게 알 수 있게 해준다. 연구에 의하면 수치심과 자기판단으로 고통받는 사람의 경우 자신의 도덕적 실패에 대해 다른 사람을 비난할 가능성이 더 높다. 자신이 무능력하다는 것이 자기비난이라는 맹견에 맞서야 함을 의미할 때 누가 자신의 무능력을 인정하려고 하겠는가? 그보다는 깔개 아래로 감추거나 손가락을 다른 사람에게 향하는 것이 더 쉽다.

우리 문화에서 이상적인 남자는 강하고 절대적이어야 하기 때문에 남자들은 특히 이런 패턴에 취약하다. 무능력에 직면했을 때 남자들은 종종 책임을 회피하는 방법으로 화를 낸다. 분노는 개인적인 실패로 인한 약함을 덮으면서 일시적으로 굳세고 강하게 느끼게 해준다. 다른 사람을 탓함으로써 자신을 희생자(예를 들어, 아내의 변덕스러운 기분이나 독설에 대한 희생자)로 느낄 수 있는데 그것은 자신의 분노가 정당하다는 감정을 합리화시킨다. 그것은 정말 악의적인 행동으로 이어질 수 있는 악순환이다.

《상처없는 사랑Love Without Hurt》을 쓴 유명한 작가인 스티븐 스토니Steven Stosny는 감정적, 신체적 학대를 하는 남성들을 위해 자기연민 개발에 중점을 둔 프로그램을 만들었다. 그는 3일간 이루어지는 워크숍을 '신병 훈련소'라고 부르는데 심각한 분노 문제를 가진 사람들이 비난과 분노의 순환을 끝낼 수 있도록 자신들의 분노에 내재된 취약한 감정을 명확하게 보고 이해하도록 교육한다. 남자들이 수치심보다는 연민으로 자신의 결핍된 부분을 바라보게 되면 더 이상 자아를 방어하기 위해 자신의 책임을 부정할 필요가 없다. 그 결과 그들은 자신의 진정한 욕구인 애정을 키울 수 있게 되고 다른 사람들과 서로 지지적인 관계를 맺을 수 있게 된다. 스토니가 운영하는 분노 조절 훈련소는 미국에서 큰 성공을 거두었는데 이는 자기연민이 자신을 이해하고 변화를 이뤄낼 수 있게 한다는 것을 증명해준다.

최근 한 연구는 자기연민이 자신에게 계발이 필요한 영역을 더 쉽게 받아들이게 해준다는 개념을 뒷받침한다. 참가자들에게 자신에 관한 나쁜 감정을 느끼게 만든 과거의 실패, 거절 또는 상실을 떠올리게 했다. 그리고 나서 무엇이 그런 일이 일어나게 만들었는지, 누가 있었는지, 정확하게 어떤 일이 있었는지 그리고 당시에 어떻게 느끼고 행동했는지를 기술하도록 했다. 나중에 연구자들은 한 그룹의 참가자들에게 그 사건에 대해 연민을 갖도록 고안된 연습을 하게 했다. 다른 사람들이 비슷한 경험을 한 상황들을 나열하게 하고 일어난 일에 대해 친절하게 관심을 갖고 이해하는 감정을 표현하는 문장을 쓰게 했다. 다른 그룹은 특별한 지시 없이 사건에 대해 기술하게 했다. 자기연민을 갖도록 격려받은 그룹은 사건을 기술할 때 다른 그룹에 비해 화, 불안, 슬픔 같은 부정적 감정이 적었다. 동시에 사건에 대해 개인적인 책임도 질 수 있었다.

자기연민은 단지 우리 자신을 속박에서 벗어나게 하는 것이 아니다. 자기비판이 불러오는 충격을 완화시키고 우리의 불완전한 인간성을 인정함으로써 우리는 훨씬 더 정직하고 명료하게 자신을 볼 수 있다. 아마도 우리에게는 과잉 반응하고 무책임하고 소극적이고 통제하는 경향이 있을 것이다. 이러한 패턴을 다루어가고 우리 자신(과 타인)이 덜 고통받도록 돕기 위해 우리의 결점을 인정해야 한다. 자신이 만든 상처를 치유하기 위해 어떻게 다른 사람에게 상처를 입혔는지 깨달아야 한다. 모든 사람이 실수하고 후회한다는 사실을 자기연민의 태도로 받아들이게 되면 우리의 잘못을 더 쉽게 인정하고 바로잡기 위해 다시 노력할 수 있다. 만약 우리가 한 일 때문에 수치심과 무능한 감정에 빠져 있다면 우리는 자기몰입 상태에 있는 것이다. 정작 우리의 주의와 관심이 가장 필요한, 우리가 상처 입힌 사람에게 집중하고 있지 않은 것이다. 자기연민은 우리 행동에 책임을 지고 다른 사람들에게 미치는 영향을 고려하여 진심으로 사과할 수 있게 해주는 정서적 안정감을 준다.

나의 이야기

지금도 여전히 노력하는 중

거의 15년 가까이 자기연민을 연구했지만 나 역시 가르치는 대로 항상 실천하지는 않는다. 스트레스를 받을 때 짜증을 내기도 하고 이 책 시작 부분에서 언급했듯이 남편 루퍼트에게 종종 퍼붓기도 한다. 내 기분이 좋지 않고 루퍼트가 자기 차례인데 설거지를 하지 않았다고 가정해보자. 아마 그 일에 비해서 매우 심한 부정적인 반응을 보일지도 모른다. 그러고 나서 나의 지나친 부정적 감정을 정당화하려고 심각성을 과장하는 경향이 있을 것이다. "당신은 절대 식기세척기도 돌리지 않고 항상 더러운 접시들이 썩게 놔둬"(실제로 그 일이 그렇게 빈번하게 일어나지 않으며 때로는 나 역시 같은 행동을 하기도 하면서). "당신은 너무 무책임해"(그가 온 신경을 쓰면서 마감일에 시달린다는 사실을 완전히 무시하고). 내가 자기연민 수행을 시작하기 전에는 내 반응이 나의 잘못이 아니라 그의 잘못이라고 루퍼트에게 납득시키기 위해 모든 정신적 재주를 이용했다. 그가 부당하다고 나를 비난하면 그의 행동을 고려할 때 내 반응이 왜 완벽하게 적절한지 열 가지 이유를 찾을 수 있었다. 어떤 이유에서든지 때로 불쾌한 기분에 빠져서 다른 사람들, 대개 사랑하는 사람들을 지치게 한다는 것을 인정하는 것은 고통스럽다.

하지만 내가 자기연민을 수행하며 얻은 한 가지 결실은 이제 나 자신을 분명하게 볼 수 있고 실수를 인정할 수 있다는 것이다. 내가 짜증을 내고 날카로운 말을 한 경우에는 루퍼트에게서 "그건 부당해!"라는 말을 듣기도 전에 보통 사과한다. 우습지만 더 이상은 부정적인 기분을 개인적인 것으로 받아들이지 않는다. 어떤 이유에서든 간에–나의 호르몬 주기라든지 날씨 때문이라든지–때로 나는 그냥 성질을 부리곤 한다. 항상 그러거나 자주 그렇진 않고 때때로만. 그것이 내 약점이기도 하지만 그것이 나를 규정하지는 않는다.

자기연민을 가짐으로써 내가 선을 넘었을 때 더 쉽게 인정하고 상황을 바로잡는 방법에 초점을 맞출 수 있다. 보통 루퍼트에게는 그와는 상관 없이 나 스스로 기분이 좋지 않은 상태라고 설명하는데 그러면 그는 방어적 태도를 갖기 보다 이해하고 심지어 공감을 해준다. 그런 다음 나는 기분을 바꿀 방법을 찾는다. 포옹을 부탁하는 것은 훌륭한 치료제인데 물론 사과를 한 후에야 가능하다. 사과를 하고 포옹하면 그 다음은? 그도 역시 바로 사과를 한다. 입씨름은 종종 상호적이다. 비록 내 짜증스러운 기분이 여전히 나타나더라도 전처럼 자주 루퍼트에게 퍼붓지는 않는다.

당신이 실수를 하거나 기대에 미치지 못할 때 가죽 채찍을 버리고 대신에 연민이라는 아늑한 담요로 어깨를 감쌀 수 있다. 그렇게 하면 당신이 지금 어디에 있는지 다음에 어디를 가고 싶은지 명확하게 볼 수 있을 뿐만 아니라 배우고 성장하고 삶에 필요한 변화를 만들어낼 수 있는 동기 부여를 받을 것이다. 꿈을 이루는 데 필요한 지원과 격려뿐만 아니라 당신이 정말 원하는 것을 추구하는 데 필요한 안정감도 얻게 될 것이다.

"다른 사람에게 연민의 마음을 갖는 것은 그들의 고통에 반응하는 것만을 일 컫는 것은 아니다. 그것은 우리에게 상처를 준 사람들을 용서하는 것 또한 포 함한다."

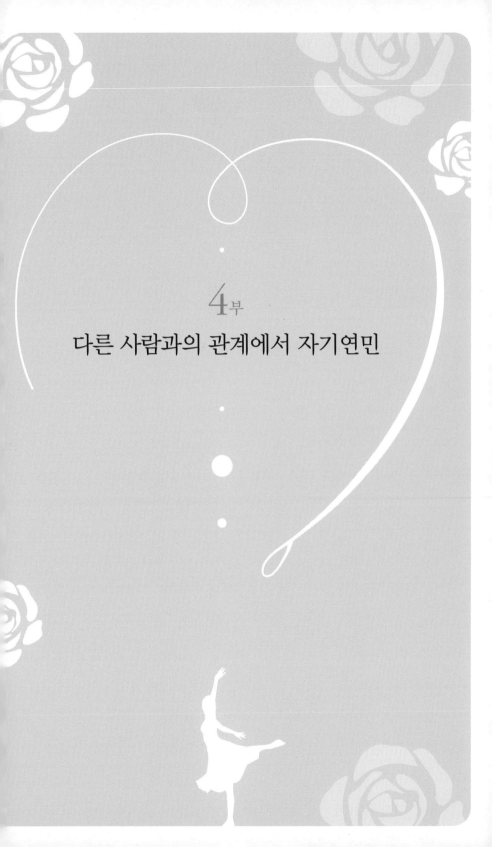

4부

다른 사람과의 관계에서 자기연민

타인을 위한 연민

•

만약 어떤 사람이 자기 자신을 혹독하게 대한다면 그가 다른 사람들에게 연민의 태도를
보일 거라고 어떻게 기대할 수 있겠는가?

—하스다이 입 샤프롯(10세기 유대 학자)

•

•

그녀는 금발에 회색 눈을 가진 부드러운 인상의 사십 대 여성
이었다. 우리는 저녁식사 중이었는데 당근과 후무스 딥을 번갈아
먹어가며 그녀가 내게 직업이 뭐냐고 물었다. "저는 자기연민을
연구해요"라고 대답했다. 그녀는 머리를 한쪽으로 갸우뚱하면서
"**자기**연민이라고요? 연민이라는 말은 정의상 **다른** 사람에게 가
지는 것이라고 생각하는데요. 자기 자신에게 어떻게 연민을 가질
수가 있나요?"라고 물었다. 나는 연민이라는 것은 당신 자신이나
다른 사람의 고통과 관계하는 방식이라고 설명했다. 그녀는 내
말을 이해하려고 애쓰는 것처럼 보였다. "음… 말이 되는 것 같은
데요. 그럼 자기연민이 더 많다는 것은 당신이 다른 사람에게도
연민이 더 많다는 것을 의미하나요?"라고 그녀가 물었다. "글쎄

러브 유어셀프

요. 그렇기도 하고 아니기도 하죠"라고 나는 조심스럽게 말했다.

　사람들은 항상 나에게 이 질문을 한다. 사실상 그에 대한 대답은 약간 복잡하다. 자기연민에 대한 첫 번째 연구에서 나는 사람들에게 다음과 같은 질문을 했다. "당신은 당신 자신 또는 다른 사람 중 누구에게 더 친절한 편입니까?" 그 결과 자기연민 수준이 낮은 사람들은 자기 자신보다 다른 사람에게 더 친절하고, 자기연민의 수준이 높은 사람들은 자기 자신과 다른 사람에게 동일하게 친절하다고 대답하는 경향이 있다는 것을 발견했다. 다시 말하면, 모든 사람이 다른 사람에게 친절하다고 답했지만 자기연민적인 사람들은 자기 자신에게도 **또한** 친절하다고 응답했다.

　다른 연구에서 동료들과 나는 자기연민을 잘하는 사람들이 자기연민이 결여된 사람들에 비해 연민적 사랑, 공감, 이타주의 같은—다른 사람들의 안녕에 대한 관심을 측정하는—척도들의 점수가 더 높지는 않다는 것을 발견했다. 왜냐하면 자기연민이 결여되어 지속적으로 자기 자신을 비평하는 사람들도 흔히 다른 사람에 대해서는 매우 배려하는 모습을 갖고 있기 때문이다.

　파티에서 내가 만났던 그 여성을 예로 들어보자. 경험이 많은 노인 전문 간호사인 샤론은 전형적으로 연민의 태도를 지닌 사람이었다. 그녀는 노인 환자들의 집을 방문할 때 그들이 매우 특별하며 돌봄을 받고 있다고 느낄 수 있도록 쿠키나 자기 집 정원에서 난 꽃 같은 작은 선물을 들고 가곤 했다. "주차장에서 주차한 차를 찾는 것이 행운이라고 생각한다면 당신이 나이가 먹었다는 증거란 거 아시죠?" 같은 농담을 던져 그들의 기분을 끊임없이 북

돌아주었다. 기저귀를 가는 일처럼 환자가 민망할 수 있는 일을 할 때 그들이 창피하거나 부끄럽게 느끼지 않도록 얼굴을 마주하지 않고 뒤로 돌아서서 일을 했다. "누구에게나 언젠가는 일어날 수 있는 일이기 때문에 불편해할 필요가 없어요."

자신의 도움을 받는 노인들에게 친절과 이해심을 보여주는 것은 쉬운 일이었지만 샤론은 자신에 대해서는 극도로 엄격했다. 만약 약속에 늦거나 매일 하던 업무 중 어떤 것을 잊거나 하면 자기비난으로 자학했다. '멍청이 같으니라고! 이 사람들은 너에게 의지하고 있잖아! 언제 철들래?' 나는 자기 자신에게 말하는 것과 같은 방식으로 자신이 돌보는 환자들에게 한 번이라도 말한 적이 있는지 샤론에게 물었다. "당연히 아니죠!" "그렇다면 당신은 왜 그런 식으로 자신을 대할까요?" "모르겠어요." 그녀는 당혹스러운 표정으로 대답했다. "그래야 할 것같이 느꼈겠죠?"

샤론 같은 사람들은 어디에나 있지만 종교적, 문화적 전통이 자기희생을 찬양하는 서양에서는 특히 더 그렇다. 이러한 면은 여성들에게 더더욱 두드러진다. 우리 연구는 여성들이 남성들보다 자기연민 수준이 약간 더 낮은 경향을 보여주었는데 그 주된 이유는 여성들은 더 쉽게 자신을 판단하고 비난하는 경향이 있기 때문이다. 동시에 여성들은 남성보다 더욱 더 배려하고 공감적이며 다른 사람에게 베푸는 경향이 있다는 것을 보여주는 많은 연구 결과가 있다. 여성들은 돌봄을 주고 남편, 자녀, 친구 그리고 나이 든 부모에게 이타적으로 대하도록 사회화되지만 정작 그들 자신을 돌보도록 가르침을 받지는 않는다. 1970년대 영화인

러브 유어셀프

〈순종적인 아내The Stepford Wives〉에서 대중의 이미지에 영원히 각인된 것처럼 이상적인 여성은 불평 없이 요리사, 하녀, 애인, 유모 역할을 완수하고 자신의 필요와 관심사를 가져서는 안 된다는 요구를 받았다.

여성해방혁명은 여성들이 할 수 있는 역할들을 확장하는 데 도움을 주었고 이제 우리는 경영과 정치에서 더 많은 여성 지도자들을 볼 수 있게 되었지만 여자들이 이타적인 보호자가 되어야 한다는 관념이 없어진 것은 아니다. 다만, 여성은 이제 가정에서 사랑스러운 아내이면서 궁극적인 보호자이어야 **할 뿐 아니라** 직장생활에서도 성공적이어야 한다는 것이다. 다나 크롤리 잭Dana Crowley Jack의 저서인《자기에게 침묵하기Silencing the Self》는 여러 사람의 경험을 통해 모은 다음과 같은 인용문으로 시작한다.

> 그래요, 내가 객관적으로 말한다고 칩시다. 내 외모는 보통 이상이고, 작품도 매우 성공적이었고, 노래도 잘 부르고, 사교적이고, 친구도 잘 만들어요. 그럼에도 불구하고 나는 이렇게 생각해요. '너는 형편없어. 아무 짝에도 쓸모가 없어.' 나는 항상 결혼에 실패한 것이 내 잘못이라 느껴왔는데 내가 사회생활을 하기를 원했지만 전문가로서의 삶과 아내로서의 삶을 어떻게 동시에 해내야 하는지 몰랐거든요.

자신이 단지 인간이고 그 정도만 할 수 있다는 것을 깨달으면서 자신을 연민하는 대신에 다나 같은 여자들은 그들이 더 잘해야 **한다는** 믿음 때문에 자신을 끊임없이 비판하는 경향이 있다. 그 결과 많은 여성은 그들이 자기돌봄의 수혜자가 될 자격이 없다고 뿌리 깊게 느낀다. 자신과 다른 사람에 대한 연민이 왜 같이 갈 수 없는지를 이해하기 위해서는 모든 삶을 통해 우리를 돌본 자기희생적인 여성들을 바라보면 된다.

조망하기

그렇긴 해도 자신에게 연민을 가지는 것이 어떤 상황에서는 다른 사람에게 연민을 가지는 것과 관련이 **있다는** 증거들이 있다. 최근 연구는 자기를 연민하는 개인들은 자기연민이 결여된 사람들에 비해 친구 관계에서 다른 목표를 가지고 있다는 것을 발견했다. 그들은 친구들의 실수와 약점에 대해 연민할 뿐 아니라 친구들을 돕고 격려하는 데 더 집중하는 경향이 있다. 또한 그들은 친구들에게 자신의 실수와 약점을 더 흔쾌히 인정했다. 요약하자면, 자기연민을 지닌 사람들은 자기비난적인 사람들에 비해 친밀하고 상호 지지적인 관계를 더 잘 형성할 수 있다는 것을 연구를 통해 발견했다(다음 장에서 논의하겠지만 자기를 연민하는 사람들은 연인과의 관계에서 더 지지적이고 수용적이며 보살피는 경향이 있다는 것을 연구 결과들이 보여준다). 친밀한 관계에서는 우리의 내적 자아가 발가벗겨지기 때문에 감정적으로 매우 취약해지고 다른 사람이 자신을 평가하는 것을 불안하게 느낀다. 그러나 자신을 판단하고 평가하는 것을 멈출 때 우리는 다른 사람의 인정에 대해 그렇게 걱정할 필요가 없고 대신 다른 사람의 정서적 필요를 충족시키는 데 관심을 둘 수 있다.

연민에는 다른 사람에 대한 돌봄과 관심이라는 감정적 측면이 담겨 있지만 또한 고통받고 있는 사람들의 관점이 되어보는 것 역시 가능하다. 말하자면, 다른 사람의 신발을 신고 1.6킬로미터를 걸어가보는 것이다(스코틀랜드 출신 코미디언인 빌리 코놀리가 말했던 것과는 아마도 다른 의미겠지만, "다른 사람을 판단하기 전에 그의 신발을 신고 1마일을 걸어보세요. 그런 다음 뭘 신경 쓰겠어요?…그는 1마일 밖에 있고 당신은 그의 신발을 갖고 있잖아요!"). 실수를 하는 사람들에 대해 성급하고 쉬운 판단을 내리는 대신에 연민은 실수를 하는 사람이 되는 기분이 어떤지에 대해 관심을 갖는다. 그것은 바깥이 아니라 안에서부터 사물을 바라본다. 큰 실수를 한 유명인사에 대해 연민을 느끼고자 한다면("우리 공화당원들은 엄마와 아이의 유대가 얼마나 중요한지를 알고 있어요"라고 주장한 댄 퀘일 같은) 당신은 그의 관점이 되어보아야 한다. 단순히 당신의 관점으로만(얼마나 즐거운가) 바라보기보다는 그의 관점으로(얼마나 당혹스러운가)도 바라볼 수 있다.

우리 자신에게 연민을 줄 때도 이러한 관점 수용이 필요하다. 고통스러운 상황에서 단지 우리 자신의 관점에만 집중하기보다는—'나는 모욕감을 느끼고 두렵고 무능력해' 등등—우리를 대하는 '다른 사람'의 관점을 취해본다. 마치 친절한 친구나 사랑하는 부모가 그러하듯이 우리는 자신의 인간적 한계에 대해 친절과 관심으로 반응한다. 자기연민은 결점이 있는 자신을 타인의 시각으로 바라보게 함으로써 우리 자신을 가혹하게 평가하는 것을 그만 두게 해준다. 다른 사람의 실패와 유약함에 대해 숙고하는 실험에서 자기연민 수준이 높은 사람들은 다른 사람의 관점을 더 잘 수용한다는 것을 우리 연구는 보여주었다. 그들은 "다른 사람을 비난하기 전에 내가 그들의 처지였다면 어떻게 느꼈을지 상상하려고 노력한다"라고 말하는 경향이 있다. 본질적으로 연민은 관계적인 것인데 이는 연민이 인간 조건의 상호성을 바라보는 다양한 관점 사이를 오가는 방식을 취하기 때문이다.

그러나 다른 사람의 관점을 수용하는 것은 단점이 하나 있다. 다른 사람이 정말로 아파할 때는 거기에 압도될 수 있다는 것이다. 예를 들어, 텔레비전에서 허리케인 생존자들의 영상을 본다면 단지 그들의 고통 한 방울을 우리의 가슴에 허용한 것만으로도 우리는 스스로가 홍수에 빠지는 듯한 두려움을 느낄 수도 있다. 그래서 자신을 보호하기 위해 우리는 텔레비전을 끄거나 다른 채널로 돌린다. 그러나 텔레비전을 끄는 대신 다른 선택지가 있다. 우리 연구는 자기연민이 다른 사람의 고통을 느끼면서도 그것에 압도되지 않게 해준다는 것을 발견했다. 우리가 고군분투하고 있는 사람들을 위해 거기 있어주는 것이 때때로 얼마나 힘든가를 인지하고 그 과정에서 **우리 자신을** 위로할 때 우리는 고통에 처한 다른 사람들을 지지하면서도 더욱 더 강해지고 안정적이 되며 회복력도 생기게 된다. 이것은 직업상 다른 사람의 문제를 다루는 사람들을 위해 특별히 중요한 기술이다.

러브 유어셀프

연민 피로

다른 사람을 돕는 데 많은 에너지를 집중하는 것은 치료자, 간호사 그리고 다른 보호자에게 흔히 생기는 증후군인 '연민 피로'을 유발할 수 있다. 연민 피로는 트라우마를 받은 환자를 지속적으로 돌본 결과 경험하게 되는 일종의 소진 및 고갈이다. 학대나 공포에 관한 이야기를 들을 때 또는 질병이나 폭력으로 상처 입은 신체를 돌볼 때 치료자들은 흔히 환자의 트라우마를 다시 체험하게 된다. 이러한 이유로 연민 피로는 '이차적외상스트레스'라는 이름으로도 알려져 있다. 이차적외상스트레스의 증상은 외상후스트레스장애의 증상과 유사한데 악몽, 정서적 마비 그리고 증가된 각성 반응 등이 그렇다. 이차적외상스트레스는 안정감의 감소, 냉소의 증가 그리고 사랑하는 사람으로부터의 단절 등을 유발할 수 있다.

가장 공감적이고 세심한 치료자는 그들 환자의 고통을 가장 깊이 느끼기 때문에 가장 위험성이 높다. 트라우마 환자와 일하는 전문가의 4분의 1가량이 연민 피로를 경험하는 것으로 추산된다. 오클라호마시 폭발처럼 극단적인 상황에서 생존한 사람들을 돌보는 사람들은 연민 피로가 3배나 더 높았다. 그 결과로 얼마나 많은 숙련된 돌보미가 그만두었는지 모르지만 아마 상당히 많을 것이다.

자기연민 훈련을 받은 돌보미들은 연민 피로를 덜 경험한다.

연구 결과 그들은 환자와 만날 때 지나치게 스트레스를 받거나 소진되는 것을 피하는 기술을 갖고 있다. 자기연민은 세상을 변화시킬 수 있는 활기찬 느낌, 행복함, 감사함 같은 '공감 충족'으로 우리를 이끈다. 당신이 돌보는 책임에 압도되지 않는다면 당신이 노력으로 인한 결실에 더 쉽게 집중할 수 있다.

보호자들이 자기연민을 가질 때 그들은 휴식을 취하거나 잠을 더 자거나 잘 먹거나 하는 것 같은 구체적인 자기돌봄을 실천하는 경향이 있다. 매일매일 높은 수준의 고통을 다루는 것이 얼마나 힘든 것인가를 깨닫는 경우 대개 그들은 자신의 정서적 필요를 돌보는 것을 멈추게 된다. 그러나 보호자는 트라우마 희생자만큼이나 연민의 대상이 되기에 타당하고 그만한 가치도 있다. 고통이 얼마나 큰 장애를 일으키고 극심한지에 대해서는 차이가 있지만 모든 고통은 치유가 일어날 수 있도록 연민의 따뜻한 품으로 감싸 안아야 한다.

자기연민은 정서적으로 재충전할 수 있는 한 방법이다. 다른 사람을 도우면서 고갈되는 대신에 자기연민은 내적 저장고를 채울 수 있게 해줌으로써 우리의 도움이 필요한 사람들에게 더 많은 도움을 줄 수 있게 해준다. 이것은 어른이 산소 마스크를 먼저 쓰고 난 이후 아이에게 산소 마스크를 씌우라고 하는 비행기 영상 내용과 유사하다. 다른 사람과 적당한 자원을 공유하기 위해서는 우리 자신에게 지속적으로 연민을 공급해야 한다. 우리의 자원이 바닥나서 드러눕게 된다면 우리에게 의지하는 다른 사람에게 무슨 도움이 되겠는가? 여러 측면에서 자기연민은 일종의 이타적 행동인데 이는 다른 사람들에게 오랫동안 끊임없이 도움을 줄 수 있는 적당한 정신적, 정서적 마음 상태를 만들어주기 때문이다.

돌보는 사람을 돌보기

당신이 전문적으로 돌보는 일을 하고 있다면(가족 구성원을 포함하여) 다른 사람에게 줄 충분한 에너지를 가지기 위해 당신 자신을 재충전해야 합니다. 자신의 필요를 만족시키세요. 그러면 당신의 삶의 질이 향상될 뿐만 아니라 당신에게 의지하고 있는 사람들이 도움이 필요할 때 그곳에 있어줄 수 있는 능력을 갖게 것입니다. 여기 몇 가지 행동 계획이 있습니다.

- 마사지, 발 관리 또는 다른 종류의 관리 받기.
- 낮잠 자기.
- 코미디 공연 보기. 웃음은 긴장을 잘 해소해줍니다.
- 달래주는 음악 듣기. 나는 비틀즈의 '렛 잇 비Let It Be'를 좋아합니다. 폴 매카트니는 이 노래를 썼을 때 힘든 시간을 보내고 있었는데 돌아가신 어머니가 꿈에서 그를 위로하면서 한 말이 'Let It Be'라는 설이 있습니다.
- 스트레칭이나 요가 30분 정도 하기.
- 자연에서 산책하기.

- 배를 아래로 하고 바닥에 엎드린 채 상대에게 부드럽게 허리를 좌우로 흔들어달라고 하기. 이것은 파트너에게 많은 수고를 들이게 하지 않으면서도 놀랍도록 이완을 시켜주는 효과가 있습니다.
- 춤추러 가기. 만약 당신이 클럽에 가거나 댄스 수업 받는 것을 좋아하지 않는다면 당신이 사는 지역 주변에 '다섯 가지 리듬five rhythms' '자유형free form' 또는 '표현expressive' 춤이라고 인터넷에 검색해보세요.
- 연민 어린 보디스캔 하기(6장 실습 4를 참고하세요).
- 하루를 끝마치면서 당신을 이완시키게 도와줄 수 있는 부드럽고 편안한 와인 한잔을 마시기로 결정했다면 탈수가 되지 않도록 물도 같이 많이 마시도록 하세요. 당신이 술을 마시지 않는다면 와인잔에 탄산수를 섞은 붉은 주스(크랜베리, 석류 또는 체리 같은)를 마시도록 하세요. 흔히 와인잔에 담긴 붉은 주스를 보는 것만으로도 이완 작용이 일어날 수 있습니다.

자기연민과 용서

다른 사람에게 연민의 마음을 갖는 것은 그들의 고통에 반응하는 것만을 일컫는 것은 아니다. 그것은 우리에게 상처를 준 사람들을 용서하는 것 또한 포함한다. 용서는 우리가 원한을 움켜쥐는 것을 멈추고 부당하게 당한 것에 대해 당연히 분노할 수 있는 우리의 권리를 내려놓았을 때 일어난다. 이것은 반대쪽 뺨을 내놓는 것을 의미한다. 이는 다른 사람들이 우리에게 **했던** 것이 아니라 그들이 우리에게 했으면 하고 **바라는 것을** 우리가 다른 사람들에게 하는 것이다. 용서는 우리 자신을 보호하기를 멈추는 것이 아니라 앙갚음식 보복을 그만두는 것이다. 분노와 괴로움 같은 정서적인 복수는 결국 자신에게 상처를 줄 뿐이다. 반면, 자기연민은 더 쉽게 용서할 수 있게 해주는데 그것이 다른 사람들로 인한 정서적 상처를 치유하는 능력을 주기 때문이다. 내 동료들과 나는 자기연민과 용서 사이의 관계를 직접적으로 조사하는 연구를 수행했다. 용서하는 성향은 '누군가 나를 실망시켰을 때 나는 결국 그것을 잊을 수 있다' 같은 진술에 대해서는 동의하고 '나는 옳지 않다고 생각한 일을 한 사람을 계속해서 벌 준다' 같은 진술에 대해서는 비동의하는 식으로 측정되었다. 우리는 자기연민을 지닌 사람들이 자기연민이 결여된 사람들에 비해 다른 사람들의 죄를 더 잘 용서하는 경향이 있음을 발견했다.

자기연민이 용서로 전환되는 주된 과정은 보편적 인간경험에 대한 인식을 통해서다. 4장에서 언급했듯이 우리가 사람들을 자신의 사고와 행동을 완전히 통제할 수 있는 독립된 개체로 바라본다면 우리가 일을 그르쳤을 때 자신을 비난하듯이 우리에게 상처를 준 다른 사람들을 비난하게 될 것이다. 그러나 상호연결성에 대한 통찰력을 얻게 된다면 우리는 수많은 요인이 우리가 누구이며 우리가 무엇을 하는지에 대해 지속적으로 영향을 준다는 사실을 알게 된다. 다시 말해, 우리 자신을 포함해 한 개인의 어떤 측면에 대해 전적으로 비난하는 것이 얼마나 불가능한지 알게 된다. 의식 있는 각각의 존재는 그들의 행동에 영향을 주는 수없이 얽혀 있는 원인과 조건의 결합 아래에 놓여 있다. 이러한 통찰은 분노와 억울함을 풀어지게 하고 모든 이에게 연민을 불러일으킴으로써 우리 자신과 다른 사람을 용서할 수 있게 한다.

나의 이야기

신은 용서한다

나의 경우 첫 남편을 배신하고 떠난 나 자신을 용서하는 것과 나를 버리고 방치한 아버지를 용서하는 것이 서로 밀접히 뒤엉켜 있다. 첫 결혼이 산산조각 나기 전에 나는 아버지에 대해 어마어마한 비판과 분노를 가지고 있었다. 그에 대해 친한 친구들에게 말할 때마다 그가 아무렇지 않게 나와 내 동생을 버린 것에 대해 비난하곤 했다. "자유 연애, 아기, 아무 구속 없이 사는 것. 그것은 히피들의 방식이야." 그렇지만 나는 한 번도 내가 얼마나 화가 났는지 아버지에게 직접적으로 알리지 않았다. 우리 관계는 미약한 실에 매달려 있어서 조금만 당겨도 지탱할 수 없을 거라고 느꼈다. 이따금 아버지를 만날 때 나는 미약한 관계의 조각이나마 유지하려고 전형적인 '다정한 딸'의 얼굴로 가장했다. 그러고 나서 나는 그가 문을 나서자마자 뒤에서 그를 비난하곤 했다. 그것은 건강한 역동이 아니었지만 상처받고 화나고 거절당한 나의 복잡한 감정에 대처하기 위해 그 당시 내가 할 수 있는 전부였다.

그러고 나서 나는 존과 결별하고 피터를 만났다. 악의도 없었고 애정이 부족했던 것도 아니었지만 나의 일부분이 절망적으로 불행해서 자유롭기를 원했기—필요로 했기—때문이었다. 결국 나는 내가 결코 하지 않을 거라고 생각했던, 내가 사랑했던 사람을 버리고 상처주는 일을 하게 되었다. 그러나 근처 명상센터에서 자기연민을 배운 이후에 나는 내 행동과 그것이 초래한 고통에 대한 통찰을 갖게 되었다. 나는 존을 떠난 나 자신을 용서하게 되었고 아내를 버리고 나에게 와주지 않은 피터를 용서하기 시작했다. 마음에 대한 이해, 인간 존재의 한계와 복잡성에 대한 나의 이해가 점차 자라고 성숙해졌다. 이것은 아버지와의 관계에 오히려 역설적인 영향을 미쳤다. 나는 그에게 점점 더 화를 내기 시작했다.

루퍼트와 결혼하기 몇 달 전 아버지와 통화한 내용이 기억난다. 어쩐 일인지 나는 그가 어릴 때 나를 버린 것이 얼마나 상처가 되었는지 용기를 가지고 말했다. 명상 연습을 통해 얻기 시작한 평정심이 나에게 용기를 주었다. 그러나 아버지는 여전히 받아들이지 않았다. 그는 곧바로 초조해하며 방어적이 되었다. "이것은 그냥 우리의 업이야. 모든 것에는 이유가 있어." "망할 놈의 업!" 나는 소리를 지르며 전화를 끊었고 눈물을 펑펑 쏟았다.

루퍼트는 나를 위로하려고 애썼지만 소용이 없었다. 나는 분노, 화 그리고 상처를 완전히 경험했고 방임과 거절이라는 파괴적인 느낌이 최고조에 이르러 나 자신을 파괴하려고 위협하고 있었다(그때는 그렇게 느꼈다). 나는 고통과 슬픔의 감정을 완전히 인정할 때가 되었다는 것을 알아차리면서 매우 어두운 곳으로 들어갔다.

동시에 나는 내가 존에게 주었던 고통과 슬픔도 다루는 중이었다. 이것은 우리 둘 다를 아는 친구가 연 파티에서 우연히 그와 마주친 이후에 절정에 이르렀다. 풀죽은 그의 비난 어린 표정이 나를 그 자리에 얼어붙게 만들었다. 창피함이 모든 구멍을 통해 흘러나오는 듯해서 나는 재빨리 파티장을 빠져 나왔다. 나의 첫 번째 반응은 끔찍한 내 행동에 대한 존의 반응을 그저 당연한 것으로 순순히 받아들이고 더욱더 우울해지는 것이었다. 다행스럽게도 루퍼트는 나와 함께 매주 자기연민에 대해서 배우고 있었는데 내가 숨을 쉴 수 있도록 물 위로 내 머리를 충분히 끄집어 올려줄 수 있었다. 그는 내가 잘못된 결혼을 한 이유 중 하나가 아버지가 나를 버림으로써 만들어진 불안정함 때문이라는 것을 일깨워주었다. 나는 복잡하게 얽힌 고통의 그물로 인해 나쁜 결정을 지속적으로 반복하고 있었다. 그는 내 실수에 대해 연민을 가져주었고 나 자신을 비판하는 것을 멈추도록 격려해주었다. 나는 그 당시에 할 수 있는 최선을 다했다.

이것은 나로 하여금 아버지가 그렇게 행동하게 된 이유가 무엇인지에 대해 생각하게 했고 그에 대해 덜 비판적이면서 좀 더 용서할 수 있게 했다. 내 아버지는 매우 냉담하고 감정 교류가 없는 권위적인 부모 밑에서 자란 사람이었다. 그는 한 번도 사랑받았다고 느낀 적이 없었고 항상 자신을 짐 같은 존재로 느꼈다. 그의 부모는 근처에 살면서도 아들의 결혼식에 참석하지도 않았는데 왜냐하면 그들은 사람들을 만나는 상황을 매우 불편해했기 때문이었다. 또한 그의 부모는 갈등을 어떻게 다뤄야 하는지도 몰랐다. 예를 들어, 할머니는 빨래 때문에 다른 아들과 싸우게 되었는데 그 이후 30년 동안 말을 하지 않았다고 한다. 나와 조부모와의 관계는 아무것도 없었다. 한 시간 이내의 거리에 살았음에도 아버지가 떠난 후 그들은 어린 나를 한 번도 찾아오지 않았다. 그들은 단지 너무 어색하다고 느꼈던 것이었다. 좋게 말하자면 조부모는 완전히 단절된 사람들이었다.

하지만 그때 나는 할아버지의 개인사를 생각하게 되었다. 그는 20세기 초에 그리스에서 경제적 망명자 신분으로 부모와 함께 엘리스섬을 통해 미국으로 들어왔다(내 성인 네프는 그리스식 이름인 네페라도스의 축약형이다). 그는 8남매 중 장남이었고 미국에서 학교를 다니면서 학업과 운동 두 분야에서 모두 권위 있는 상들을 받았으며 고등학교를 졸업했을 때 여러 대학에서 장학금 제안을 받았다. 아메리칸 드림이 실현되려던 참이었다. 그러나 고등학교 졸업식 날 그의 아버지가 혼자 그리스로 돌아가면서 우리 할아버지에게 이제 성인이 되었으니 할아버지가 어머니와 일곱 형제자매를 돌보는 책임을 져야 한다고 말씀하셨다. 그는 대학에 대한 꿈과 더 나은 삶을 포기해야만 했고 가족을 부양하기 위해 주유소에서 일자리를 얻었다. 그는 주유소에서 평생 일했고 결국 주유소를 소유하게 되었다. 우리 할아버지는 이러한 좌절감을 평생 극복하지 못하셨고 그것은 그를 감정적으로 파괴시켰다.

그렇게 된 것이었다. 고통과 장애는 세대에서 세대로 전해졌다. 유전과 환경이 서로 혼합되어 우리 자신보다 무한히 더 큰 복잡한 조건의 그물에 따라 우리의 삶이 펼쳐진다. 고통에 더 큰 고통으로 반응하는 악순환을 멈추는 유일한 방법은 거기에서 벗어나는 것이다. 우리 마음을 연민으로 가득 차게 만들어야 하며 우리 자신과 다른 사람들을 용서해야 한다.

사실 이것이 결국 내가 아버지에게 해줄 수 있었던 일이었다. 그가 내 분노로 인한 충격을 극복하고 다시 나를 만났을 때 우리는 처음으로 정직한 관계를 맺기 시작했다. 화가 나서 전화한 지 1~2년이 지난 후 가끔 아버지 집을 방문하던 어느 날 아버지가 내게 진심 어린 사과를 했다. 나에 대한 사랑이 결코 흔들린 적은 없었다고 단호히 말했지만 그는 내가 원하는 것을 줄 수는 없었다. 내 어머니가 그에게 맞는 여자가 아니라는 것과 그를 매우 불행하게 만드는 인생에 자신이 갇혀 있다는 것을 깨달았을 때 그는 성숙하게 대처할 수가 없었다. 그는 자신과 타인 사이의 요구를 균형 있게 조율하는 것은 말할 것도 없고 대화를 통해 문제를 어떻게 풀어야 하는지에 대한 좋은 본보기를 가져본 적도 없다. 그는 그의 아버지가 원하지 않았던 삶에 갇힌 것처럼 그 자신도 원하지 않던 삶에 갇혔다는 사실을 알고는 도망쳤다. 그는 자신의 행동에 대한 변명이나 설명을 하지 않았다. 그러나 나는 나에게 안겨준 깊은 고통에 대해 그가 얼마나 슬퍼하는지 분명히 알 수 있었다. 다행스럽게도 그 즈음에 나는 연민 훈련에 더 깊이 빠져들고 있었기 때문에 이미 나 자신과 아버지(그리고 그의 아버지와 아버지의 아버지)를 상당 부분 용서한 상태였다. 중요한 것은 사슬이 끊어졌고 우리는 이제 새로운 방식으로 관계를 시작할 준비가 되어 있다는 것이었다.

용서는 나쁜 행동을 무작정 용납하거나 우리에게 상처를 준 사람들과 교류해야 한다는 의미가 아니다. 분별력 있는 지혜는 어떤 행동이 해롭고 비적응적인지 명확히 알려주고 나쁜 의도를 가진 사람들에게서 우리 자신을 보호해야 할 때를 분명하게 보여준다. 하지만 분별력 있는 지혜는 모든 사람은 불완전하고 우리 모두는 실수를 저지른다는 사실 또한 이해한다. 사람들은 흔히 무지, 미성숙함, 공포 또는 비이성적 충동에 따라 행동하므로 그들이 의식적으로 행동을 완전히 통제할 수 있다고 판단해서는 안 된다. 그리고 심지어 사람들이 그들 자신이 유발하는 해로움을 알고 있는 경우에도 여전히 의문을 가질 수 있다. 무엇이 그들로 하여금 가슴과의 연결을 끊어지게 했나? 무슨 상처가 그렇게 차갑고 냉담한 행동을 하게 했나? 그들의 이야기는 무엇일까?

인간 존재는 때때로 잘못을 저지른다. 이것은 한 사람을 판단하는 것은 전 세계를 판단한다는 것임을 의미한다. 그러나 한 사람을 용서하는 것은 우리 자신을 포함한 모든 세계를 용서하는 것이다.

실습

2

우리에게 상처를 준 누군가를 용서하기

여러분이 오랫동안 분노와 원망을 품어왔으며 이제는 용서하고 싶은 누군가를 떠올려보세요. 만약 아직 용서할 준비가 되었다고 느끼지 않는다면 하지 마세요. 용서는 때가 되면 찾아오므로 서두를 필요가 없습니다. 하지만 여러분이 준비가 되었다면 누군가를 용서하는 가장 좋은 방법은 그 사람이 그렇게 행동하게 된 원인과 조건을 인식하는 것입니다. 우리의 생각, 감정 그리고 행동은 서로 연결된 무수히 많은 요인의 산물이며 그중 많은 것이 우리의 통제 밖에 있습니다. 그러므로 이러한 상호연결성을 이해하는 것은 용서의 과정을 용이하게 하는 데 도움이 됩니다.

1. 어떤 사람의 해로운 행동에 대해 생각해볼 때 그렇게 하게 된 요인이나 사건을 확인할 수 있는지 살펴보세요. 그 사람이 두려움, 혼돈, 욕망, 분노 또는 다른 강력한 감정을 느꼈나요? 재정상의 불안정이나 또 다른 시련 같은 스트레스를 주는 삶의 경험이 있었나요? 이 사람이 어떤 악마를 상대하고 있나요?

2. 이제 왜 그 사람이 스스로 멈추지 않는지 생각해보세요. 분명히 자기통제(정서적 성숙, 공감, 보상을 지연시키는 능력 등)에 필요한 요소들은 존재하지 않았습니다. 왜 그랬을까요? 그 사람은 성장할 때 본보기가 없어서 이러한 기술을 발달시키지 못했나요?

3. 만약 그 사람이 단지 못됐거나 이기적인 사람이었다면 무엇이 이런 성격 유형을 만들었을지 생각해보세요. 불안정한 애착, 사회적 고립, 삶의 역사, 유전적으로 물려받은 특징?

4. 그 사람으로 하여금 그렇게 행동하게 한 원인과 조건에 대해 더 잘 이해하게 되면 당신의 분노와 원망을 잊는 것이 좀 더 쉬운지

알아보세요. 그 사람은 한계가 있고 실수할 수 있는 인간이었고 때때로 사람들은 그들이 해서는 안 되는 방식으로 행동합니다. 당신은 이 사람을 용서할 수 있나요? 그렇다고 해서 반드시 이 사람과 다시 교류해야 하는 것은 아닙니다. 그것은 현명하지 못할 수도 있습니다. 하지만 당신을 분노와 비난으로부터 자유롭게 함으로써 당신 마음속에 더 많은 평화와 만족을 만들어낼 수 있습니다.

자애 배양하기

자기연민이 경이로운 이유는 그것이 마음을 열게 해주기 때문이다. 마음은 한번 열리게 되면 계속 열려 있다. 연민은 우리가 사랑, 지혜, 관대함 같은 능력을 발휘하게 해준다. 그것은 한계가 없으며 어느 한쪽으로도 치우치지 않는 아름다운 정신적, 감정적 상태다. 자신에 대한 더 많은 이해와 수용을 통해 우리는 타인에 대해서도 더 많은 이해와 수용을 할 수 있다. 인간으로서 우리는 불완전하고 한계가 있다는 사실을 존중함으로써 다른 사람의 실수를 더 잘 용서할 수 있다. 불안감이 생길 때 자신을 달래고 위로함으로써 우리는 다른 사람들이 살고 있는 감정적으로 복잡한 세계를 탐험하는 데 필요한 안정감을 우리 자신에게 줄 수 있다.

전통적인 불교 수행 방법 중 하나는 우리 자신과 다른 사람들을 향한 선한 의도를 개발하기 위해 고안되었는데 이것을 '자애 명상'이라고 부른다. 이 수행에서는 다양한 대상을 향해 자애로운 느낌을 유발하는 문구들이 조용히 반복된다. 이 문구들은 먼저 자신에게로 향하며, 생성되는 자애를 **스스로 경험하는** 것이 목적이다. 다양한 문구를 사용하지만 그중 한 세트는 다음과 같다. '**내가 안전하기를, 내가 평화롭기를, 내가 건강하기를, 내가 편안하게 살기를.**' 그리고 그 문구는 멘토/은인, 사랑하는 친구, 중립적인 사람, 약간 불편한 관계의 사람 그리고 마침내는 모든 의식이 있는 존재들에게로 향한다. '**당신이 안전하기를, 당신이 평화롭기를, 당신이 건강하기를, 당신이 편안하게 살기를.**'

서양에 자애 명상이 처음 도입되었을 때 지도자들은 자기비난을 강조하는 문화적 특성 때문에 사람들이 자애의 느낌을 만들어내는 것에 어려움을 겪는다는 것을 발견했다. 이러한 이유로 많은 사람이 자애 문구를 우선 멘토나 은인에게로 향하게끔 순서를 바꾸었다. 그렇게 한 이유는 조건 없는 긍정적인 관계를 가진 사람을 선택하여 자애의 느낌에 쉽게 접근할 수 있게 하는 것이다(그 대상은 심지어 사랑하는 반려동물이 될 수도 있다). 자애의 즙이 흐르기 시작한 이후에야 문구가 비로소 자기 자신을 향하게 된다.

전통적인 자애 문구는 반드시 연민을 키우려고 하는 것이 아니라 선한 의도의 느낌을 배양하기 위해 고안되었다는 것에 주목하라. 선한 의도의 느낌은 행복하든 그렇지 않든 모든 상황에 다 적용이 되는 반면, 연민은 오로지 고통에 대한 반응으로서만 일어난다. 연민의 느낌을 더 직접적으로 공략하기 위해 크리스 거머와 나는 전통적인 자애 명상 문구를 변형하여 마음챙김 자기연민

워크숍에 참석한 사람들에게 나누어주었다. 그것들은 사람들이 스스로가 무능하다고 느낄 때 더 큰 자기연민을 일으키도록 고안되었다. **'내가 안전하기를, 내가 평화롭기를, 내가 자신에게 친절하기를, 내가 있는 그대로의 나 자신을 수용하기를.'** 또는 고통이 만약 외부 상황으로부터 유래한다면 마지막 문구는 **'내가 있는 그대로의 내 삶을 수용하기를'**로 바뀔 수 있다. 우리는 전통적인 자애 문구를 자기연민에 맞게 변형시킨 것이 어려움을 겪고 있거나 연민의 보살핌이 필요한 사람들에게 효과적이라는 사실을 발견했다.

자애 명상 수행에 있어서 하나의 '옳은' 방법은 없다. 많은 사람이 좀 더 자연스럽게 느끼기 위해 이 문구의 표현을 바꾸기도 한다. 예를 들어, 어떤 사람들은 각 문구가 끝날 때 '~하기를'이라고 말하는 것을 좋아하지 않는다. 너무 기도하는 것처럼 느껴지거나 권위적 대상에게 허락을 구하는 것같이 느껴지기 때문이다. 그에 대한 대안은 '나는 ~하고 싶다' '나는 ~를 희망한다' 또는 '나는 ~를 원한다' 등이다. 때때로 사람들은 문구의 끝에 '가능한'이라는 표현을 덧붙임으로써 더 현실적으로 들리게 만들기를 원한다. 예를 들어, **내가 가능한 한 안전하기를.**

마지막으로, 자애 명상 수행은 의도가 작용하는 수준에서 일어난다는 것을 깨달아야 한다. 우리는 마음을 열기 위한 방법으로—우리 자신과 다른 사람의—건강과 행복에 대한 소망을 키운다. 하지만 고통이 존재하는 현실을 무시하는 것이 아니다. 오히려 우리 자신과 다른 사람들이 행복을 경험하기를 바라는 의도를 키움으로써 그에 상응하는 사랑, 관심, 연민이 생겨나게 하는 데 목적이 있다. 이것은 결국 친절과 보살핌이라는 더 구체적인 행동으로 전환된다.

실습 3

우리의 고통을 향해 자애를 보내기

만약 여러분이 자기비판과 싸우고 있거나 또는 힘들거나 스트레스를 받고 있는 자신을 발견한다면 여러분 자신을 위한 자애와 연민의 느낌을 키우기 위해 자신에게 하루 중 15분에서 20분을 할애할 수 있는지 살펴보세요. 연습을 시작하기 위해 방해를 받지 않을 만한 조용하고 편안한 곳에 앉거나 조용한 장소에서 혼자 산책을 해보세요. 심호흡을 몇 번 해서 여러분의 몸과 현재 순간에 안착하세요. 당신은 지금 여기에 있습니다.

- 첫째, 고통의 근원과 부드럽게 접촉해보세요. 두려움, 외로움, 분노, 무가치함, 좌절감을 느끼고 있나요? 감정을 유발했던 그 일에 대해 너무 많은 생각(당신이 한 일, 그가 하지 않은 일 등)을 하지 말고 감정과 있는 그대로 함께할 수 있는지 알아보세요. 어떤 것을 느끼든 괜찮습니다. 어떤 것이 와도 환영하세요. 어떤 것에도 매달리거나 밀어낼 필요가 없습니다.
- 이제 감정을 당신의 몸에서 느낄 수 있는지 살펴봅니다. 당신이

슬픔을 느낀다고 해봅시다. 슬픔이라는 감정이 어떤 식으로 느껴지나요? 둔감한 느낌, 눈 구석을 당기는 느낌, 눈썹 사이의 긴장감 같은 것이 있나요? 여러분의 감정이 몸 어디에서 느껴지는지 찾음으로써 생각에 빠져 헤매지 않고 그것들을 더 쉽게 느끼게 되고, 대신에 있는 그대로의 현재 순간의 경험과 더 쉽게 함께할 수 있게 됩니다.

- 이제 가슴에 손을 얹고 당신이 지금 겪고 있는 고통에 친절과 이해, 연민을 제공하겠다는 의도를 정합니다. 여러분이 느끼는 것이 인간경험의 필수적인 부분이라는 것을 기억하세요. 고통을 겪고 있는 당신은 혼자가 아닙니다.
- 이제 다음 문구를 자기 자신에게 부드럽고 다정하게 반복해보세요.

내가 안전하기를.

내가 평화롭기를.

내가 나 자신에게 친절하기를.

내가 있는 그대로의 나 자신을 수용하기를.

마지막 문구를 다음과 같이 바꾸어도 좋습니다.

내가 있는 그대로의 내 삶을 수용하기를.

- 계속해서 이 문구들을 반복하면서 당신 몸에서 느껴지는 고통스러운 감정과 접촉하거나 가슴 위에 얹은 손의 부드럽고 위로하는

무게를 느낌으로서 감정을 새롭게 느껴보세요.

- 당신의 마음이 방황하는 것을 알아차렸을 때 문구들로 되돌아가거나 당신 몸에서 느껴지는 감정을 경험하거나 심장 위에 놓은 손의 느낌으로 되돌아가보세요. 그리고 다시 시작하세요.

- 만약 당신이 감정에 압도된다면 당신 자신을 위로하고 진정시키기 위해 호흡으로 돌아갈 수 있습니다. 그렇게 해서 당신이 편안해지면 다시 그 문구로 돌아가세요.

- 마지막으로, 숨을 몇 번 들이쉬고 잠시 멈추세요. 만약 연민의 감정이 당신에게 일어난다면 자신에게 이 달콤한 감정을 맛보게 하세요. 연민의 느낌이 거의 또는 전혀 생기지 않는다면 이것 또한 현재 순간에서 일어나는 아름다운 진실입니다. 당신 자신을 보살피려 하는 선한 의지와 의도를 음미하도록 당신에게 허용하세요. 이것이 가장 중요한 것입니다.

- 준비가 되면 언제든지 당신이 원할 때 문구로 돌아갈 수 있다는 것을 기억하면서 천천히 일상의 활동을 재개하십시오.

리치 데이비슨Richie Davidson과 동료들의 최근 연구는 자애의 힘을 확인시켜주었다. 연구원들은 사람들에게 2주 동안 하루에 30분 동안 자애 명상을 하도록 훈련시켰다. 대조군에게는 그들이 겪는 힘든 상황을 개선시킬 수 있는 방안에 대해 생각하도록 훈련시켰다. 다시 말해, 한 그룹에게는 그들의 가슴(감정)을, 다른 그룹에게는 그들의 머리(이성)를 바꾸라고 가르쳤다. 그 결과 자애 그룹만이 자기연민 수준이 유의하게 증가했다. 또한 그들은 연구 참가자들에게 눈에 종양이 있는 아이와 같은 고통스러운 이미지를 보여주면서 뇌 스캔도 했다. 자애 명상을 훈련한 사람들은 단지 사고 패턴을 변화시키도록 훈련한 사람들에 비해 유의하게 더 공감을 느꼈다(뇌의 뇌섬 영역에 활성이 증가). 게다가 자기연민이 더 크게 증가할수록 뇌섬 영역의 활성이 증가했는데 이는 자기연민이 개인의 조망 능력을 증가시킨다는 사실을 뒷받침한다. 실험이 끝날 때 연구자들은 참가비 165달러 중 일부를 자선단체에 기부하고 싶은지 아니면 자신을 위해 그 돈을 간직하고 싶은지 참가자들에게 물었다. 자애 그룹에 속한 참가자들은 더 많은 돈을 기부했다. 즉, 짧은 자애 명상 훈련이 행동으로 입증되는 보살핌과 관대함을 증가시킬 뿐 아니라 자신과 타인에 대한 연민의 증가로도 이어질 수 있다.

자애 명상의 좋은 점은 반드시 명상용 방석 위에 앉지 않아도 된다는 것이다. 우리는 차로 출근하거나 식료품점에서 쇼핑을 하거나 치과에서 기다리는 동안 자신과 다른 사람들에게 친절과 연민의 느낌을 불러일으킬 수 있다. 자애 명상은 우리가 고통을 겪을 때 보살피는 방식으로 반응하도록 **우리의 뇌를 훈련시키는** 것이다. 우리의 깊은 소망—모든 존재가 행복하고 평화롭고 건강하기를 바라는—에 집중함으로써 우리는 자신과 다른 사람들의 삶을 실제로 향상시킬 수 있다. 성경은 뿌린 대로 거둘 것이라고 가르친다. 우리의 심장과 마음에 자애의 씨앗을 심음으로써 자신의 정신적, 감정적 풍경을 측정할 수 없는 아름다운 것으로 변형시킬 수 있다.

중국 교도관들에 의해 수년간 수감된 티베트 승려에 관한 유명한 이야기가 있다. 그는 나중에 인도에 가서 달라이 라마를 알현했다. 감옥에서 보낸 시간에 대해 질문을 받았을 때 스님은 몇 번이나 위험에 처했었다고 말했다. "무슨 위험이요?" 달라이 라마가 물었다. "중국인에 대한 연민심을 잃는 것이요"라고 스님이 대답했다. 불교의 관점에서 보면 우리에게 상처를 주는 사람들에 대해 연민을 느끼는 것은 심지어 가장 적대적인 환경에서도 마음의 평화를 가질 수 있게 해주며 그 상처가 우리를 파괴하는 것을 막아준다. 타인에 대한 연민은 우리 자신을 위한 진정한 선물인데 그것은 자비로운 느낌으로 우리에게 자양분을 주고 우리 안에 내재하는 상호연결성을 인식함으로써 우리로 하여금 더 안전하게 느끼게 해주기 때문이다. 열린 마음의 평정심을 유지하게 되면 삶의 어려움과 좌절에 덜 집착하게 되고 고통은 사랑으로 향하는 통로가 된다.

자기연민적 양육

.

어른으로써 우리 자신이 실제로 사랑으로 움직이고 사랑으로 존재할 때 우리 아이들을
위한 적절한 본보기와 안내자가 될 수 있다. 우리가 행하는 것이 말하는 것보다 아이들
에게 훨씬 더 많은 것을 가르친다. 그러니 아이들이 어떤 사람이 되기를 바라는 그 모습
이 바로 우리의 모습이어야 한다.

—조셉 칠턴 피어스, 루 칠드 공저 《아이들에게 사랑을 가르치기》

.

.

　자기연민은 좋은 육아를 위해 필수적이다. 아이들에게 자기연
민의 태도를 갖도록 가르침으로써 피할 수 없는 고통과 삶의 불완
전성에 대처하도록 도와줄 수 있다. 자신을 연민의 태도로 대함
으로써 우리는 양육으로 인한 좌절감과 어려움을 더 잘 처리할 수
있다. 그래서 세계에서 가장 힘든 직업이—육아는 단지 급여를
받지 않는 전문직이라는 것을 인정하자—그렇게 힘들지만은 않
게 된다.

우리의 불완전한 양육에 대한 **연민**

캐롤은 약속에 늦었다. 친구들과 음악회에 가 있을 동안 두 아이를 돌봐줄 육아도우미가 오고 있는 중이었다. 캐롤은 머리를 다듬고 화장을 하면서 스파게티면을 냄비에 넣었다. 정신없이 외출 준비를 하면서 부엌으로 돌아왔을 때 10분 동안이나 타이머가 울리고 있었다는 것을 깨달았다. "엄마, 배고파요!" 어린 아들이 불평했다. "저녁 언제 먹어요?" 너무 오래 삶은 스파게티는 으깬 감자 같았다. 캐롤은 아이들이 눈치채지 못하기를 바라면서 소스를 부었지만 마치 캡틴크런치 시리얼 대신 오트밀을 아침 식사로 내놓으면서 아이들이 알아차리지 못하기를 바라는 것과 같았다. "웩! 엄청 맛없어요!" 큰아이가 얼굴을 찌푸리며 고개를 돌렸다. "우리가 이걸 먹었으면 좋겠어요? 왜 엄마는 젠처럼 맛있는 음식을 만들어주지 못하는 거예요?" 정말 심한 독설이었다. 젠은 전남편의 새 아내인데 요리를 아주 잘했다.

캐롤은 본능적으로 일격을 받아들였다. 어떤 것도 제대로 하지 못한다는 것, 엄마로서 무능력하다는 것, 남편을 더 나은 여자에게 빼앗긴 것에 대해 끔찍함을 느꼈다. 하지만 다행히도 제때에 자신을 추스렸다. 캐롤은 최근에 자신에게 좀 더 친절하게 대하려고 노력해왔고 지금이 자기연민을 할 수 있는 완벽한 기회라는 것을 깨달았다. 엄마라는 존재는 공중에서 여러 개의 공을 저글링하는 것이라서 그중 한 개는 때때로 떨어뜨릴 수밖에 없다는 사실을 스스로에게 상기시켰다. 그리고 스파게티를 너무 많이 익힌 것이 성격에 치명적인 결함이 있다는 징후는 아니었다. "저녁을 망쳐서 미안하지만 그렇다고 해서 세상이 끝난 건 아니야. 피자 좀 시켜줄까?" 말할 필요도 없이 아이들은 좋아했다. 캐롤은 심지어 자기 딸이 아들에게 "멋져! 젠은 절대 우리에게 피자를 먹이지 않잖아!"라고 빈정거리는 것을 들었다. 작가 피터 드 브라이스Peter de Vries는 언젠가 이렇게 말한 적이 있다. "부모가 되는 것은 당신의 손을 깨무는 아이에게 먹을 것을 입에 넣어주는 것처럼 느껴지는 때가 때때로 있다는 것이다"라고.

물론 아이들과 힘든 상황에 처했을 때 항상 이상적인 방법으로 다루는 것은 불가능하다. 우리의 사랑스러운 작은 아이들은 우리를 완전히 미치게 만들 수 있고 때때로 화내지 않는 부모는 지구상에 없다. 아이들이 짜증나게 하면 쏘아붙이고, 관심을 끌려고 할 때 무시하기도 하며, 화가 났을 때는 아이들에게 소리를 지른다. 모든 사람이 때로는 실수를 한다. 하지만 우리가 이 사실에 대해 연민을 가질 때 부모로서 우리의 불완전함을 더 쉽게 인정하고 우리의 행동에 대해 사과할 수 있다. 이것은 우리 아이들이 사랑받고 보살핌을 받는다고 느끼게 할 뿐만 아니라 엄마나 아빠도 가끔 실수를 하는 인간이며 실수를 했다고 해서 세상이 끝난 것은 아니라는 것을 그들에게 알게 해준다.

선을 넘었을 때 아이들에게 사과하는 것도 중요하지만 자신을 지나치게 비난하지 않는 것 역시 똑같이 중요하다. **특히** 아이들 앞에서 "기름이 거의 떨어졌는데 주유소에 들르는 것을 깜빡했

286

네! 이런 멍청한! 난 정말 무책임해!" 이런 말은 우리 자신의 이상에 미치지 못할 때 자기비난을 하는 것이 정당하고 적절한 반응이라는 생각을 아이들에게 전달한다. 당신은 아이들이 당신과 같은 방식으로 자기비판의 손아귀에서 고통받기를 바라는가? 부모들은 종종 이 사실을 간과한다. 아이들이 잘못된 행동을 했을 때 당신은 자녀들을 지지하고 온정적으로 대하는 매우 세심한 사람일수 있다. 하지만 만약 **당신이** 잘못할 때마다 자신을 조각조각 낸다면 당신의 본심과 달리 아이들에게 잘못된 메시지를 보내는 것이다. 그러나 자녀들 앞에서 여러분의 한계를 연민 어린 태도로 인정한다면 훨씬 더 좋은 본보기가 되어줄 것이다. "정말 짜증나! 휘발유 채우는 걸 잊어버려서 기름이 거의 바닥이네. 요즘 회사에서 꽤 바빴어. 그래서 깜박 잊었다는 게 놀랍지도 않네. 어쨌든 주유소까지 갈 수 있는 기름은 충분할 거야." 자녀들 앞에서 자기연민을 본보기로 보여주는 것은 아이들이 이 기술을 개발하도록 돕는 가장 강력한 방법이다.

실습
1

부모로서 우리가 한 실수에 대해 연민하기

하루가 끝나갈 때 여러분이 부모로서 저지른 실수에 대해 되뇌어보세요. 당신이 하고 싶거나 하고 싶지 않았던 모든 것에 대해 인간이기에 불완전할 수 있다는 것을 인정하고 가능한 한 솔직해지도록 노력하세요. 비슷한 상황에 있는 친한 친구에게 하듯이 스스로에게 친절하게 대하고 자신을 이해하려고 노력하세요.

그런 다음, 상황을 고치기 위해 할 수 있는 일이 무엇인지 생각해 보세요. 아이들에게 사과하는 것? 그들에게 보상하겠다고 약속하는 것 (그리고 실제로 그렇게 하는 것)? 실수를 하고 난 후 고치는 과정의 본 보기를 보여줌으로써 당신은 아이들에게 귀중한 교훈을 가르쳐주게 될 것입니다.

다음으로, 여러분의 행동 밑바닥에 스트레스, 좌절, 소진 같은 힘겨운 감정이 있는지 알아보도록 하세요. 만약 그렇다면 당신의 정서적 고통에 스스로 연민을 가지세요. 부모가 되는 것은 어렵습니다! 여러분은 스트레스를 완화하기 위해 자신에게 더 많은 시간을 할애하는 등 어떤 변화를 주어야 한다고 생각하나요?

9장 첫 번째 연습에서 제안된 서너 개의 자기관리 활동을 정하고(또는 자기만의 활동을 새로 만들고), **실제로 그것들을 실행하세요!** 부모로서 "그래, 나 자신을 위해 시간을 들여야 해"라고 말하는 것은 쉬운 일이지만 실제로 시간을 내기는 쉽지 않습니다. 시간에 쫓긴다 해도 자신의 필요를 잘 채워야 더 효과적이고 지지적인 부모가 될 수 있을 것입니다. 이것은 결과적으로 모두에게 이득이 됩니다.

자기연민을 고취하면서 **자녀를 훈육하기**

많은 부모는 자녀들이 잘못을 저질렀을 때 그들을 훈육하면서도 좀 더 자기연민의 태도를 갖도록 도와줄 수 있는 방법이 있는지 궁금해한다. 우선 무엇보다도 아이들이 여러분의 기대에 부응하지 못했다고 해서 심하게 비난하거나 부끄러움을 느끼게 만들지 않도록 하는 것이 중요하다(그럴 경우 역효과를 낼 수도 있다. 배우 잭 니콜슨이 "엄마는 나를 개자식이라고 부르는 역설을 결코 알지 못했다"라고 말한 적이 있듯). 우리 연구는 지속적인 부모의 비난이 몇 가지 심각한 문제를 일으킬 수 있다는 것을 보여준다. 비난적인 부모의 아이들은 자기연민이 더 많이 결여되고 성인기에 우울과 불안을 더 잘 겪는 경향이 있다. 2장에서 언급했듯이 아이들은 부모가 비난하는 목소리를 내면화한 다음 그것을 평생 간직한다. 어떤 부모도 자녀들이 고통받는 것을 원하지 않지만 많은 사람이 직설적으로 말해야 훈육이 된다고 믿는다.

아이들을 절대 혼내지 않는 자유방임주의적 양육이 아이들의 성장과 발달을 저해할 수 있다는 것은 사실이지만 친절하고 연민 어린 태도로 명확한 경계를 설정하는 것으로 문제를 고칠 **수 있다**. 이것은 아이들이 자신의 잘못 때문에 자책하지 않으면서도 태도를 바꾸는 것이 왜 중요한지 이해할 수 있게 해줄 것이다.

아이들의 나쁜 행동에 연민 어린 태도로 반응하는 한 가지 비결은 그들의 일반적인 성격이 아니라 실제 행동에 초점을 맞추는 것이다. 우리 모두는 실패와 단점에 따라 정의되는 것이 아니라 지속적으로 배우는 상태에서 꾸준히 진보해나간다. 또한 아이의 나쁜 행동을 고치려고 하기 전에 행동 이면에 내재된 감정들을 인정해주는 것이 중요하다. 당신의 아들 닐이 가장 좋아하는 비디오 게임을 하는 동안 여동생 메리에게 "입 닥쳐"라고 말했다고 하자. "너는 너무 무례해, 닐! 왜 메리에게 더 잘 대해주지 못해?"라고 말하는 대신, "게임에 방해돼서 짜증이 났다는 건 알지만 메리에게 '입 닥쳐'라고 말하면 메리의 기분이 상하잖아"라고 말할 수 있다. 또는 당신의 딸이 친구에게 전화를 받은 후 꿀이 담긴 병 뚜껑을 열어둔 채로 부엌에서 나갔다고 해보자. "너는 정말 게으름뱅이야!"라고 외치는 대신, "전화 때문에 주의가 산만해진 건 알겠는데 벌레가 사방으로 기어다니게 할 수는 없지 않겠니?"라는 식으로 말할 수 있다. 여기서 유머가 효과를 발휘할 수도 있다. "넌 정말 우리 부엌이 영화 〈킬러 개미의 공격〉에 나오는 한 장면처럼 보이기를 바라는 거니?" 만약 아이가 공격받기보다는 이해받는다고 느낀다면 당신의 말을 더 잘 들을 것이다.

중요한 것은 아이들에게 실수를 해도 괜찮으며 불완전함은 인생의 일부라는 것을 알려주는 것이다. "사람이니까 그래" "짜증나는 것은 자연스러운 일이야" 등의 말은 감정을 인정해주는 좋은 방법이다. 그러나 중요한 것은 단지 당신이 무슨 말을 했느냐 하는 것만이 아니다. 마찬가지로 중요한 것은 목소리 톤이다. 말을 하지 못하는 유아도 부모의 목소리 톤으로 전달되는 정서적 의미 —사랑, 두려움, 분노 등——를 인식한다. 만약 당신의 말이 중립적이긴 하지만 어조가 부정적인 판단을 전달한다면 아이는 여전히 자신이 무능하고 부끄럽다고 느낄 것이다. 그렇게 되면 분노나 방어적 반응을 불러일으킬 수 있다. 다른 누군가를 비난하는 것이 훨씬 더 쉬운데 누가 스스로 기분 나쁘기를 원하겠는가? 하지

러브 유어셀프

만 만약 당신이 친절하고 배려하는 톤으로 연민의 언어를 사용함으로써 자녀가 자신의 행동에 대해 안심하고 스스로 책임을 질 수 있게 해준다면 그는 자신의 문제 행동을 인정하고 그것을 바꾸는 것이 훨씬 더 쉽다는 것을 알게 될 것이다.

아이를 훈육하기 전에 고려해야 하는 것은 당신의 반응이 조금이라도 자기방어적인 건 아닌지를 살펴보는 것이다. 당신은 자신과 아이를 동일시하고 있는가? 그래서 수준 이하로 여겨지는 아이의 행동이 형편없는 당신의 모습을 반영한다고 생각되는가? 당신의 딸이 식당에서 안절부절못하며 가만히 앉아 있을 수 없을 때 안절부절못하는 것이 진짜 문제인가, 아니면 당신의 자녀가 예의 바르게 행동하지 않아서 다른 사람이 당신이 나쁜 부모일 거라고 판단하는 것이 진짜 문제인가? 만약 당신이 이러한 사실을 인정하지 못하고 그러한 인간적 반응을 하는 자신에게 연민을 주지 못한다면 당신은 이 상황을 제대로 처리하지 못할 것이다. 그러나 당신이 자신에게 연민을 가진다면 당신의 자녀에게 더 연민의 태도로 반응할 수 있을 것이다.

어린 자녀 **육아하기**

더러운 기저귀는 말할 것도 없고 지속적으로 감독해야 하고 입맛도 까다로우며 분노발작까지 하는 신생아와 유아를 키우는 것은 가장 어려운 일 중 하나다. 유머작가 에르마 봄벡Erma Bombeck

은 "내 아이들이 거칠고 제멋대로 행동할 때 나는 멋지고 안전한 아기 울타리 안에 있다. 그들이 차분해지면 비로소 나는 밖으로 기어나온다"라고 말했다. 어린아이를 키우는 부모는 그들이 얻을 수 있는 모든 도움이 필요하다. 다행히도 여러분이 스스로에게 연민을 가질 때 도움은 항상 가까이에 있다. 호주의 임상심리학자 레베카 콜먼Rebecca Coleman 박사는 5세 이하 아이를 키우는 부모에게 마음챙김과 자기연민 기술을 가르치는 프로그램을 개발했다. 이 프로그램은 MAP라고 불리는데 마음챙김 관점의 자각 육아Mindful Awareness Parenting를 의미한다. 이 프로그램의 목표는 부모들이 어려운 육아 조건에서 현명한 결정을 내릴 수 있는 능력을 향상시키는 데 있다. 다른 말로 하면, 꼬마 조니가 방금 당신이 물을 채우고 있는 욕조에 설거지용 물비누 한 통을 다 부어버렸거나, 어질러놓은 것을 청소하고 있는데 어린 수지가 당신의 다리를 잡아당기며 머리를 땋아달라고 징징거릴 때 어떻게 하면 정신줄을 챙길 수 있는지에 대한 방법이다.

MAP는 자녀에게 공감하도록 부모를 교육하고, 관계에 대한 자녀의 욕구를 알아차리고 양육하는 능력을 키움으로써 부모의 민감성을 키운다. 때때로 아이들이 까다롭고 성가신 방법으로 행동하는 경우 아이는 부모에게 감정적인 지지가 필요하다는 메시지를 보내고 있는 것이다. 아이들이 갈구하는 것은 관심이 아니라 연결일 수 있다. 3장에서 논의한 바와 같이 아이들은 생리학적으로 부모와 긴밀한 애착관계를 형성하도록 설계되어 있으며 그러한 관계를 안전지대로 사용하고 그것을 발판으로 세상을 탐험한다. 아이들이 겁을 먹거나 자신에 대한 확신이 서지 않을 때 그들은 안심과 위안을 주는 주요한 원천인 부모에게 의지한다. 일단 안전하다고 느끼면 그들은 놀이, 탐색, 배움이라는 중요한 과정에 참여할 수 있다.

콜먼은 자녀들이 안심할 수 있도록 돕는 가장 좋은 방법은 부모가 자신의 감정을 아이들의 감정에 일치시키고 반영하는 과정인 '감정 조율'이라고 말한다. 아이가 화가 나면 부모들은 슬픈 표정과 어조로 아이들의 감정을 반영하고 곧이어 위로하는 표정과 어조로 아이들의 감정을 변화시킨다. 예를 들어, 아기가 울 때 엄마는 "아기야, 괜찮아"라는 말을 부드럽게 반복하면서 흔들어주고 온화한 미소를 지어보일 수 있다. 그러면 결국 그 아이는 안심하고 진정이 된다. 부모는 이러한 행동을 본능적으로 하는 경향이 있어서 자신이 아이들의 감정을 조절하고 있다는 것을 인식하지 못한다.

하지만 우는 아이의 엄마가 **자신의** 감정에 압도당한다고 느끼면—"왜 이 망할 아이가 입을 다물지 못해! 얘가 날 미치게 만드는군!"—그 엄마는 아이를 진정시킬 수 없을 것이다. 대신 아이가 부모의 초조함을 반영하기 때문에 엄마는 아이를 더 격앙되게 만들 뿐이다. 하지만 부모가 자신이 느끼는 좌절감에 자기연민으로 반응한다면 격정적인 감정을 잠재울 수 있다. 따라서 아이가 차분하고 평화롭게 되도록 더 잘 도울 수 있을 것이다.

대학원생 제자인 피트먼이 몇 달 전에 겪었던 일이다. 그와 아내 메릴리는 최근 여자아이를 낳았는데 세 살 난 아들 핀은 몇 가지 '힘들게 하는 행동'을 보이기 시작했다. 어느 날 외출 후 집에 돌아온 피트먼은 배변 훈련이 이미 끝난 아들이 거실 벽에 오줌을 싸는 것을 발견했다. 아이의 행동을 지적하자 핀은 아빠 쪽으로 몸을 향하고는 악의에 찬 미소를 잠깐 비치며 "아빠 미워"라고 말했다.

피트먼이 자기연민 연습을 했던 것이 얼마나 다행인지! 그가 참지 못했더라도 누구나 그 상황을 이해할 수 있었겠지만 그는 가까스로 중심을 잃지 않고 몇 번의 심호흡을 한 후 그 순간이 얼마나 어렵고 힘들었는지에 대해 자신에게 연민을 가졌다. 그러자 핀이 단지 심술을 부린 것이 아니라는 사실을—겉으로 보여진 모습과는 정반대로—기억하고 다시 집중할 수 있었다. 그는 질투심이라는 감정으로 인해 고통받고 있었고 세 살이라는 나이는 그것을 효과적으로 다룰 준비가 되어 있지 않았다. 그는 핀에게 화를 내는 대신 앉아서 아들의 어깨에 팔을 얹었다. 우선 일상의 변화 때문에 핀이 느꼈을 좌절감을 공감해주었다. "동생이 엄마 아빠의 관심을 너무 많이 가져가서 힘든 거 알아. 하지만 엄마 아빠는 어느 때보다도 너를 사랑해." 피트먼이 그랬던 것처럼 핀의 불행한 기분도 바로 좋아지기 시작했다. 피트먼은 몇 년 동안 들려줄 좋은 이야깃거리를 가졌다고 생각하면서 심지어 그 상황을 유머스럽게 보기 시작했다. 핀이 새 가족 구성원에게 적응하면서—**특히** 그가 생떼를 부릴 때—부모의 사랑과 지지로 더 많이 안심이 된다고 느낄수록 부모의 사랑이 흔들리지 않는다는 것을 더 많이 알게 될 것이다(비록 그의 집 벽에 얼룩이 질지라도).

아이와 '타임 인' 해보기

이 연습은 레베카 콜먼 박사의 MAP 프로토콜에서 채택하였습니다.

어린아이들은 부모의 "안 돼!"라는 말로 인해 이해받지 못하거나 무시당하거나 행동을 제한받는다고 느낄 때 '큰 감정(울음, 분노발작 같은)'을 표현합니다. 당신의 아이가 큰 감정을 표현하거나 통제 불능일 때 당신은 아이가 다시 원 궤도로 돌아올 수 있도록 '타임 인time in'을 할 수 있습니다. 아이가 일부러 그렇게 한 것처럼 보일 수도 있지만 자녀와의 관계를 다시 연결하고 압도적인 감정을 안전한 방식으로 다루어야 한다는 것입니다. 당신의 아이는 당신의 도움이 필요할지도 모릅니다.

'타임 인'을 시작하기 전에 아이의 요구에 민감하게 반응하고 아이를 안심시킬 수 있도록 침착함을 유지해야 합니다. 만약 당신이 자신의 감정을 먼저 달랠 필요가 있다면 당신의 힘겨운 감정에 연민을 보내려고 노력하거나 마음챙김 호흡을 연습하세요. 당신의 아이에게 당신이 스스로를 진정시키는 데 10초 정도 개인적 시간이 필요하다고 말해보세요. 그렇게 말했다면 반드시 돌아오도록 하세요.

- '타임 인'을 할 수 있는 구체적인 장소를 선택하세요. 다른 가족 구성원들을 방해하지 않도록 움직일 수 있는 의자나 쿠션 같은

것이 가장 좋습니다.

- '타임 인' 장소는 당신과 자녀가 함께 앉아서 감정이 변화하는 것을 지켜볼 수 있는 곳입니다.

- 아이를 '타임 인' 장소로 초대합니다(만약 아이가 감정적으로 통제불능이고 다른 사람들에게 위협을 보이면 그곳까지 가는 데 아이에게 도움을 주세요).

- 확고하고 안심을 주는 친절한 목소리 톤을 유지하세요.

- 아이를 자세히 바라보세요. 아이의 행동을 관찰하세요. 아이의 행동 뒤에 감춰진 의미와 감정을 추측해보세요. 진짜로 일어나고 있는 일이 무엇인가요?

- '타임 인'은 아이의 감정이 '느껴지고' 수용될 수 있게 해줍니다. 당신이 아이를 기꺼이 돕고자 하고 당신의 사랑이 아이의 감정—비록 힘든 것이라도—을 환영하며 수용함을 의미한다는 것을 당신의 아이에게 보여줍니다.

- 동정적이면서 연결된 상태를 유지하세요. 현재에 머무르고 민감하게 있도록 합니다. 이것은 어린아이들에게 진정 효과를 줍니다.

- 만약 아이가 자신의 감정에 압도되어 있다면 아이가 진정하는 데 시간이 걸릴 수도 있습니다.

- 아이가 충분히 침착해졌을 때 자신의 감정을 표현하도록 도와주세요. 당신은 이렇게 말할 수도 있습니다. "너는 ~ 때문에 지금 힘든 것 같구나." "이것은 너에게 힘든 것 같아. 너 지금 화나니/무섭니/슬프니?"

- 대답을 기다려보세요. 잘 들어보세요. 대답(또는 대답하지 않음)

을 인정하고 수용하세요. 그런 다음 여러분의 감정에 대해 이야기하세요. "네가 ~했을 때 난 내 마음속에 (감정을 명명)이 느껴졌어" 같은 문장을 사용하세요. 사과를 기대하지 말고 당신의 감정을 사실적이고 비난하지 않는 어조로 전달하세요.

- 자녀가 충분히 연결되어 있고 차분해졌을 때 아이의 기분을 바꿀 다른 활동을 찾거나 일상적인 당신의 계획(잠자기, 유치원 가기, 식사하기 등)을 진행하세요.

청소년 양육하기

모든 아이가 자기연민을 통해 이익을 얻지만 십 대들에게 이 기술을 가르치는 것은 특히 중요하다. 청소년기 인지발달 중 하나는 조망-수용 능력이 커지는 것인데 이는 십 대들이 다른 사람들의 관점에서 그들 자신을 더 잘 볼 수 있다는 것을 뜻한다. 조망-수용 능력이 커진다는 것은 청소년기가 흔히 심한 자기평가와 사회적 비교의 시기라는 것을 의미한다. 청소년들은 스스로 '다른 사람들은 나를 어떻게 생각할까?' 또는 '내가 다른 사람들만큼 잘하고 있나?'라고 묻는다. 이러한 과정은 청소년들이 그들의 정체성을 확립하고 사회적 위계에서 위치를 찾으려고 할 때 일어난다. 대부분의 청소년이 직면하는 심한 압박—학업 성적에 대한 스트레스, 동료 집단과 '어울려야 하는' 필요성, 성적 매력에 관한 관심—은 십 대들의 자기평가가 종종 부정적이라는 것을 의미한다.

설상가상으로 십 대들의 내적 성찰은 흔히 소위 '개인적 우화'라고 불리는 것으로 이어지는데 이것은 청소년으로 하여금 자신들의 경험이 독특하고 다른 사람은 자신이 겪고 있는 것을 이해할수 없을 거라고 믿게 만드는 인지적 오류다. 처음 사랑에 빠졌던때를 기억하는가? 장담하는데 당신의 부모 역시 그런 감정을 느낀 적이 있다는 것을 당신은 상상할 수 없을 것이다. 청소년들은보편적인 인간경험을 이해하는 데 어려움을 겪는다. 자신의 생각과 감정이 사실은 남들과 크게 다를 바 없다는 것을 깨달을 수 있을 만큼 충분히 친밀한 관계를 맺어본 적이 없기 때문이다. 또한그들은 자신이 얼마나 많이 아는지 그리고 다른 사람들은 얼마나적게 알고 있는지에 대해 과대평가하는 경향이 있다. 왜냐하면그들이 아는 **것이** 그들이 아는 **전부이기** 때문이다. 마크 트웨인이 "내가 열네 살이었을 때 내 아버지는 너무나 멍청해서 그 노인하고 같이 있는 것조차 힘들었어요. 내가 스물한 살이 되자 이 노신사가 겨우 7년이라는 짧은 시간 안에 많은 것을 배웠다는 것이놀라울 뿐이었어요"라고 말한 것처럼 우리 연구는 개인적인 우화의 영향 아래 있는 십 대들이 자기연민을 덜 갖고 있음을 보여준다. 왜냐하면 그들은 자신이 겪은 어려움과 실패가 그들이 인간이라는 사실을 의미하는 정상적인 부분이라는 것을 인식하지 못하기 때문이다.

이러한 이유로 십 대에게 자기연민에 대해 가르치는 것은 엄청난 가치가 있다. 물론 십 대들은 자기연민이라는 말이 다소 감상적으로 들리기 때문에 처음에는 때때로 저항한다. 당신이 가장 좋아하는 밴드가 네이팜 고스트 슬레이어Napalm Ghost Slayer라면 별로다. 하지만 자기연민이 불평, 자기동정, 자기방종과는 다른 것임을 설명하면 대부분의 십 대는 훨씬 더 개방적이 된다(결국 네이팜 고스트 슬레이어의 리드싱어는 재활치료 센터에 들어갔을 때 자기연민을 배워야 했다). 자존감과 자기연민의 차이에 대해 이야기하는 것도 유용할 수 있다. 십 대들은 학교 급식실에서 일어나는 관계 역동의 공포를 매일 경험하기 때문에 항상 자신이 특별하고 평균 이상이라고 느끼고자 하는 것의 문제점을 쉽게 알아차릴 수 있다. 자기연민은 다른 사람들보다 더 우월하다고 느낄 필요 없이 자기 자신에 대해 좋게 느끼는 방법이라고 설명함으로써 자기연민이 다른 사람과 관계를 맞을 때 더 건강한 방법이라는 것을 더 쉽게 이해시킬 수 있다.

나의 이야기

로완 양육하기

루퍼트와 나는 로완이 자폐증임을 알고 난 이후 초기 몇 년 동안 고통을 겪었지만 자기연민에 몰두함으로써 큰 도움을 받았다. 첫째, 우리는 부모로서 저지른 많은 실수에 대해 연민을 갖도록 서로 도왔다. 특히 내가 좌절스러운 하루를 보낸 후에 로완에게 화를 내고 그 결과 끔찍한 죄책감을 느낄 때 루퍼트는 내가 항상 일을 완벽하게 처리할 수 없다는 것을 기억하도록 도와주었다. 그러면 나는 더 쉽게 좌절감을 극복하고 로완에게 사과하고 그가 여전히 화가 나 있으면 위로해주고 다시 시작할 수 있었다.

가장 중요한 것은 루퍼트와 내가 부모 역할을 하느라 길을 잃어서 우리 자신의 필요를 만족시키지 못하게 되지 않게끔 한 것이었다. 우리는 둘 다 자폐아 부모로서 정기적인 휴식이 필요하다는 것을 깨달았다. 우리 둘 다 부모님이 도시를 떠나 살고 계셨고 로완의 짜증과 무절제한 행동을 다룰 수 있는 육아도우미를 찾을 수도 없었다. 그래서 우리 스스로 로완 돌보기 원칙을 만들었다. 일주일에 하룻밤은 명상이나 댄스 수업에 가고 친구들과 술을 마시거나 음악 쇼를 보러 가는 등 무엇이든 내가 원하는 것을 자유롭게 했고 루퍼트도 똑같이 했다. 우리에게 필요한 것에도 주의를 기울였는데 우리가 로완을 키우면서 힘든 일을 겪을 때 기운을 잃지 않고 여유를 갖고 서로를 지지할 수 있도록 도움을 주었다.

이제 로완이 나이가 많아져감에 따라(이 책을 쓸 당시 로완은 여덟 살이었다), 나는 그를 위해 자기연민 과정의 본보기를 보이기 시작했고 그는 천천히 그것을 받아들였다. 자폐증의 한 가지 특징은 다른 사람들이 한 말을 그대로 반복하는 경향을 일컫는 '반향언어증'이다. 나는 로완의 반향언어증을 그가 내적 대화를 형성할 수 있게 하는 기회로 활용하여 그가 화가 났을 때 사용하는 단어들이 위로가 되고 자기연민의 말이 되도록 했다. 자폐아동은 좌절감을 극복하는 것이 매우 힘들다. 만약에 로완이 옷에 물을 쏟게 되면 실제 사건보다 훨씬 큰 고통과 불안을 유발할 수 있다. 일단 괴로움의 열차가 움직이기 시작하면 멈추기가 힘들다.

그러한 상황에서 나는 수용적이고 연민의 관점으로 반응하는 본보기가 되었다. "우리 불쌍한 아기, 물이 쏟아져서 흠뻑 젖었네. 화나고 속상하지. 지금은 정말 힘들겠다, 그렇지?" 이러한 말들은 바로 그 순간 로완이 자신의 감정을 수용하고 인정하는 것을 배울 수 있게 도와주었다. 그러고 나서 나는 무엇이 잘못되었는지에 대해 계속 집착하기보다는 감정적으로 다음 순간으로 넘어갈 수 있는 단계를 본보기로 보여주려고 노력했다. "기분이 안 좋은 건 알지만 옷을 갈아입었으니 이제 다

러브 유어셀프

괜찮아. 더 이상 울 필요가 없는데 네가 스스로를 슬프게 만들까 봐 걱정이야. 슬펐으면 좋겠니, 행복했으면 좋겠니?"

가끔 내가 이런 질문을 할 때 로완은 슬펐으면 좋겠다고 말하는데 이 경우 나는 로완이 슬픔을 느끼는 동안 안고 위로해준다. "이러한 일들은 일어나기 마련이야. 화를 내도 괜찮아." 그런데 때때로 로완은 "나는 행복했으면 좋겠어"라고 말한다. 이 경우 나는 그가 행복함을 느낄 수 있는 것들을 찾을 수 있게 도와준다. "지금 기분 좋은 어떤 것을 말해줄래? 우리가 함께 있다는 사실이나 게리 1세, 게리 2세라고 부르는 멋진 표범 도마뱀을 두 마리나 가지고 있다는 사실 같은 것 말이야."

로완은 여전히 괴로운 기분을 극복해내는 데 어려움을 겪지만 연민의 접근은 그 감정들이 더 빨리 지나가도록 돕는 것 같다. 또한 나는 로완이 자신에게 이와 같이 말하는 방식을 습득하고 있다는 것을 알았다. 며칠 전에 DVD가 끼어 로완이 화가 났는데 내가 우연히 엿들어보니, "괜찮아. 물건들은 가끔 고장 나"라고 말하는 것이었다.

우리가 함께 동물원에 갔을 때 나는 로완이 '그것을 충분히 습득했다'는 것을 정말로 알게 되었다. 그날 아침에는 여러 가지 짜증나는 일(교통체증이나 주차 문제 등)이 있어서 기분이 좋지 않았다. 몇 분 동안 아프리카 야생동물 전시관에서 씩씩거리고 동동거렸을 때(야생동물이 아니라 내가) 로완은 나에게로 돌아서서 "괜찮아요, 엄마. 슬펐으면 좋겠어요, 행복했으면 좋겠어요?"라고 했다. 나는 내가 현명하고 성숙한 어른이 되어야 한다고 생각했다. 처음에는 당황했지만 나는 그가 옳다는 것을 깨달았다! 아름다운 날이었고 여기서 나는 사랑하는 내 아들에게 지지와 도움을 받았다. 자기연민의 메시지가 마침내 제자리로 돌아왔다.

사랑과 성

•

사랑은 상상력을 먹고 산다. 그 상상력으로 우리는 우리가 아는 것보다 더 현명해지고 우리가 느끼는 것보다 더 기분 좋아지며 우리의 본모습보다 더 고귀해진다. 상상력에 의해 우리는 삶을 전체적으로 볼 수 있다. 우리는 상상에 의해 그리고 그것 자체만으로도 실제적이며 이상적으로 다른 사람들을 이해할 수 있다.

−오스카 와일드, 《심연으로부터》

•

•

자기연민은 우리가 더 나은 부모와 보호자가 되도록 도와줄 뿐만 아니라 우리의 사랑과 성생활을 향상시킨다. 우리가 자기중심적 추구를 그만둘 때—우리 자신을 긍정적으로 평가하고자 하는 집착을 끝낼 때—비로소 다른 사람을 향한 갈망과 사랑이 커지게 된다. 삶을 있는 그대로 받아들이고 생명력이 우리를 관통하여 자유롭게 흐르게 함으로써 우리의 열정은 새롭고 더 경이로운 경지에 도달할 수 있다.

사랑과 로맨스

가장 깊은 필요를 충족시킬 수 있는 로맨틱한 관계를 찾는 것이 어려운 이유는 가장 깊은 필요를 충족시키는 바로 그 관계에 우리가 의존하기 때문이다. 사랑에 빠지는 것이 그토록 행복한 이유는 우리가 다른 사람에 의해 진정으로 가치 있게 받아들여지고 이해된다고 느끼게 해주기 때문이다. 우리의 파트너는 우리의 모든 단점까지도 사랑해준다. 그것은 우리의 단점이 그렇게 나쁘지만은 않다는 것을 의미한다. 물론 여기에는 많은 진실이 있다. 남의 눈에 비친 자신의 아름다움을 보는 것은 멋진 선물이다. 하지만 만약 우리가 스스로를 괜찮게 느끼게 해주는 파트너의 좋은 의견에만 전적으로 의존한다면 언젠가 낭패를 보게 될 것이다. 로맨스가 절정에 있을 때조차도 결국 매력이 줄어들기 시작하고 우리의 파트너들은 그들이 좋아하지 않는 우리의 모습을 보기 시작할 뿐만 아니라 그것을 우리에게 알려줄 것이다. 결혼식 날 루퍼트의 아버지는 우리에게 "걱정 말아요. 결혼하고 첫 40년 동안은 결혼 생활이 좀 만만치 않기는 하지만 그 이후에는 순탄한 항해랍니다"라고 말했다. 웃기려고 과장한 것이긴 하지만 부부관계가 어렵다는 것은 부정할 수 없다.

우리 자신에 대해 기분 좋게 느끼기 위해 파트너에게 항상 의존할 수는 없다. 결국 수용이 우리의 심장을 진정으로 통과하기 위해서는 그 수용이 자기 내부에서 나와야 하기 때문이다. 나의 파트너가 나를 사랑하고 받아들인다는 느낌이 분명 도움이 되기는 하지만 그들의 인정을 잘못된 '친절함'이라고 묵살하는 건 너무 쉬운 일이다. '그래, 내 파트너는 날 사랑해'라고 스스로에게 말할 수는 있지만 그는 내 참모습을 보는 것이 아니다. 그는 내 머릿속에서 끊임없이 떠오르는 고약하고 하찮은 생각들을 듣지 않는다. 만약 그가 내 진짜 모습을 본다면 더 이상 내가 엄청 멋있다고 생각하지 않을 것이다.

이런 습관으로 크게 고통을 겪었던 다이앤이라는 동료가 있었다. 그녀와 동거 중인 남자친구 에릭은 그녀를 몹시 좋아했고 여러 면에서 에릭의 사랑과 지지가 그녀에게 힘이 되어주었다. 하지만 다이앤은 에릭이 자기를 좋게 평가하는 이유가 자기의 진짜 모습을 모르기 때문이라고 생각했다. 다이앤은 계속해서 자신을 평가하고 비난했으며 만약 자신의 진정한 모습을 에릭에게 보여준다면 그도 자신을 비판할 것이라고 추측했다. 다이앤이 스스로에 대해 가장 싫어했던 점은 자신이 강한 통제적 성향을 갖고 있고 그것을 느슨하게 할 수 없을 것 같다는 것이었다.

다이앤은 에릭을 아주 좋아해서 그와 함께 있을 때는 가능한 한 편안하게 보이려고 노력했다. 다이앤의 표현을 빌리자면, 자신이 사실은 꼼꼼한 독재자라는 것을 그가 알기를 원하지 않았기 때문이다. 에릭은 느긋한 사람이었고 바로 그 점이 다이앤이 그를 사랑했던 이유 중 하나였다. 역설적인 점은, 이런 에릭의 느긋한 성격이 다이앤의 통제 욕구 버튼을 계속 누르고 있었다는 것이다. 에릭은 다이앤이 부탁한 우유를 사러 식료품점을 들르거나 화장실을 사용한 후 변기 뚜껑을 닫거나 열대 정글 같이 되기 전에 잔디를 깎거나 하는 등의 사소한 일들을 항상 잊었다. 에릭은 몽상가였는데 그의 행동은 어수선하고 산만한 경향이 있었고 바로 그런 점이 다이앤을 완전히 미치게 만들었다.

약 2년 동안 함께 산 후에 다이앤과 에릭은 점점 더 자주 말다툼을 했다. 다이앤은 에릭의 건망증에 짜증을 내는 것 이상으로 점점 더 화를 내고 심술궂게 굴었다. 다이앤은 에릭을 무책임하고 게으르고 미성숙하다고 욕하기 시작했다. 만약 에릭이 다이앤을 그토록 사랑하지 않았다면 아마도 그는 계속되는 비난에 지쳐서 떠났을 것이다. 그러나 그는 무슨 일이 일어나고 있는지 이해하고 싶어 했다.

길고 많은 대화 끝에 다이앤의 통제 욕구는 두려움으로 인한 것임이 분명해졌다. 16세에 운전면허증을 따고 난 직후 다이앤은 친구들을 해변으로 데려다주고 있었는데 커브길에서 과도하게 핸들을 꺾어 차가 세 번이나 뒤집혔다. 그녀의 친한 친구 한 명이 거의 죽을 뻔했다. 다이앤은 너무 놀라서 다시는 이런 나쁜 일이 일어나지 않게 하고 싶었다. 다이앤은 삶의 모든 것을 통제하려고 노력할 때 더욱 안전하다고 느꼈다. 마치 자기가 존재의 불예측성을 상쇄시킬 수 있을 것처럼. 그러나 다이앤은 자신의 통제적인 경향에 동정심을 갖는 대신 본능적으로 자신을 너무 완고하다고 비난하거나 아니면 에릭이 너무 부주의하다고 비난하기도 하고 자주 그 두 가지를 한꺼번에 하기도 했다.

에릭은 다이앤이 왜 그렇게 행동하게 됐는지 이해한 후에 그녀의 감정을 더 생산적으로 다루도록 도와줄 수 있었다. 에릭은 불교와 다른 동양 전통에 관심이 있었고 자기연민의 가치를 이해했다. 그는 다이앤에게 자기연민이 필요하다는 것을 깨달았다. 다이앤이 스트레스를 받거나 화를 내는 것을 볼 때마다, 심지어 자기를 집중적으로 비난하며 공격할 때조차도 그는 다이앤에게 자신의 반응 이면에 있는 감정들과 접촉하도록 상기시키곤 했다. "두렵고 통제할 수 없다고 느껴져서 화가 나는 건가요? 잠시 자기 자신에게 연민을 줄 수 있는 시간을 가져보는 게 어때요? 그런 다음 무슨 일이 있었는지에 대해 같이 이야기해봐요."

처음에는 이상하게 느껴지긴 했지만 자신에게 친절과 온화함과 이해가 필요하다는 것을 상기하기 위해 다이앤은 자신의 화난 감정을 이용했고 점점 더 자기연민이 되도록 연습하기 시작했다. 다이앤은 통제 욕구가 생길 때마다 다정다감하고 달래주는 말로 자신을 위로하곤 했다. "가장 친한 친구가 죽을 뻔한 게 너무 무서웠기 때문에 이렇게 통제 욕구를 느끼는 거 알아. 지금 상황이 너에게 두려움을 불러일으킨 것이고 충분히 이해할 만한 일이야. 이것은 지금 너에게 너무나 힘든 일이야." 자기 자신에 대한 태도를 바꾸자마자 다이앤은 초조감이 가라앉는 것을 알아차렸다. 그녀는 점점 더 믿음이 생기고 느긋해지게 되었다.

이렇게 새로운 방식으로 몇 달을 보낸 후에 다이앤과 에릭은 말다툼을 훨씬 적게 했다. 다이앤은 마침내 에릭이 정말로 자신의 진짜 모습을 사랑하며 자신이 그의 사랑을 받을 만한 가치가 있다는 것을 깨닫게 되었다. 에릭도 좀 더 책임감 있게 행동하게 되었다. 그는 다이앤에게 불필요한 고통을 주고 싶어 하지 않았다. 여전히 개선이 필요한 부분이 있지만 관계는 그 어느 때보다 나아졌다. 그들은 심지어 언제쯤 결혼할 것인지에 대한 주제까지 이야기했다(만약 결혼하게 된다면 그들은 결혼 준비를 전적으로 다이앤에게 맡길 것이다).

실습
1

당신의 관계 유형을 식별하기

여러분의 현재 혹은 가장 최근의 로맨틱한 관계에 대해 생각해보세요. 당신의 가장 강력한 감정 버튼은 무엇인가요? 당신은 당신의 파트너가 전혀 생각지도 않는 결론을 성급하게 내림으로써 혼자서 쉽게 상처를 받나요? 파트너가 당신을 떠난다고 가정하며 불안해하나요? 거의 모든 사람이 관계에서 과민반응을 일으키는 핵심 주제를 가지고 있습니다. 그것은 마치 당신의 파트너가 말하거나 행동하는 것에 배 하나를 가득 채울 만큼의 '추가 물품'이 더해져서 빠르고 급격하게 통제할 수 없게 되는 것과 같습니다. 우리의 패턴은 과거의 관계가 잘못되어서 생기는 상처이고 흔적입니다. 비록 사랑스럽고 지지적인 파트너가 이러한 패턴을 치유하는 것을 도울 수 있지만 치유의 가장 직접적인 원천은 자신의 내부에서 나옵니다.

다음번에 관계에서 당신의 버튼이 눌러질 때 무슨 일이 실제로 일어나는지 명확하게 이해하려고 노력하세요. 당신이 느끼는 감정에 대해 파트너를 즉각적으로 비난하는 대신 당신의 오래된 패턴을 인식하고 파악하려고 노력하면서 당신 자신에게 연민을 줄 기회를 가지세요. 만약 당신이 상처받았다고 느낀다면 이러한 감정을 마음챙김하고 당신의 과민반응을 완전히 수용하려고 노력하세요. 모든 인간은 이런저런 감정의 상처를 가지고 있다는 사실을 인식하면서 자기친절로써 당신의 고통을 달래주고 진정시키는 데 적극적으로 집중하세요(당신의 자기연민 주문이 여기서 쓸모가 있을 것입니다).

파트너가 당신이 원하는 것을 정확히 줄 거라고 기대하지 말고 자기자신의 필요를 먼저 충족시키도록 해보세요. 당신이 갈구하는 것(인정, 보살핌, 지지 등)을 명확하게 파악하고 자기연민이 당신에게 그것을 줄 수 있는지 알아보세요. 이것은 당신의 파트너로 하여금 독심술사가 되어야 하고 정확히 당신이 원하는 방식으로 반응해야 한다는 압박감을 덜어줄 것입니다. 당신의 패턴이 나타날 때 그것을 다루기 위해 자기연민에 더 의존하는 것을 배울수록 당신은 결국 그것들이 당신에게 영향을 덜 주게 된다는 것을 알게 될 것입니다. 상처는 그들이 필요로 하는 보살핌과 관심을 받을 때 진정으로 치유됩니다.

관계 역동

실험심리학자 존 가트맨John Gottman은 로맨틱한 관계에 대한 연구 분야에서 세계 최고 수준의 전문가다. 그는 부부가 갈등 상황에서 어떻게 상호작용하는지에 대한 짧은 관찰을 통해 91퍼센트

러브 유어셀프

의 정확성으로 그들이 헤어질지 여부를 예측할 수 있다고 주장한다. 핵심은 커플에게 갈등이 있는지 없는지의 **여부가** 아니라(갈등이 없는 커플이 있다면 나에게 데려와보라) 그들이 갈등을 **어떻게** 가지고 있느냐는 것이다. 가트맨이 '종말의 네 기사'라고 부르는 네 가지 주요 문제 행동은 파국적 관계를 시사한다. 그것들을 중요한 순서대로 나열해보면 비난, 경멸, 자기방어, 벽 쌓기다. 만약 싸우는 동안 파트너를 혹독하게 비난하고 혐오나 경멸을 드러내고(눈알을 굴림, 빈정댐 등) 지나치게 방어적이면서 파트너한테 문제를 전가하거나 혹은 벽 쌓기를 한다면(파트너들을 무시하고 대화를 중단하는 것) 예후는 암울하다. 가트맨은 행복하고 안정적인 관계를 예측하는 요소들도 언급했다. 만약 갈등이 있을 때 커플이 어떤 종류라도 긍정적인 감정—상냥한 시선, 애정 어린 작은 제스처, 사과, 웃음—을 보인다면 그들의 관계들은 지속될 것이다.

자기연민은 관계에 갈등이 있는 동안 파괴적인 감정보다 긍정적인 감정을 불러일으킨다. 우리가 관계 문제로 화가 났을 때 자기연민은 감정을 위로하고 감정의 강도를 진정시킬 수 있는데 이것은 우리가 '네 기사'를 더 잘 통제할 수 있다는 것을 의미한다. 논쟁하는 중에 자신의 역할을 인정하는 데 필요한 정서적 안정감을 경험한다면 말다툼하면서 가혹하게 비난하거나 경멸을 보이거나 자기방어적이 될 가능성이 적어질 것이다. 또한 자기연민은 힘든 관계를 놓고 충분히 대화를 해나가는 데 필요한 평정심을 주는데 이는 자기연민이 벽 쌓기를 줄일 수 있다는 것을 의미한다. 자기연민은 마음을 부드럽게 해주기 때문에 우리가 파트너에게 느끼는 애정과 더 쉽게 접촉할 수 있게 해주고 갈등 중에도 긍정적인 감정을 더 잘 표현하게 해준다. 그리고 자기연민은 우리가 자아를 덜 심각하게 여기게 해주기 때문에 때때로 우리의 과잉반응에서 유머를 발견할 수도 있다.

언젠가 내가 루퍼트와 싸웠을 때 "그만 좀 해!"라며 내 엄마와 정확히 똑같은 빈정거리는 말투가 내 입에서 튀어나왔는데 엄마가 화났을 때 흔히 내뱉던 말이었다. 우리는 서로를 쳐다보며 웃음을 터뜨렸고 나쁜 습관을 쉽게 따르게 된다는 사실을 인정했다. 말할 필요도 없이 그후 갈등은 쉽게 해결됐다.

갈등 상황에 자기연민을 활용하는 또 다른 방식이 있다. 흔히 파트너 간의 싸움은 각자가 자신의 관점을 인정받기를 동시에 원하기 때문에 생긴다. 관계상의 문제를 바라보는 내 방식에 대해 이야기할 때 내가 어떻게 느끼는지를 인정하지 않고 루퍼트가 자신의 다른 관점을 말한다면 나는 내 이야기를 귀기울여 듣는다고 느끼지 못할 것이다. 루퍼트가 친구들과 말을 타면서 3주 연속 주말을 보냈기 때문에 나는 화가 났고(말은 그의 열정이다) 나는 그와 더 많은 시간을 보내고 싶기 때문에 다음주에는 말을 타지 말라고 부탁한다고 하자. 그는 내가 화가 났다는 사실을 인정하는 대신 자신이 어떻게 생각하는지를 내게 말해준다. "당신은 내가 승마를 얼마나 좋아하는지 알고 있으면서 그다지 관대하지 못하네요. 지금 날씨가 승마하기에 아주 좋은데도 말이에요." 나는 루퍼트가 내 감정을 심각하게 받아들이지 않는다고 느끼기 때문에 "봤죠? 내가 이런 식으로 느끼는 게 당연하잖아요" 하는 식으로 더 극단적인 반응을 보이게 된다. 예를 들어, "하지만 우리는 더 이상 가족끼리 시간을 보내지 않아요!"라고 말할 수도 있다(지난달에 일주일간 가족 휴가를 보냈음에도 불구하고). 이것은 그의 입장을 더 강화시킬 뿐이다. "당신은 항상 과장해요. 그리고 당신은 내가 무엇을 원하거나 필요로 하는지 절대 고려하지 않아요!" 우리 두 사람의 목소리에 깃들어 있는 분노와 비난의 어조는 우리가 서로 이해할 수 있는 지점까지 가는 것을 더 어렵게 만들 것이다.

관계상담사는 이런 경우 자신의 관점을 제시하기 전에 상대 파트너의 감정을 인식하고 수용해주라고 조언한다. "나는 당신이 승마를 좋아하고, 덥고 습한 날씨가 시작되기 전에 가능한 한 많이 타고 싶어 한다는 것을 알아요. 하지만 당신이 없을 때 나는 외로워요. 다음 주말에 더 많은 시간을 당신과 함께 보내고 싶어요"라고 하거나 "내가 친구들과 함께 승마를 하며 주말을 보낼 때 당신이 소외감을 느낀다는 것을 이해해요. 하지만 승마는 나에게 매우 중요해요. 더워지기 시작하면 자주 나가지 않을 거예요"라고 하는 것이다. 하지만 감정이 격해 있을 때 자신이 원래 하던 반응에서 벗어나 파트너의 말을 경청하면서 감정을 수용하고 인정해주기란 쉽지 않다. 만약 당신의 파트너가 그에게 필요한 것을 내가 주기를 바라며 기다리는 동안 나도 내가 필요한 것을 내 파트너가 주기를 바라며 기다리고 있다면 둘 다 오랜 시간을 기다려야 할 것이다. 이 시간이 바로 자기연민이 도움이 될 수 있는 지점이다.

만약 여러분이 연민을 가지고 자신의 감정을 인식하며 수용하고 당신이 느끼는 방식이 자연스러운 것이라고 스스로에게 부드럽게 상기시킬 수 있다면 다른 사람이 당신의 목소리에 귀기울인다고 느끼기 위해 점점 더 크게 말할 필요가 없을 것이다. 당신은 지금 정말로 듣고 싶은 말이 무엇인지 스스로에게 말해 줄 수 있다. "당신이 지금 기분 상하고 짜증나 있어서 내 맘이 좋지 않네요. 내가 무엇을 도울 수 있을까요?" 일단 당신이 받아들여지고 보살핌을 받는다고 느끼게 되면 당신은 파트너가 말하는 것을 들으며 그들의 관점에서 상황을 볼 수 있는 더 좋은 위치에 있게 될 것이다. 불에 연료를 덜 부을 것이고 갈등이 식기 시작할 것이다.

관계에서 자기연민이 주는 이점

연구는 자기연민이 로맨틱한 관계의 질을 향상시킨다는 것을 보여준다. 우리는 최근에 1백 쌍이 넘는 커플들을 대상으로 연구를 진행했는데 각 파트너의 자기연민 수준을 측정하고 그들이 관계에 얼마나 행복하고 만족하는지 이야기해달라고 요청했다. 또한 우리는 각 참가자에게 파트너의 관계 행동을 설명해달라고 요청했다. 그들이 배려하고 세심한지 아니면 통제하고 요구적인지 또는 곧바로 화를 내는지 아니면 충분히 문제를 논의할 수 있는지 등이다. 이 연구를 통해 우리는 자기연민을 잘하는 사람들이 로맨틱한 관계도 더 잘 유지하는지 알아보고자 했다. 자기연민을 잘하는 사람이 파트너에게 더 사랑받고 지지받고 배려받는지의 여부도 알아보았다.

우리는 참가자들의 자존감 수준도 측정했는데 자존감이 높은 사람들이 자존감이 결여된 사람들보다 관계가 더 나을 것이라고는 생각하지 않았다. 사람들은 종종 자신의 자존감이 파트너에 의해 위협받을 때 화를 내고 질투하고 방어적으로 변하는데 이것은 많은 관계에서 문제의 원인이 되는 패턴이다. 게다가 자존감이 자기애의 모습을 하고 나타날 때 이것은 종종 로맨틱한 관계에서 이기심과 게임으로 이어진다. 자존감은 결코 행복의 열쇠가 아니다.

우리 연구 결과는 자기연민의 태도를 지닌 사람들이 자기연민이 부족한 사람들보다 실제로 더 **행복했으며** 더 만족스럽고 로맨틱한 관계를 가지고 있다는 것을 보여주었다. 그 주된 요인은 자기연민이 있는 참가자들이 자기연민이 부족한 사람들보다 더 수용적이고 비판단적이라는 평가를 그들의 파트너에게 받았기 때문이다. 자기연민이 있는 사람들은 파트너를 바꾸려 하기보다 파트너의 의견을 존중하고 그들의 관점을 고려하는 경향이 있었다. 또한 그들은 자기연민이 부족한 사람들보다 더 배려심 있고 유대감이 있으며 다정하고 친밀감 있고 기꺼이 관계 문제에 대해 이야기하고자 했다. 동시에 자기연민이 있는 사람들은 관계에 있어 파트너에게 더 많은 자유와 자율성을 주는 것으로 나타났다. 그들은 파트너가 스스로 결정을 내리고 스스로의 관심사를 따르도록 격려하는 경향이 있었다. 반면에 자기연민이 결여된 사람들은 파트너에게 덜 애정적이며 더 비판적인 것으로 나타났다. 그들은 더 통제적이었고 파트너에게 이래라 저래라 명령하며 그들을 지배하려 했다. 또한 그들은 더 자기중심적이고 융통성 없이 모든 것이 자신의 방식대로 되기를 원하는 것으로 묘사되었다.

주목해야 할 것은 높은 자존감이 커플들에게 모든 것을 다 해주는 것처럼 보이지는 않았다는 점이다. 자존감은 더 행복하고 건강한 관계와 관련이 있지 **않았고** 높은 자존감을 가진 사람들은 그들의 파트너들에 의해 자존감이 부족한 사람들보다 관계에서 더 수용적이고 배려하고 지지적이라고 묘사되지 않았다. 다른 말로 하면, 우리 연구 결과는 자기연민은 좋은 관계를 함양하는 데 중요한 역할을 하지만 높은 자존감을 갖는 것이 반드시 도움이 되는 것은 아님을 시사한다. 자기연민은 관계에서 상호성에 대한 느낌을 촉진하는데 이로써 자신과 다른 사람의 요구가 균형을 이루고 통합되도록 한다. 반면에 자존감은 더 자아중심적이고, 파트너 간의 욕구 사이에서 분리감과 경쟁의식을 확대시킨다.

당신이 정말로 친밀하고 유대감 있는 관계 유형을 갖기 위해서는 먼저 **당신 자신과** 친밀하며 스스로에게 유대감을 느껴야 한다. 당신이 인간 삶의 한계와 마주칠 때 스스로를 배려하고 지지하게 되면 당신에게 소중한 지인을 배려하고 지지적으로 행동하는 데 필요한 정서적 자원을 가지게 될 것이다. 사랑과 수용을 원하는 자신의 욕구를 충족시킴으로써 당신은 덜 요구적이고 덜 집착하게 될 것이다. 그리고 당신이나 당신의 관계가 완벽하지 않을 것이라는 사실을 받아들임으로써 로맨스는 **어때야 한다는** 관념—현실에서는 존재하지 않는 신데렐라가 멋진 왕자를 만나는 동화(너무 일차원적이어서 어쨌든 관심을 오랫동안 끌 수 없는)—과 비교하는 대신 당신의 관계를 있는 그대로 더 즐길 수 있게 될 것이다. 자기연민은 불완전성을 사랑으로 포용함으로써 로맨스가 진정으로 번성하는 데 필요한 비옥한 토양을 만들어준다.

그리고 네가 자신에게 연민을 가질 수 있도록 돕겠다고 약속할게

앞서 언급했듯이 나는 루퍼트와 결혼할 때 서로가 좀 더 자기연민의 태도를 갖도록 돕겠다는 약속을 결혼 서약에 포함시켰다. 이것은 공허한 약속이 아니라 우리가 각자 자신으로서 그리고 또 함께 존재하기 위한 헌신이었다. 우리는 서로에 대해 좀 더 자기연민의 태도를 가질 수 있도록 몇 가지 구체적인 조치를 취했다. 우리가 특별히 효과적이라고 여긴 한 가지 연습은 논쟁 중에 '자기연민 휴식'을 하는 것이었다. 그 휴식은 우리를 진정시킬 뿐 아니라 힘든 상황에 처한 우리 자신에게 연민을 줄 수 있는 공간을 마련해준다. 이 연습은 여러 가지 이유로 도움이 된다. 특히 이 훈련은 두 사람 모두의 멍든 자아를 달래주는데 부부들이 많이 싸우는 것은 자신의 자존감을 보호하고자 하는 욕구에서 비롯된 것이기에 유용한 도구다.

한번은 루퍼트가 나에게 화가 났던 때가 있다. 루퍼트가 친구와 함께 했던 토론에 내가 계속 끼어들었기 때문이다. 영국 정부가 여우 사냥을 금지하자고 제안했을 때였다(이후 2004년에 금지됐다). 나는 채식주의자인 반면, 열렬한 승마 애호가인 루퍼트는 스포츠와 함께 자랐다. 말할 필요도 없이 우리는 여우를 쫓는 사냥개를 따라 시골을 가로질러 말을 타고 질주하는 것의 윤리적인 본질에 대해 매우 다른 의견을 가지고 있었다. 문제는 의견 차이가 아니었다. 나는 계속 루퍼트의 말을 잘

11 사랑과 성   315

라서 그가 자신의 견해를 적절히 표현할 수 없게 했다. 친구가 집으로 돌아간 후 루퍼트는 대화에 계속 끼어든 나를 부드럽게 꾸짖었다. 하지만 나는 우아하게 사과하는 대신 여우 사냥에 대한 루퍼트의 의견이 멍청하고 잘못되었다고 말함으로써 판을 키웠다. 지나고 보니 정말로 여우 사냥이 잔인하다고 믿었다 치더라도 내가 끊임없이 그의 말에 끼어들어 지나치게 행동했다는 사실을 인정하는 게 너무나 부끄러웠기 때문이라는 것을 알 수 있었다. 그래서 내 자존심을 세우기 위해 나는 좀 더 자화자찬하는 주제로 바꾸려고 했다. 내가 옳고 루퍼트가 틀렸다는 사실 말이다. 이것은 상황을 더욱 악화시키기만 했는데 루퍼트는 친구들 앞에서 굴욕감을 느끼고 아내에게 모욕을 당하는 이중의 불운을 겪었기 때문이었다. 거기서부터 사태가 뜨겁게 달아오르기 시작했다.

다행히도 상황이 너무 걷잡을 수 없게 되기 전에 서로 기관총을 발사해대는 와중에 나는 '자기연민 휴식!'이라는 말을 어떻게든 간신히 내뱉을 수 있었다. 우리 둘 다 몇 분간 눈을 감고 자신에게 연민의 마음을 보냈다. 나는 내가 열정적으로 느꼈던 주제에 대해 내 의견을 표현하고 싶어 하는 한 인간일 뿐이라는 것을 깨달았다. 나는 루퍼트의 입을 막으려고 한 것이 아니라 나의 열정에 휩쓸려갔던 것이다. 일단 나의 방어 태세가 부드러워지고 선을 넘어선 것에 대해 나 자신을 용서하자 루퍼트에게 적절히 사과할 수 있었다. "당신 말이 맞아요. 당신 말을 계속 끊은 건 정말 무례한 일이었어요. 당신은 분명 끔찍하게 화가 났을 거예요. 미안해요. 여전히 당신의 의견에 동의하지는 않지만 공정하게 말하자면 당신은 내가 고려하지 않았던 몇 가지 아주 타당한 논점들을 제시했어요."

루퍼트는 화가 많이 난 자신에게 연민을 주고 있었기 때문에 내가 그의 감정과 관점을 인정하고 수용하자 바로 내 사과를 받아들일 준비가 되었다. 그는 더 이상 자신을 방어할 필요가 없다고 느꼈고 자신에 대한 연민에 의해 달래지고 위로를 받은 후 더 수용적인 마음 상태가 되었다. 사실 그는 내 의견의 많은 부분도 타당하다는 것을 인정했고 결국 우리는 여우 사냥의 해악과 장점에 대해 매우 생산적인 논의를 하게 되었으며 내가 가능하리라고 생각했던 것보다 더 많은 동의와 합의를 이룰 수 있게 되었다. 루퍼트는 사실 그해 말에 여우 사냥을 포기했지만 나를 달래기 위해서가 아니었다. 오히려 그가 가진 연민적인 감각이 그가 자라난 문화보다 여우를 더 많이 공감할 수 있게 만들어주었기 때문이었다(그는 아직도 말을 타고 시골 울타리를 뛰어넘지만 동물을 사냥해야 하는 도덕적 딜레마는 없다).

때로 루퍼트와 내가 갈등을 겪을 때 단순히 멍든 자아나 여우 사냥이 괜찮은지 아닌지 같은 추상적인 도덕적 관념보다 더 깊은 문제까지 가긴 한다. 대부분의 사람은 대인관계에서 도움이 안 되는 방식으로 반응하는 패턴을 발달시키는데 이러한 패턴은 전형적으로 유아기 트라우마에 반응하여 형성된 것이다. 예를 들어, 나는 내 패턴을 '상처받은 소녀'라고 부른다. 나는 어릴 때 아버지에게 버림받았다고 느꼈기 때문에 남자들과의 관계에서 상처받고 버림받은 느낌이 매우 쉽게 든다. 이 패턴은 루퍼트와 사귀기 시작한 후 처음 몇 년 동안 특히 강했다. 앞서 언급했듯이 나는 인도에서 학위 연구를 하는 동안 루퍼트를 만났다. 루퍼트는 남부 인도 안내서를 위한 정보를 수집하는 여행 안내서 작가였다. 우리가 결혼한 후 루퍼트는 여행 잡지에 기고할 기사를 쓰면서 생계를 유지했다. 나는 루퍼트의 직업이 집에서 많이 떠나 있어야 하는 직업이라는 것을 알고 있었지만 그가 새로운 일을 할당받아 떠날 때마다 나를 버린 것처럼 행동하곤 했다. 상처받고 버림받은 느낌이 나의 모든 표정을 채색했기 때문에 나는 루퍼트가 떠났을 때 삐죽거렸고 돌아왔을 때도 뚱하곤 했다.

반면, 루퍼트는 자신의 패턴을 '부당하게 취급받은 소년'이라고 불렀다. 그의 어린 시절 고통 대부분은 그가 다녔던 사립학교에서 그에게 최고의 관심을 기울여야

했던 영국 선생님들에게 오히려 가혹한 취급을 받은 데서 기인했다. 그들은 루퍼트가 수학 수업에서 나쁜 점수를 받았을 때 공개적으로 굴욕감을 주고 그가 가장 좋아하는 과목인 역사 수업—정말로 이 과목은 뛰어났지만—을 탈락시키는 방식으로 처벌했다. 그리고 교사의 박해로 그를 괴롭히는 것이 괜찮다는 메시지를 받은 다른 아이들에게도 괴롭힘을 당했다. 그런 부당한 대우에 대한 스트레스가 너무 심해서 그는 실제로 11세에 신경쇠약을 겪었고 3개월을 침대에서 보냈다. 루퍼트가 생계를 위해 출장을 가야 할 때마다 나는 매번 상처를 입은 것처럼 행동했고 이 행동은 그의 '그건 불공평해!' 버튼을 재빨리 누르게 만들었다. 그래서 루퍼트는 내 불안감을 완화시켜 주는 대신 도리어 화를 내고 평정을 잃게 되곤 했다. 그의 관점에서 볼 때 나의 반응은 그에 대한 직접적인 비난이었다. 그는 아무것도 잘못한 것이 없기 때문에 그것은 엄청나게 부당한 것이었다. 나처럼 그의 감정도 과장된 방식으로 경험되었는데 우리의 과잉반응은 현재의 특정한 상황으로 인한 고통보다 훨씬 더 깊게 흐르는 고통의 샘에서 기인한 것이었다.

다행히도 루퍼트와 나는 자기연민을 잘 적용했기 때문에 어린 시절 조건화라는 손아귀에서 결국 자유로워질 수 있었다. 이것은 어려운 일이었는데 우리의 상응하는 패턴은 우리 둘 다 동시에 비이성적인 상태에 있다는 것을 의미했기 때문이다. 하지만 갈등할 때 우리 중 한 사람이라도 자기연민의 과정을 시작해야 한다는 것을 기억하는 한 부정적인 반응을 이끌어내는 엔진은 힘이 빠지기 시작했다. '상처 입은 작은 소녀'는 돌봄을 받고 수용된다는 느낌으로 인해 욕구가 충족되었기 때문에 진짜로 버려지는 것이 아니라는 것을 인식할 수 있었다. 마찬가지로 '부당하게 취급받은 소년'은 진정되는 것을 느끼기 시작했고 분노를 내버려둘 수 있었으며 내 반응이 그에 대한 개인적인 비난이 아니라는 것을 깨달았다. 일단 우리가 어린 시절의 패턴을 연민으로 다룰 수 있게 되면 우리는 지금 여기서 실제로 일어나는 일에 집중할 수 있게 되고 갈등은 더 쉽게 풀릴 것이다. 우리가 서로 좀 더 자기연민의 태도를 갖도록 도와주겠다고 한 맹세는 우리가 한 일 중 가장 잘한 일이었다.

실습
2

자기연민 휴식 취하기

다음에 파트너와 격하게 말싸움을 하게 되면 자기연민 휴식을 취하도록 해보세요. 두 사람이 다 그렇게 하기로 동의하는 것이 가장 좋지만 혹여 여러분의 파트너가 같이 하지 않더라도 싸우는 동안 당신 자신에게 연민을 주기 위해 잠깐 동안 '휴식'하는 것은 매우 유용합니다. 가장 어려운 것은 휴식을 취해야 한다는 것을 기억할 수 있도록 의식이 충분히 깨어 있어야 한다는 것입니다. 종종 우리는 갈등을 일으키는 내용에 너무 몰입해서 그 외 다른 것을 의식하지 못합니다. 그러나 연습을 해나가면서 갈등이 있을 때 생기는 그 고통을 이용하여 당신에게 지금 이 순간 필요한 것이 자기연민이라는 것을 상기시킬 수 있습니다.

휴식하는 동안 당신은 몇 분간 혼자 있을 수 있는 장소에 가야 합니다(필요하다면 화장실이라도). 가장 먼저 해야 할 일은 다투고 있는 것에 대한 '이야기'를 중단하는 것입니다. 당신이 해야 할 일은 당신의 감정을 인식하고 수용함으로써 화난 당신의 상태를 그저 위로하는 것입니다. 스스로에게 "지금 정말 힘들다"라고 말해보세요(당신의 자기연민 주문이 여기서 유용할 수 있습니다). 갈등이 있을 때 고통이 생기는 주요 원인 중 하나는 각자가 자신의 주장을 관철하려고 너무 노력하기 때문에 상대방은 자신의 말이 귀기울여지고 수용된다고 느끼지 못하기 때문입니다. 또한 상대방의 화난 어조로 인해 사랑받지 못하고 거절당한다고 느낍니다. 따라서 먼저 자신에게 귀기울이고 스스로를 인정하고 수용해봅니다. 우선 자신을 받아들이고 돌보도록 하세요. 이것은 당신의 감정적 반응성을 감소시키고 좀 더 평화로운 마음 상태가 되도록 해줄 것입니다.

일단 휴식이 끝나면 당신은 파트너와 좀 더 건설적으로 관계를 맺을 수 있을 것입니다. 할 수 있다면 파트너에게 적어도 하나의 긍정적인 감정(웃음, 미소, 친절한 말 혹은 당신의 파트너가 무엇을 말하는지 당신이 이해한다는 말)을 표현하도록 노력하세요. 이러한 표현은 갈등의 역학관계를 상당히 변화시키고 생산적인 토론으로 바꾸는 데 도움이 됩니다.

자기연민은 로맨틱한 관계에 놀랄 만한 힘을 준다. 우리가 모든 정서적 욕구—우리가 원하는 사랑과 수용을 **우리 자신에게** 주는 것—를 충족시키기 위해 파트너에게 의지하는 것을 멈출 때 우리는 덜 집착하고 덜 애정에 굶주리고 덜 의존적이 된다. 우리가 그저 인간일 뿐이라는 것을 기억할 때 우리는 자신의 실수를 인정하고 훨씬 더 침착하고 명료한 상태에서 충분히 이해가 될 때까지 이야기를 나눌 수 있다. 그리고 우리 자신에게 다정하고 따뜻해짐으로써 우리가 사랑하는 사람에게 줄 수 있는 더 좋은 정서적 공간을 갖게 될 것이다.

침실에서의 **자기연민**

자기연민은 만족스럽고 서로를 인정해주는 로맨틱한 관계를 만들어줄 수 있을 뿐 아니라 보너스로 우리의 성생활을 개선시킬 수도 있다. 섹스는 살아 있음과 열정 그리고 유대감을 느끼는 놀라운 방법이다. 또한 성인으로서 우리가 할 수 있는 가장 즐거운 활동 중 하나다. 그렇다면 우리 사회는 성에 관해서 왜 그렇게 상반된 모습을 보일까? 성적인 사진은 어디에나 있지만 사람들은 공개적이고 정직한 방법으로 성을 다루는 데 어려움을 겪는다. 특히 여성의 경우 성생활과 관련한 엄청난 수치심을 가지고 있다. 심지어 1960년대 성 혁명 이후에 자란 사람들에게도 사회는 여성의 가치와 자아존중감이 성적 순결함을 유지하는 능력에 있다는 메시지를 보낸다. 섹스를 노골적으로 즐기고—신이 금한—많이 원하는 여자를 부르는 표현이 있다. 뭐라고 부르는지 우리는 잘 알고 있다.

물론 예전만큼 나쁘지는 않다. 여성들은 더 이상 결혼할 때 성경험이 없어야 할 필요가 없지만 여전히 엄청난 이중잣대가 존재한다. 여러 명의 성적 파트너가 있는 남성들은 킹카로 칭송받는 반면, 같은 상황에서 여성들은 비난받는다. 자신의 성 정체성에 대해 자랑스러워하고 당당한 롤모델을 보여주는 여성이 더러 있다. 〈섹스 인 더 시티Sex in the city〉에 나오는 사만다라는 인물이 좋은 예다. 막 데이트하기 시작한 남자와 언제 섹스를 해야 하는지에 대한 그녀의 견해는? "갖기 힘든 남자는 '힘들게 가지려고' 애쓰지 말자"라는 것이다. 물론 사만다가 그렇게 재미있는 이유는 보통의 경우 인상을 찌푸리게 할 만한 일조차도 기분 좋게 받아줄 정도로 그녀가 거리낌이 없기 때문이다.

반면에 자신이 진짜 성관계를 원하는 것이 아니라 상대방이 자신을 좋아하기를 바라는 마음에 첫 데이트에서 남자와 성관계를 갖는 여자는 사실 자기 자신을 평가절하하고 **있다**. 만약 한 여성이 하이힐(지미추 제품이건 아니건)을 신고 걸을 때 얼마나 많은 추파를 받느냐에 따라 자기존중감이 생긴다면 자신의 내부로부터가 아니라 외부 세계가 그녀를 어떻게 보는가에 의존하게 되기 때문에 자신을 과소평가하고 있는 것이다. 자존심을 얻기 위한 수단으로 성관계를 사용하는 것은 성관계 상대를 잘못 선택하게 할 수 있고 당신을 감정적으로 취약하게 만들 수도 있다. "왜 그가 나에게 전화를 하지 않지요? 제가 충분히 만족스럽지 않았나요?"

십 대 소녀들은 성생활과 자기가치에 관해 특별히 더 어려운 도전에 직면한다. 청소년기 아이들은 우리 사회에서 점점 더 성적으로 변해가고 있다. 교외 쇼핑몰을 거닐다 보면 배꼽이 드러나는 청바지 사이로 보이는 끈 팬티를 입고 종이처럼 얇은 티셔츠 아래로 선명하게 보이는 레이스 달린 푸시업 브라를 입은 소녀들을 볼 수 있을 것이다. 비단 십 대뿐만이 아니다.《너무나 매력적인, 너무나 이른So sexy, So soon》의 저자 다이앤 레빈Diane Levin과 진 킬본Jean Kilbourne에 따르면 사춘기 이전 소녀들도 미니스커트, 끈 팬티, 패드를 댄 브라를 입고 있다고 한다. 이것이 던지는 메시지

　　　　　　　　　　　　　　러브 유어셀프

는 당신의 가치는 당신이 가진 것에 달려 있고, 만약 그것을 갖고 있다면 과시하라는 것이다. 젊은이들이 듣는 음악은 소녀들이 일차적으로 성적인 대상이라는 개념을 강화시킨다. 섹스에 초점을 맞춘 인기가요의 3분의 2에는 여성을 비하하는 가사가 담겨 있다. "닫힌 입은 음식을 먹지 못한다고들 해. 그래서 나는 오랄섹스를 주저없이 요구해. 내 말 들었지? 침대로 가야겠다"라고 하는 잉 양 트윈스Ying Yang Twins의 노래처럼 말이다. 보통 십 대들은 하루에 두 시간 반 정도 음악을 듣는다.

일부 젊은 여성들에게 성 자체는 점점 더 의미가 없어지고 있다. 자신의 책《풀기Unhooked》에서 로라 세션스 스테프Laura Sessions Stepp는 많은 고등학교와 대학 캠퍼스에서 성관계는 매우 일반적이며, 오래 만났으며 정서적으로 친밀한 관계에서 섹스를 원하는 것은 더이상 멋있게 여겨지지 않는다고 말한다. 만연한 여성 혐오에 대한 반응으로 몇몇 소녀는 같은 방식으로 이에 대응하고 있다. "그들이 당신을 망치기 전에 그들을 망치고 싶을 뿐이다"라고 어떤 사람이 말한 것처럼. 스테프는 니콜이라는 이름을 가진 여자아이에 대한 이야기를 들려준다. 그녀는 한 남자에게서 만나자는 문자를 받고 그의 방에 가서 섹스를 했다. 몇 시간 후 그녀가 떠날 준비를 하는데 그는 그녀에게 물었다. "우리 이제 어떻게 할 거야?" 그러자 그녀는 "아무것도 안 해. 나는 내가 원하는 걸 얻었어"라고 대답했다.

성적인 규범이 제멋대로 되어가는 것처럼 보이는 동시에 정반대의 경향도 일어나고 있다. 쇼핑몰에서 허벅지 높이 부츠를 신고 어깨가 다 드러나는 상의를 입고 있는 많은 소녀가 순결 반지를 자랑삼아 드러내 보이기도 하는 것이다. 십 대 소녀 중 4분의 1(그리고 십 대 소년들의 약 6분의 1)이 결혼하기 전까지 성적으로 금욕적인 상태를 유지하겠다고 맹세했다. 브리트니 스피어스, 제시카 심슨 또는 브룩 쉴즈 같은 사람들은 처녀성을 이용하여 성공적인 경력을 만들었다. 이들 젊은 스타들은 가능한 한 많은 피부를 보여주고 카메라를 향해 도발적인 자세를 취하면서도 순결의 중요성에 대해 서정적으로 번지르르하게 묘사하면서 유명세를 타게 되었다. 섹스에 대한 이러한 모순된 메시지들은 그들의 유명세와 무관하지 않았다. 몇몇 연구에 따르면 순결 서약을 한 젊은이들은 서약을 하지 않은 사람들만큼 혼전 성관계를 맺을 가능성이 높지만 콘돔을 **덜** 사용하고 항문과 구강 성교를 할 가능성이 **더** 높다는 것이 밝혀졌다(마치 이것은 성관계에 포함되지 않는 것처럼).

우리 사회의 소녀들과 여성들이 건강한 방식으로 성생활과 관계를 맺기 힘들다는 것은 놀랄 일이 아니다. 우리는 너무 성적으로 비춰지거나 아니면 충분히 성적이지 않은 것에 대해 둘 다 부끄럽게 느끼도록 학습되었다. 자기연민은 우리가 성에 대해 더 건강하고 더 진정한 방식으로 관계하는 방법을 개발할 수 있게 도와준다. 가장 중요한 점은 어떤 형태의 것이든 우리의 성을 지지하고 잘 돌봄으로써 성적 수치심의 희생자가 되는 것을 멈출 수 있다. 우리는 뒤죽박죽이 된 사회의 성적 규범에 따라 우리 자신을 판단할 필요가 없다. 어떤 사람들은 이성애자이고, 어떤 사람들은 동성애자이며, 또 어떤 사람들은 양성애자이고, 또 다른 어떤 사람들은 체험적 성애자('어떤 것이든 시도해볼 것이다')다. 어떤 사람들은 항상 섹스를 원하지만, 어떤 사람들은 가끔씩만 섹스를 원한다. 어떤 사람들은 결혼하기 전까지 성관계를 하지 않겠다고 선택하고, 다른 사람들은 그렇지 않다. 어떤 사람들은 평생 독신을, 또 다른 사람들은 평생 일부일처제를, 어떤 이들은 재혼을 연속적으로 반복하는 일부일처제, 또 다른 이들은 다자간의 사랑을 원한다. 일부 결혼한 부부들은 정신적 사랑만 하고 성관계는 전혀 하지 않는다. 성에 관한 한 옳고 그름은 없으며 각 개인이나 커플에게 건강하거나 건강하지 않은 성이 존재할 뿐이다. 우리가 인간의 본성—그리고 성적인 욕구는 확실히 인간 본성의 핵심에 놓여 있다—을 부정한다면 우리는 건강한 성관계를 갖지 못할 것이다. 따라서 우리는 건강하고 로맨틱한 관계도 가질 수 없게 될 것이다. 행복은 거짓으로 키워질 수 없다.

하지만 우리가 스스로에게 연민을 베풂으로 자신을 보살피고 돌볼 때 우리는 여성과 남성이 성적으로 어떠해야 한다는 사회의 좁은 정의를 넘어설 수 있다. 우리는 자신을 있는 그대로 사랑하고 수용하며 자신을 가장 성취시키는 방식으로 성을 표현할 수 있다. 《피부 이면의 영혼: 동성애자의 보이지 않는 마음과 습관The Soul Beneath the Skin: The Unseen Hearts and Habits of Gay Men》이라는 책에서 작가 데이비드 니몬스David Nimmons는 동성애 남성이 이러한 면에서 가장 자유롭다고 주장한다. 그들은 사회적 관습에 반대해야만 했기 때문에 성 정체성에 대해 어떤 형태로든 그들의 공동체에서 지지를 얻을 가능성이 더 높다. 무엇보다 가장 중요한 것은 두 사람의 영혼이 함께 뭉칠 때 생기는 열정적인 생기를 존중하는 것이다. 한 사람에게 맞는 것이 다른 사람에게는 맞지 않을 수 있기 때문에 모든 사람이 단지 하나의 패턴이나 하나의 '허용되는' 성생활 패턴만을 따라야 한다고 믿는 것은 불합리하다. 우리의 성적인 결정은 사회적 승인이나 파트너에게 인정받기 위해 특정한 형태로 우리 자신을 변형시켜야 한다는 압박에서가 아니라 행복에 대한 내면의 욕구에서 비롯되어야 한다.

실습 3

성적 수치심 해소하기

당신의 성적 자아를 세밀하고 정직하게 바라보세요. 당신은 당신의 성적 감정이 어떤 것일지라도 완전히 받아들이고 있나요? 부끄럽거나 자신에게 비판적인 부분이 있나요? 첫째, 당신이 경험하고 있는 자기비판에 연민을 가지세요. 거의 모든 사람은 부끄러운 성적 생각과 감정을 가지고 있다는 것을 깨닫고 인간경험의 이 공통된 측면에 대해 연민을 가지세요. 자기비난을 버리려고 노력하고 그 대신 성적으로 갈등이 많고 혼란스러운 우리 사회에서 성적인 존재로서 힘들게 사는 것에 대해 스스로에게 연민을 가져보세요.

그리고 나서 당신이 성에 대해 가지고 있는 부정적인 감정들이 당신 스스로를 해치는 데서 오는 것인지, 아니면 사회적 관습에서 비롯된 것인지 자신에게 물어보아야 합니다. 여러분은 거대한 문화가 당신

326

이 있는 그대로의 당신이 되어서는 안 된다고 말해주기 때문에 부끄러움을 느끼나요, 아니면 당신이 후회하는 방식으로 성적 충동을 행동으로 옮김으로써 자신이나 누군가를 해치는 건강하지 못한 성생활을 하고 있다고 느끼나요? 당신의 성적인 자아를 생각할 때 무엇이 당신에게 진정한 것인지 잘 생각해보세요. 모든 인간 존재가 성적인 면에서 다르지만 우리가 공유하는 한 가지—우리 성이 사회적 지시와 충돌하기 때문에 삶의 어느 시점에 우리 대부분은 고통을 겪습니다—가 있다는 것을 기억해보세요. 만약 여러분이 성생활을 변화시키고 싶다면 여러분의 결정이 건강하고 행복해지려는 욕구에 의해 작동할 수 있게 해보세요. 진정한 성은 여러분이 모든 성적인 감정을 받아들이고 수용함으로 성장하고 번성하게 돕는 방식으로 여러분의 욕구를 충족시켜줄 것입니다.

우리가 우리 자신, 우리의 몸 그리고 우리의 성을 수용할 때— 친절함으로 우리 자신을 포용할 때—우리는 우리의 성적인 반응을 더 높이고 있는지도 모른다. 새로운 연구 분야이기는 하지만 일부 연구 결과는 자기연민의 태도를 지닌 여성들이 그들의 몸과 더 잘 접촉하고 있음을 시사해준다. 여자 대학생 집단을 나누어 진행한 한 연구에서 한 그룹에는 15주간 마음챙김 훈련을 받게 하고 다른 그룹은 대조군으로 두었다. 연구자들은 대조군에 비해 마음챙김 집단에서 자기연민 수준이 증가했는데 이 결과는 다른 연구와 일치했다. 그러나 연구 결과는 향상된 자기연민이 성적 감정을 더 빨리 인식하는 것과도 관련이 있다는 것을 보여주었다. 에로틱한 이미지를 보여주었을 때 자기연민 수준이 향상된 여성들은 그들의 흥분을 더 빨리 알아차렸다. 이것은 자기연민이 여성들로 하여금 그들의 몸과 더 잘 조율하고 그들의 성을 더 편안하게 느끼도록 도울 수 있다는 것을 시사한다.

또한 자기연민은 다른 방식으로 우리의 성생활을 개선시킬 수 있다. 자기연민은 침실로 흘러 들어오는 어린 시절의 상처를 치유하는 데 도움을 줄 수 있다. 이 문제는 여성들에게 특히 중요하다. 모든 결혼의 절반이 이혼으로 끝나고 이혼한 가정의 아이가 대부분 홀어머니에 의해 자란다는 사실을 고려하면 상당한 수의 소녀들은 자라면서 아버지의 사랑과 관심을 빼앗기게 된다. 이러한 결핍으로 인해 생긴 '상처 입은 소녀' 패턴은 믿을 수 없을 정도로 흔하며 나는 그것 때문에 고통받는 사람이 많다는 것을 알고 있다. 그러나 나는 그 패턴이 성적 친밀감을 방해할 수 있다는 것도 알고 있다. 섹스는 심리적으로나 영적으로 우리를 개방시켜주기 때문에 충분히 사랑받지 못한 오래된 상처가 열린다. 그 결과 도리어 파트너에게 인정을 갈망하게 됨으로써 관계를 지치게 만들고 망치게 한다.

나의 이야기

성 치유

나는 루퍼트와 만나기 시작했던 초창기를 기억하고 있다. 때때로 열정의 숨소리가 경고도 없이 슬픔의 흐느낌으로 바뀌어 관능적 여배우에서 상처 입은 소녀로 눈

깜짝할 사이에 변해버리는 내 모습을 발견하곤 했다. 루퍼트에게는 당황스러운 일이었다. 내가 항상 바라왔던 사랑과 친밀감을 받아들임으로써 마치 사랑받지 못하고 거절당했다고 느꼈던 오래된 패턴이 의식적 자각을 뚫고 나와도 될 만큼 안전하다고 느낀 것 같다. 우리는 함께 자기연민을 수행하기로 했기 때문에 이때를 치유의 기회로 사용하려고 노력했다. 그 결과 꼴사나운 내 행동을 부끄러워하는 대신 루퍼트의 격려를 통해 나는 그 순간 겪었던 고통과 그 고통을 줄이고자 하는 욕구에 집중할 수 있었다. 여전히 내 마음에 박혀 있는 깊은 흉터에 대해 연민을 가지면서 나의 상처 입은 자아의 감정을 위로하는 데 우리 둘 다 모든 주의를 집중했다. 여러 달 동안 이런 일이 자주 일어났고 가여운 루퍼트는 완벽하게 지지적이었다.

이상하게 들리고 은유적인 차원에서 해석될 수도 있지만 우리가 사랑을 나누면서 '상처 입은 소녀'를 치유하는 데 집중하는 동안 우리는 우리 이전의 수많은 여성들의 상처까지 치유하는 것처럼 느껴졌다. 여성들이 내 몸을 통과하고 빠져나가는 분명한 정신적 이미지가 나에게 보였으며 역사를 통해 여성들에게 가해진 고통과 깊이 접촉했다. 탄압받고 억눌리고 이용당하고 학대당하고 평가절하당하고 무력하게 되고 버림받은, 치유가 필요한 수많은 영혼 말이다. 우리가 이 상처 입은 영혼들을 해방시키는 데 집중했을 때 루퍼트와 나는 연민의 힘으로 고통을 변형시키는 최면 상태에 빠졌다. 몇 달 동안 이러한 방식으로 우리의 성관계를 의식적으로 바친 후에야 상처 입은 여성들의 정신적 이미지가 더 이상 보이지 않게 되었다. 그 순환은 끝난 것 같았고 치유는 완벽했다. 그리고 놀랍게도 다시는 침실에서 상처 입은 소녀가 나타나지 않았다. 소녀는 있는 그대로의 그녀 자신이 되었으며 사랑받고 있다고 확신했다(다행스럽게도 관능적 여신은 여전히 여기저기에 모습을 드러낸다).

"당신이 정말로 친밀하고 유대감 있는 관계 유형을 갖기 위해서는 먼저 당신 자신과 친밀하며 스스로에게 유대감을 느껴야 한다. 당신이 인간 삶의 한계와 마주칠 때 스스로를 배려하고 지지하게 되면 당신에게 소중한 지인을 배려하고 지지적으로 행동하는 데 필요한 정서적 자원을 가지게 될 것이다."

5부
자기연민의 즐거움

나비가 나타나다

슬픔이 당신의 존재를 더 깊이 파고들어갈수록 당신은 더 많은 기쁨을 담을 수 있다.
당신의 와인잔도 도공의 아궁이에서 벌겋게 달구어지지 않았던가?

−칼릴 지브란, 《예언자》

자기연민은 우리의 정신적, 감정적 현실을 근본적으로 변화시키는 힘을 가지고 있다. 현자의 돌을 이용해 납을 금으로 바꾸려고 했던 고대 연금술사들처럼 우리는 자기연민을 이용하여 고통을 기쁨으로 바꿀 수 있다. 자신의 불완전성과 고통과 관계하는 방식을 바꿈으로써 우리는 실제로 삶의 경험을 바꿀 수 있다. 우리가 아무리 노력해도 자신이 원하는 대로 정확하게 흘러가도록 삶을 통제할 수는 없다. 예상치 못하고 원하지 않는 일이 매일 일어난다. 그러나 우리가 자신의 고통을 연민의 고치로 둘러쌀 때 새로운 무언가가 나타난다. 멋있고 정교하고 아름다운 무언가가 말이다.

러브 유어셀프

열린 마음

우리가 자신에게 연민적일 때 우리는 자신의 삶을 변화시키는 방식으로 마음을 열게 된다. 마음을 연다는 것은 무엇을 의미하는가? 많은 사람들이 이 표현을 사용하는데 이것은 실제로 무엇을 의미하는가? 열린 마음이란 불쾌하거나 부정적인 경험조차도 배려와 관심으로 수용하는 정서적 수용 상태다. 우리가 아이의 다친 손가락에 입맞춤을 하거나 소중한 친구의 고민을 공감적으로 들을 때, 다시 말해 우리가 연민을 느낄 때 우리는 가슴 한가운데서 퍼져나가는 내면의 따스함을 경험한다. 이 느낌은 우리의 마음이 열려 있다는 것을 알게 해준다. 열린 마음을 갖는 것은 어떤 느낌일까? 정말로 너무 좋은 느낌이다! 연민이 우리의 정맥을 통해 흐를 때 우리는 가장 생기가 넘쳐서 연결되어 있고 살아 있고 몰입되어 있다고 느낀다. 우리가 마음을 열었을 때 새로운 경험—사랑, 용기, 무한한 가능성에 대한 경험들—이 자유롭게 나타날 수 있다.

그러나 우리 마음이 닫혔을 때 우리는 삶의 슬픔에 대해 냉정한 마음을 갖게 된다. 고통을 차단하면서 우리 자신도 차단한다. 부정적인 감정에 압도되는 것에 대한 두려움은 그러한 감정 자체를 무시하게 만들기 때문에 가슴 가운데가 쪼이는 느낌만이 들 뿐이다. 자신의 마음을 보호하기 위해 치러야 할 대가는 자신의 생명선을 끊는 것이다. 우리는 냉정하고 공허하며 불행하고 매우 불만족스럽다고 느낀다. 우리의 마음이 닫힐 가능성이 가장 높은 시기는 어떤 식으로든 충분히 잘하고 있지 못하다고 느낄 때, 부정적인 자기판단에 의해 고통을 느낄 때다. 우리는 종종 자신의 부족함과 불완전함에 대해 믿을 수 없을 정도로 냉담한데 대부분의 경우 바로 면전에서 마음의 문을 꽝 닫아버린다.

다행히도 우리가 결함이 있는 자신의 인간성을 연민의 마음으로 껴안기로 결정할 때 모든 것은 변한다. 친절과 연결감을 가지고 자신의 고통에 반응함으로써 그리고 우리 자신이나 삶의 불완전함에 직면했을 때 자신을 위로하고 달램으로써 우리는 방금 전에는 없었던 새로운 긍정적인 감정을 만들어내게 된다. **이제 우리는 인간경험의 공통된 측면을 기억하면서, 부족함을 느끼는 동시에 연결되어 있음도** 같이 느낀다. **우리는 이제 치유가 필요한 상처에 대해 슬픔을 느끼는 동시에, 달콤하고 부드러운 관심도 같이** 느낀다. 우리는 이제 **자신의 친절과 보살핌으로 인해 두려움과 동시에, 위안도** 함께 느낀다. 우리 자신을 연민으로 대함으로써 우리는 좋은 감정으로 자신의 부정적인 감정을 따뜻하게 포옹하게 된다.

이것은 모든 고통의 순간 속에 만족할 수 있는 가능성이 숨겨 있다는 것을 의미한다. 고통은 행복의 문이 될 수도 있는데 사랑과 보살핌을 받고 연결된 느낌을 받는 것은 진정으로 우리를 행복하게 만들기 때문이다.

나는 자기연민이 힘들고 고통스러운 경험을 즐거운 것으로 바꿀 수 있는 힘을 가지고 있다는 것을 처음 알게 된 때를 기억한다.

러브 유어셀프

매주 열리는 명상 그룹에서 자기연민에 대해 배운 지 몇 개월 지난 후이자 버클리 대학원 마지막 해였다. 나는 기분이 매우 안 좋았다. 얼마 지나지 않아 전남편이 될 존은 전화를 해서 내가 얼마나 끔찍하고 역겨운 사람인지 말했고 나는 그의 장황한 설교 중간에 전화를 끊어버렸다. 루퍼트는 출장 중이었는데 출장 가는 날 아침에 싸워 둘 사이에 불쾌한 기분이 남아 있는 상태였다. 학위 논문 최종안을 제출해야 하는 마감 기한은 빠르게 다가오고 있었다. 나는 일이 상당히 밀려 있었고 내가 학자가 되는 데 필요한 자질을 가지고 있는지에 대해 심각한 의문을 던지고 있었다. 내가 '진짜' 직업을 갖게 될까? 내가 행복하고 단순한 삶을 살 수 있을까? 나는 불안감, 공포심, 자기혐오라는 단단한 검은 공 속으로 말려 들어가고 있었다.

그때 나는 자기연민을 기억했다. **그래, 선생님이 뭐라고 말했지? 나는 혼자 생각했다. 그래, 맞아. 거부하거나 밀어내려 하지 않으면서 생각과 감정이 일어날 때마다 그것을 관찰하고 부드럽게 서술해보자. 그래, 할 수 있을 것 같아. 어디 한번 보자. 부끄러움, 목구멍이 막힌 느낌, 압박감, 위의 통증, 중압감, 가라앉음, 두려움, 뒷머리의 압박감, 심장이 빨리 뛰고, 숨쉬기 힘들어…. 좋아, 이제 이런 식으로 느끼는 것이 얼마나 힘든지에 대해 나 자신에게 연민을 주려고 노력해보자. 음. 아무것도 느낄 수 없어. 혼자 포옹을 살짝 해보자. 온기. 내 팔로 올라오는 부드러운 찌릿함. 부드러움. 그리고 눈물이 났다. 그 순간 얼마나 힘든지를 정말로 느낄 수 있도록 스스로에게 허용하자 슬픔의 깊은 우물을 느낄 수 있**

었다. 괜찮아, 괜찮아. 삶이 때로 힘들지만 괜찮아. 누구에게나 이런 순간은 있어. 난 널 위해 여기 있어. 난 네가 걱정돼. 그렇게 나쁘지는 않잖아. 이 상황은 지나갈 거야. 가슴과 목이 부드러워진다. 작은 기쁨의 물결이 내 얼굴 중앙에서 퍼져 나간다. 조용하다. 조용하다. 조용.

매번 새로운 고통스러운 느낌이 생겨날 때마다 나는 이렇게 내 자각 속에 그것을 수용하고, 마음속으로 그것을 묘사하고, 그것을 느끼는 자신에게 연민을 보냈다. 그러고 나서 나는 내 자각에 연민의 느낌을 유지한 채로 내 몸에서 그것을 느끼고 말로 표현하며 보살펴지는 느낌이 얼마나 좋은지 음미했다. 사태가 진정되고 나면 또 다른 고통스러운 감정이 곧 떠오르곤 했고 나는 다시 전체 사이클을 반복했다. 그것은 약 한 시간 동안 계속되었다.

그러고는 얼마 후에 내가 경험하는 것이 불쾌함이 아니라는 사실을 깨달았다. 변화가 일어났다. 고통 속에 갇히는 대신 나의 인식은 고통을 참아낸 사랑, 친절 그리고 연결된 느낌에 점점 더 안착하고 있었다. 그러면서 고통 자체가 부드러워지고 걱정이 덜어지며 몸이 가벼워지는 것을 느끼기 시작했다. 아마도 그때가 처음으로 나 자신에게 진정으로 마음을 열었던 때였을 것이다. 나는 마치 샴페인을 처음 마셨을 때처럼 기분이 좋아 들뜨기 시작했다. 풍부하고 깊고 강하고 복잡한 풍미를 내는 빈티지 레드와인 한 잔을 마시는 것과 비슷했다. 나는 평화롭고 안정되고 중심에 있는 것처럼 느꼈다. 내가 경험하는 이 아름다운 감각은 내가 바라는 것들에 의해 좌우되지 않는다는 것을 깨달았다. 그것은 칭찬을 받거나 성공하거나 완벽한 관계를 맺는 것에 의존하지 않았다. 나는 내 마음이 언제나 마실 수 있는 깊은 우물이라는 것을 깨달았고, 역설적이게도 가장 힘들 때 그 우물 물을 마실 수 있다는 사실을 가장 잘 기억할 것이다. 나는 내 인생을 영원히 바꿀 무언가를 발견했고 말로 표현할 수 없을 만큼 감사했다.

실습

1

부정적 상태를 바꾸기

당신이 부정적 감정에 사로잡혀 있는 자신을 발견할 때 부정적 감정과 나란히 배치할 몇 가지 긍정적인 감정들을 만들어보세요. 당신이 부정적인 감정에 갇히게 되었을 때 그 감정을 인식하고 수용하면서 또한 행복해지고자 하는 당신의 바람에 초점을 맞추어 고안된 다음의 문구들을 사용할 수 있습니다.

지금 (   )하다고 느껴지니 너무 힘들다.

(   )하다고 느끼는 것은 인간경험의 일부다.

이 순간에 나 자신을 더 행복하게 하기 위해 무엇을 할 수 있을까?

첫 번째 문구는 부정적인 감정을 느끼는 괴로움을 연민 어린 마음으로 인식하게 합니다. 두 번째 문구는 인간이기 때문에 부정적인 감정 역시 정상적이고 자연스러운 부분이므로 이것을 판단해서는 안 된다는 것을 상기시켜줍니다. 세 번째 문구는 행복해지고자 하는 바람과 접촉하게 해줍니다. 이것은 버튼을 재설정할 수 있는 창의적인 방법을 찾으면서 시야를 넓혀줍니다. 당신은 뜨거운 물로 목욕을 할 수도 있고, 현재 상황에 무엇이 좋은지 생각할 수도 있습니다(어떤 순간에도 항상 **무언가** 좋은 것이 있습니다). 이러한 조치를 취하는 것은 부정적인 마음 상태에 있는 것에 저항하기 위해서가 아니라 당신이 스스로 건강과 안녕을 원하기 때문입니다. 일단 이 문구들을 말하고 나면 부정적인 기분이 나아지고 편안한 만족감이 생길지도 모릅니다. 심지어 이 모든 것에 대해 유머 감각을 가질 수도 있는데 낄낄거리며 웃는 것처럼 나쁜 기분을 없애주는 것도 없을 것입니다. 우디 앨런_{Woody Allen}은 부정적인 것을 비웃으며 그의 경력을 만들어냈습니다. "만약 모든 것이 환상이고 아무것도 존재하지 않는다면? 그렇다면 나는 회개하는 값을 너무 많이 낸 거지?"

마음 개방

자기연민은 우리의 마음을 열어줄 뿐 아니라 생각도 개방시켜주며 부정적인 것에 고착되어 있는 우리의 지각을 해방시켜준다. 부정적 판단을 할 때 우리는 길을 잃게 되며 우리의 인식은 자동으로 자신과 삶에 어떤 문제가 있는지에 대한 생각으로 좁혀진다. 우리는 그림을 전체적으로 볼 때 드러나는 아름다움과 신비함은 당연하게 여기면서 불완전성이라는 작은 흠에만 시선을 두

러브 유어셀프

게 된다.

진화론적인 관점에서 볼 때 부정적인 감정의 목적은 생존을 돕기 위한 행동을 촉진시키는 데 있는데 강력한 충동으로 **특정한 행동 경향**을 유발한다. 예를 들어, 분노는 공격하려는 충동을, 공포는 탈출하려는 충동을, 부끄러움은 숨고 싶은 충동을 일으키는 것이다. 부정적인 감정의 손아귀에 사로잡혔을 때 우리는 단지 하나의 선택권만 있다고 느낀다. 곰이 우리에게 달려들 때 우리는 여러 선택 사이에서 숙고할 시간이 없다. 우리는 행동하지 않으면 죽는다. 이러한 특성은 털이 난 육식동물에게 위협을 받을 때는 유용할 수 있지만 우리의 문제가 직접적으로 생명을 위협하는 것이 아닐 때는 그렇게 유용하지 않다. 마치 식료품점 주차장에서 새로 산 내 차가 쇼핑카트에 부딪쳤을 때와 같은 경우다. 부정적인 감정들은 바로 코앞에 있는 다른 가능성조차 바라볼 수 없을 정도까지 우리의 세계관을 좁힌다. 헬렌 켈러가 말했듯이 "행복의 문 하나가 닫히면 다른 문이 열리지만 종종 닫힌 문을 너무 오래 바라보고만 있어서 우리를 위해 열려 있었던 다른 문을 보지 못한다."

우리가 연민의 태도로 자신을 대하고, 실망을 친절하고 연결된 마음챙김의 자각으로 품을 때 문은 다시 열린다. 우리가 스스로를 달래고 위로할 때 우리는 자신에게 안정감을 주는데, 숨어 있었던 바위 아래에서 나와서 밖에 무엇이 있는지를 볼 수 있는 용기를 준다. 그러면 종종 상황은 우리가 두려워했던 것만큼은 나쁘지 않으며 자신과 삶에 대해 실제로 꽤 괜찮은 것들이 있다는 것을 인식하게 된다.

자기연민이 가져다주는 평온하고 희망적인 사고방식은 우리를 두려움에서 벗어나게 하고 삶의 질을 크게 향상시키는 긍정적인 감정의 상승 고리로 이끌어준다. 《긍정의 발견》이라는 책의 저자인 사회심리학자 바버라 프레드릭슨Barbara Frederickson은 이 모든 것이 어떻게 작동하는지 설명하기 위해 확장-수립 이론broaden-and-built theory을 만들었다. 프레드릭슨은 긍정적인 감정은 단순히 위험을 **피하기**만 하는 것이 아니라 기회를 **이용할 수** 있게 해준다고 주장한다. 긍정적인 감정은 우리의 주의를 좁히기보다는 우리가 평온하고 안전하게 느끼도록 해주기 때문에 좋은 느낌은 다른 사람과의 연결성과 신뢰감을 증가시키는 것뿐만 아니라 새로운 경험에 대한 개방성 역시 증가시킨다. 프레드릭슨이 말했듯이 "긍정은 우리를 개방한다. 긍정적인 감정에 대한 첫 번째 핵심적인 진실은 우리의 마음과 생각을 열어주어서 우리를 더 수용적이고 창의적으로 만든다는 것이다."

첫째로, 부정적 감정이 사물을 명확하게 보는 데 어떻게 방해가 되며 현명한 결정을 내리는 것을 어떻게 방해하는지 생각해보자. 회사에 늦었는데도 그 전에 개를 산책시켜야 한다고 가정해보자. 당신은 더 일찍 일어나지 않은 것에 대해 스트레스를 받고 화가 나 있다. 한 손에는 끈을 잡고 다른 한 손에는 커피를 들고 있으면서 끈을 개의 목줄에 연결하려 하고 있다. 하지만 마음이 급하다 보니 목줄 고리를 자꾸 놓치게 되고 끈을 목줄에 묶는데 시간이 세 배나 더 오래 걸린다. 시간이 너무 오래 걸리자 개는 당신이 포옹을 하기 위해 몸을 굽히고 있다고 여기고는 흥분해서 당신의 얼굴을 핥으려 하고 결국 당신은 커피를 부엌 바닥에 엎지르게 된다. 당신은 욕을 하며 흘린 것을 닦아내고 겨우 개를 문 밖으로 끌어낸다. 개를 데리고 주변을 산책시킬 때 당신은 참을성이 없어지고 투덜거린다. **'개가 아침 볼일을 언제 볼까? 나는 벌써 15분이나 늦었는데.'** 개가 결국 아침 볼일을 보긴 했는데 하필이면 인도 한가운데에서 보고 만다. 일회용 배설물 봉지를 꺼내려고 가방에 손을 뻗었지만 급하게 나서느라 봉지를 가져오는 것을 잊었다는 것을 깨닫는다. 5분 사이에 열다섯 명의 찡그린 얼굴들이 지나가는 동안 잎사귀 열 장을 이용해 겨우 지저분한 것을 치울 수 있었다. 마침내 집에 도착하여 손을 씻고 항상 두었던 지갑 앞주머니에서 차 키를 집으려 한다. 하지만 차 키는 거기 없다. 한 번, 두 번, 세 번 찾아보지만 당신은 그때마다 점점 더 좌절하게 된다. 결국엔 지갑 안에 있는 모든 내용물을 꺼내고 나서야 차 키가 뒷주머니 안에 있다는 것을 알게 된다. 개를 산책시키고 집으로 돌아온 뒤 더 빨리 문을 열고 나갈 수 있도록 거기에 넣어두었던 것이다. 겨우 출근은 했지만 30분이나 늦었고 팀 회의 시작을 놓쳤다. 투명인간이기를 바라며 양처럼 걸어가 의자를 찾으려고 하는데 모든 눈이 당신을 쳐다본다. 당신의 부정적인 사고방식은 당신을 서투르고 비효율적으로 만들어서 당신은 상사와 문제를 일으키게 된다. 그리고 당신의 하루는 거기서부터 점점 더 나빠져갈 것이다.

이제 당신이 부정적인 것보다 긍정적인 것에 초점을 맞춘다면

이 시나리오가 어떻게 연출될지 생각해보자. 출근이 늦었지만 그 전에 개를 산책시켜야 한다. 비록 늦잠을 잤지만 당신은 좀 더 잠을 잔 것에 감사하다. 커피 한 잔을 따르고 냄새가 얼마나 좋은지 알아차린다. 잠시 시간을 내어 커피를 몇 모금 마시면서 개를 산책시키기 전에 커피를 텀블러에 담아야 한다는 것을 깨닫는다. 한 손에는 끈을 잡고, 다른 한 손에는 커피를 들고 끈을 개 목줄에 묶는다. 당신이 그렇게 할 때 개는 당신에게 키스를 하려고 한다. 커피를 내려놓고(다행스럽게도 쏟아지지 않는 텀블러에 담긴) 개의 귀 뒤를 긁어주며 빠르고 쉽게 끈을 묶는다. **'정말 사랑스러운 개야. 좋은 동반자야'**라고 생각한다. 당신은 평온하게 밖으로 걸어 나가면서 출근하는 길에 배변 봉지를 가져가야 한다는 것을 기억한다. 당신은 얼마나 밝고 아름다운 아침인지 알아차리고 짧은 산책을 즐긴다. 개가 아침 볼일을 끝내자마자 치우고 집으로 돌아온다. 당신은 손을 씻고 자동차 키를 찾기 위해 지갑을 뒤진다. **어디에 있나? 나는 항상 키를 지갑 앞주머니에 넣어둔다. 오, 그래. 맞아. 문밖으로 더 빨리 나가기 위해 뒷주머니에 넣어두었지. 내가 생각했던 것보다 난 더 똑똑한가 봐!** 당신은 단지 10분 늦게 직장에 도착했지만 아침 회의가 시작되기까지는 5분 여유가 있다. 미팅이 시작되면서 기운이 나는데 특히 당신이 제안한 창의적인 해결책을 상사가 승인할 때 더욱 그렇다. 당신의 긍정적인 사고방식은 당신을 능숙하고 조심스럽고 효율적으로 행동하게 해주고 점점 더 나은 하루가 되도록 이끌 것이다.

우리 모두는 첫 번째 시나리오 같은 상황을 여러 번 경험해보았고 감사하게도 두 번째 시나리오도 여러 번 경험해보았다. 우리가 부정적인 마음 상태에 있을 때 잘못될 수 있는 모든 것이 실제로 잘못되는 것처럼 보인다. 그러나 긍정적인 마음 상태에 있을 때는 일들이 좀 더 부드럽게 흘러가는 것 같다. 프레드릭슨의 연구는 이러한 과정이 마술이 아님을 보여준다. 부정적인 감정들은 우리 주의를 매우 좁게 만들어서 뻔한 것을 놓치게 하고 실수를 하게 만드는 경향이 있는데 이것은 우리 스스로가 자신에게 더 많은 스트레스와 문젯거리를 부가한다는 것을 의미한다. 반면, 긍정적인 감정들은 우리의 주의를 확장하기 때문에 유용한 점들을 세세하게 인식하고 창의적인 사고를 갖게 한다. 이것은 자신의 사고와 의사결정능력 및 적응 기술을 최대화시킨다는 것을 의미한다.

실습
2

즐거운 산책하기

15분에서 30분 정도 재미 삼아 밖에서 산책을 해보세요. 자연에서 산책하는 것이 가장 좋지만 실외 걷기라면 어떤 것도 좋습니다(예를 들어, 사무실에서 버스 정류장까지 걷기). 산책을 하는 목적은 가능한 한 즐거운 것들을 많이 알아차려 긍정적인 마음 상태를 만들어내는 데 있습니다. 당신이 걷는 동안 행복하고 아름답고 영감을 주는 것들을 얼마나 많이 알아차릴 수 있나요? 날씨가 좋은가요? 만약 비가 온다면 당신은 생명을 주는 비의 성질에 집중할 수 있나요? 아름다운 식물이나 꽃이 있나요? 새의 노랫소리? 다람쥐? 어떤 좋은 향기가 나나 요? 걷는 경험 자체의 어떤 면이 좋은가요? 당신은 걸을 수 있으며 발 밑에서 지구를 느낄 수 있다는 경이로움과 닿을 수 있나요? 당신이 스 치고 지나간 사람들은 어떤가요? 손을 잡고 있는 연인, 함께 웃고 있는 친구들, 아이와 함께 있는 엄마가 있나요? 만약 당신이 이 시점에서 미 소 짓고 있다면(아마도 이러한 긍정적인 감정이 만들어진 이후에 그렇 게 될 것이지만) 여러분을 향해 미소로 답하는 사람이 있나요? 심지어 "안녕하세요"라고 인사를 건네는 사람이 있나요? 우리의 정신 상태는 선한 것을 알아채려는 우리의 의도, 행복의 씨앗에 물을 주려는 의도 에 상당 부분 좌우됩니다.

프레드릭슨과 그녀의 동료들은 최근 연민의 느낌이 어떻게 긍 정적 정서를 키우는 데 도움이 되는지에 대해 관심을 갖게 되었 다. 그들은 연구에서 참가자들에게 이 책 9장에 기술된 자애 명상 을 하는 방법을 가르쳐주었다. 일주일에 5일씩 8주 동안 참가자 들은 그들 자신, 가까운 사람들, 아는 사람들, 낯선 사람들 그리고 마침내 모든 살아 있는 존재에게 자애의 느낌을 만들어냈다.

대조군(명상 과정에 등록하였지만 아직 수강하지 않은 사람들)과 비 교했을 때 자애 명상을 훈련한 참가자들은 일상에서 사랑, 기쁨, 감사, 만족, 희망, 자부심, 흥미, 재미 그리고 경외심 같은 긍정적 인 감정을 더 많이 느꼈다. 또한 그들은 삶에서 자기수용을 더 크 게 느꼈을 뿐 아니라 다른 사람들과 긍정적인 관계를 더 많이 느 낀다고 보고했다. 참가자들은 신체적으로도 더 건강한 경험을 하

러브 유어셀프

였는데 두통, 울혈, 무력증 같은 증상을 덜 보고했다.

이와 유사하게 리치 데이비슨이 실행한 기능적자기공명영상 fMRI 연구는 수행을 오래한 스님들과 초심자 학생 자원자들이 자신을 포함한 모든 존재에게 무조건적 연민 명상을 할 때의 뇌기능을 조사했다. 연구 결과, 명상하는 동안 두 집단 모두 왼쪽 전전두엽 피질에서 뇌활성이 높아졌는데 이 영역은 기쁨, 낙관성과 관련된 곳이다. 사실 이 스님들은 서양 과학자들이 연구한 참가자들 가운데 가장 높은 수준의 뇌활동을 가지고 있었다(그들은 정말 행복한 스님들이었다).

자기연민과 긍정심리학

지난 10년 동안 마틴 셀리그만Martin Seligman과 미하이 칙센트미하이Mihaly Scikzentmihalyi 같은 저명한 심리학자들은 사랑, 즐거움, 호기심, 희망 같은 긍정적인 감정들이 건강과 안녕을 극대화하는 데 도움을 주는 방법에 점점 더 관심을 갖게 되었다. 일반적으로 '긍정심리학positive psychology' 운동으로 알려져 있는 이 운동의 초점은 정신질환보다는 정신적 건강으로 이끄는 요소를 이해하는 데 있다. 약점을 제거하기보다는 강점을 키우는 것이다. 우리 연구는 자기비난적인 사람들보다 자기연민의 태도를 지닌 사람들이 삶에서 열정, 흥미, 영감, 흥 같은 긍정적인 감정을 더 많이 경험한다는 것을 보여준다. 또한 그들은 훨씬 더 행복하다고 보고한다. 역설적이게도 비록 자기연민이 고통을 경험하는 동안 발생하지만 그것은 즐거운 마음 상태를 만들어낸다. 자기연민은 부정적인 감정을 지우는 것이 아니라 배려와 친절로 그들을 **감싸 안는다.** 이는 앞서 언급한 '확장 및 수립 주기'를 만들어낸다. 자기연민은 우리가 안전하고 중심을 잃지 않고 연결되어 있다고 느끼게 해주기 때문에 우리는 문제와 한계를 되씹고 있기보다 삶의 경이로움에 대해 즐길 수 있게 된다. 우리는 단순히 위험을 피하기보다는 꿈을 추구하게 된다.

따라서 우리 연구는 자기연민을 잘하는 사람들이 자기연민이 부족한 사람들보다 훨씬 더 낙관적이라는 것을 보여준다. 낙관주의는 모든 것이 괜찮을 것이라는 믿음과 미래에 좋은 일들이 일어날 것이라는 믿음을 일컫는다. 물론 모든 것이 엉망이 될 거라고 가정하기 때문에 그 무엇도 시도하려고 하지 않는 비관론자들과 달리(격언에 따르면, 돈을 돌려받을 거라고 기대하지 않는 비관론자에게 돈을 빌려야 한다), 긍정주의자는 그들의 목표를 향해 근면하게 노력하고 노력이 결실을 맺을 거라고 확고히 믿는다. 자기연민 수준이 높은 사람들은 문제가 발생해도 그것을 다룰 수 있다는 것을 알기 때문에 더 낙관적이다. 그들은 무슨 일이 일어나도 대처하는 데 필요한 감정적 힘을 가지고 있다. 만약 고통스러운 어떤 일이 일어날 때마다 당신이 자신을 위로하고 중심을 잃지 않고 반사적으로 도망가지 않는다면, 당신은 자신을 **믿기** 시작할 것이다. 힘든 시간이 찾아왔을 때 내면의 용기를 더 쉽게 발견할 수 있는데 자신의 연민 어린 지지를 통해 거의 모든 것을 극복할 수 있다는 것을 알고 있기 때문이다.

또한 우리는 자기연민을 잘하는 사람들이 다른 사람들보다 인생에 관해 호기심이 더 많은 경향이 있다는 것을 발견했다. 호기심은 성장의 원동력인데 우리가 불안하거나 불편할 때조차도 위험을 탐구하고 발견하고 감수하도록 자극한다. 자기연민은 우리가 미지의 세계로 뛰어들 때 열린 상태를 유지하는 데 필요한 안정감과 평정심을 준다. 자기연민은 우리가 한순간에서 다음 순간 무엇이 펼쳐질지 예상할 수 없을 때 호기심과 탐구라는 피신처를 가질 수 있게 해준다.

또한 자기연민의 태도를 지닌 사람들이 자기연민이 부족한 사람들보다 삶에 더 만족감을 느끼는 경향이 있다. 이는 우리가 동양과 서양 문화에 살고 있는 사람들에게서 증명한 결과다. 삶의 만족은 한 사람이 삶의 의미와 가치를 가지고 있다고 느끼는 전반적인 만족감을 의미한다. 실패와 좌절 같은 상처에 자기연민이라는 연고를 바를 때 인간으로서의 사는 것이 무엇을 의미하는지에 대한 깊고 풍부하고 만족스러운 이해에 도달하게 되며 그럼으로써 당신의 슬픔을 통합할 수 있다.

인간경험을 축하하기

우리는 자기연민이 건강과 안녕을 최대화하는 긍정적 감정을 만들어낸다는 것을 알고 있다. 하지만 정말 경이로운 사실은 이러한 긍정적 감정들은 현실을 있는 그대로가 아닌 다른 어떤 것인 것처럼 **가장하라고** 요구하지 않는다는 것이다. 대신 자기연민은 당신의 관점을 폭넓게 해줌으로써 당신이 삶의 나쁜 면뿐 아니라 좋은 면들에 대해서도 충분히 감사하고 인정할 수 있도록 해준다.

진정으로 만족스럽고 즐거운 삶은 모노톤이 아니라 다채롭고 다양한 다중톤이다. 만약 당신이 평생 들었던 노래들이 당신이 가장 좋아하는 10가지 노래들뿐이었다고 상상해보라. 영원히 언제까지나. 당신은 수그러들 줄 모르는 지루함 때문에 창문 밖으로 뛰어내리고 싶을 것이다. 우리 삶에는 흥미를 유지하기 위한 대조와 다양성이 필요하다. 항상 밝은 성격의 이상적인 도리스 데이Doris Day는 할리우드에서 만들어진 이상형일 뿐이다. 궁극적으로 더 많은 것을 원하는 진짜 사람 모양의 마분지 조각 같은 것이다. 할리우드 구전에 따르면 도리스 데이는 영화 〈졸업The Graduate〉에서 로빈슨 부인 역할을 거절했는데 평소 착한 척하는 그녀의 영화 페르소나와 역할이 충돌했기 때문이었다. 만약 그녀가 그 역을 받아들이고 연기했다면 그녀의 영화 전기가 얼마나 더 흥미롭게 되었을지 그리고 그녀의 직업이 얼마나 더 오래 지속되었을지 상상할 수 있겠는가?

우리는 궁극적으로 삶에서 행복을 원하지만 그러한 상태를 달성하기 위해서는 다른 감정도 모두 느껴야 한다. 기분 좋음과 가라앉음, 전진뿐 아니라 후퇴, 슬픔, 수치심, 분노, 두려움 같은 감정은 기쁨, 자부심, 사랑, 용기처럼 삶이라는 드라마에서 필수불가결한 것이다. 칼 융Carl Jung은 "행복한 삶도 어둠 없이는 있을 수 없고, 행복이라는 단어는 슬픔에 의해 균형이 잡히지 않으면 그 의미를 잃게 될 것이다"라고 쓴 적이 있다. 여기서 중요한 단어는 **균형**이다. 우리는 부정적인 감정이 우리의 모든 인식을 색칠하는 것을 원하지 않지만 그것들을 완전히 배제하고 싶지도 않다. 우리가 부정적 감정을 제외시키는 것이 마치 가능한 것처럼 생각할 수 있지만.

우리가 자신의 고통에 대해 연민의 마음을 가질 때 친절, 연결성 그리고 마음챙김이라는 즐거움은 우리의 고통스러운 감정과 빠르게 섞이게 된다. 그 결과로 생기는 맛은 다크 초콜릿처럼 놀랍도록 만족스럽다. 어떠한 고통도 없다면 삶의 즐거움은 어떤 깊이나 미묘함이 없이 단지 단맛만을 줄 뿐이다. 반면에 기쁨 없는 고통은 무가당 코코아처럼 너무 쓴맛일 것이다. 하지만 고통과 즐거움이 결합될 때 열린 마음으로 둘 다를 포용하면 당신은 온전하고 가득차고 완전하다는 느낌을 받게 된다. 그러니 일상에서 힘든 시간을 보내고 있을 때 **다크 초콜릿**이라는 단어를 기억해보라. 그것은 당신의 쓰라린 고통을 달콤하고 사랑스러운 연민으로 포장하는 데 필요한 영감을 줄 것이다.

나의 이야기

말 타는 소년

나는 자기연민이 가져다주는 기쁨을 직접적인 체험을 통해 확실히 알게 되었다. 루퍼트와 내가 열린 마음과 생각을 가지기로 서약한 것은 말도 안 되는 일을 할 수 있게 해주었다. 불가능한 꿈을 추구하여 그 꿈을 이룰 수 있게 해준 것이다.

자폐증의 원인은 아무도 모른다. 그것은 수수께끼다. 또한 우리는 왜 자폐증이 그렇게 높은 비율로 증가하고 있는지 이해하지 못한다. 하지만 일선에 있는 부모들에게 가장 큰 문제는 무엇이 자폐증을 일으키느냐가 아니라 무엇을 하느냐이다. 자폐증의 치료와 처치에 대한 많은 정보가 서로 상충된다. 비용도 모두 비싸다. 우리 아들 로완이 자폐증 진단을 받았을 때 우리는 미지의 것을 받아들이고 할 수 있는 한 최선을 다해 매순간 대처할 수밖에 없었다. 해결책이 거의 없기에 로완에게 해가 되지 않는 한 어떤 것이라도 하기로 결정했다. 나는 그 결정이 우리에게 가져다줄 모험을 전혀 몰랐다.

자폐증은 사람을 지치게 한다. 앞서 언급했듯이 로완은 과도하게 자극되는 신경계 때문에 끊임없이 비명을 지르는 발작을 했다. 그러나 자연에서는 약간 차분해지곤 했다. 발작을 할 때면 루퍼트는 로완을 집 뒤에 있는 숲으로 데리고 가곤 했다. 로완이 세 살이던 어느 날, 로완은 갑자기 숲을 벗어나 이웃의 말 목장으로 뛰어들어 루퍼트가 미처 막기도 전에 울타리를 통과하고 말의 발굽 사이로 들어갔다. 그곳에서 그는 똑바로 누웠고 말 다섯 마리가 주위를 서성거리며 발을 구르고 있었다.

그때 놀라운 일이 일어났다. 대장 말—벳시라고 불리며 성격이 고약하기로 악명 높은 늙은 말—이 다른 말들을 코로 조심스럽게 옆으로 밀어내고 우리 아들에게 복종하면서 머리를 숙였다. 그들 사이에 놀랍도록 부드럽고 불가해한 무언가가 지나갔다. 평생 승마인이었던 루퍼트는 로완이 말 주위에 있으면 안전하지 않다고 생각했지만 벳시의 반응을 본 후 그는 즉시 로완을 말에 태울 생각을 하게 되었다. 나는 불안해서 그에게 조심하라고 간청했다. 하지만 루퍼트가 로완을 안장에 앉히고 뒤로 올라탄 순간 로완은 놀랍게도 말을 하기 시작했다. 그는 처음으로 의미 있는 말을 하기 시작했다. 우리는 깜짝 놀랐다.

같은 해에 또 다른 놀라운 일이 일어났다. 인권운동가이자 작가인 루퍼트는 선조들의 사냥터에서 쫓겨나는 것에 항의하기 위해 유엔에서 연설을 하려는 남부 아프리카의 샌 부족민(부시맨)들을 데리고 왔다. 부시맨은 최면을 이용해 치유하는 강한 전통을 가지고 있다. 우리는 로스엔젤레스 외곽에 있는 전통 치료사들의 모임에서 며칠 동안 그들과 합류했고 그들은 로완에게 치료 작업을 하자고 제안했다. 그러자 거의 즉각적으로 로완은 방향을 가리키고, 사람들에게 장난감을 보여주고, 평소보다 훨씬 더 많은 사람들과 교류하기 시작했다. 며칠 동안 우리는 '정상적인' 아이를 가진 부모 같았다. 우리는 황홀했다. 그러나 슬프게도 부시맨이 집으로 돌아가자마자 그는 다시 심한 음성 증상을 보였다. 이 갑작스럽고 설명할 수 없는 도약은, 벳시에 대한 로완의 근본적인 긍정적 반응과 함께 루퍼트의 마음속에 한 가지 아이디어를 심어놓았다.

어느 날 저녁, 루퍼트는 로완과 함께 말을 타고 들어와서 마치 세상에서 가장 자연스러운 일인 것처럼 우리가 말타기와 치유가 함께 이루어지는 지구상의 한 곳인 몽골로 로완을 데리고 가는 것이 좋을 것 같다고 말했다. 그곳은 말이 처음으로 길들여진 나라이고 샤먼shaman('아는 사람'이라는 의미)이라는 단어가 유래된 나라다. 그는 어려운 결정이 아니라고 말했다. 나는 동의하지 않았다. 강하게.

"확실하게 해뭐요"라고 나는 말했다. "말을 타기 위해 몽골로 자폐증 아들을 데려가길 원해요? 말도 안 돼! 절대 그럴 필요가 없어요. 하루하루 이겨내는 것도 충분히 힘든데 이런 미친 짓을 하자고요. 난 당신이 진지하게 그런 제안을 한다는 것을 믿을 수 없어요. 그리고 나는 말을 증오해요!"

증오란 말이 너무 강한 단어일 수 있지만 나는 불가능한 일을 괜찮은 것처럼 말하는 사람은 아니다. 루퍼트는 우리 가족 중에서 말을 좋아하는 유일한 사람이다. 로스앤젤레스 교외에서 자라면서 나는 고스록만 들으며 지냈고 쿨하게 보이려고 노력해왔다. 루퍼트는 나에게 말 타는 법을 조금 가르쳐주었지만 나는 말을 다루고 싶은 생각이 전혀 없었다. 그리고 말들은 그것을 알고 있다. 나는 셀 수 없이 도망쳤고 말에서 떨어졌다.

하지만 루퍼트는 로완을 돕기 위해 몽골로 가야 한다는 강하고 끈질긴 직감을 가지고 있었다. 몽골에 간다는 생각을 했을 때 나의 느낌은 직감이 아니라 공포였다. 루퍼트와 나는 그 문제를 놓고 싸우고 또 싸웠다. 그러고는 평소답지 않게―왜냐하면 우리 둘 다 꽤 고집이 세기 때문에―반은 상대방이 굴복하기를 바라면서 둘 다 뒤로 물러났다. 2년이 지났다. 로완과 루퍼트는 거의 매일 함께 말을 탔고, 이러한 말 치료는 로완의 언어가 빠르게 발달하는 측면에서 효과가 있었다. 하지만 다섯 살이 될 때까지도 로완은 여전히 배변 훈련이 되지 않았다. 그가 속옷에 변을 보게 되면 너무 불편해서 화장실을 사용하고 싶어질 거라고 생각하면서 우리는 기저귀를 빼버렸다. 하지만 효과가 없었다. 그 어떤 것도 효과가 없었다. 로완은 여전히 이해할 수 없고 달래지지 않는 발작에 시달렸다. 또한 그는 친구를 사귈 수 없어 또래들과 단절되었다.

루퍼트는 몽골 여행사와 이메일을 주고받았고 나의 의구심에도 불구하고 잠정적으로 여행을 계획하고 있었다. 젊은 영화제작자 친구인 미셸이 여행을 기록하기 위해 함께 가고 싶어 했다. 그는 돈을 받지 않고 갈 것이라고 말했는데 이것을 영화 제작의 좋은 기회라고 보았기 때문이다. 나는 계속해서 반대했다.

그럼에도 불구하고 루퍼트가 강한 직감을 가질 때 나는 그것이 종종 옳다는 것을 수년에 걸쳐 배웠다. 그는 나에 대해서도 직감을 가졌고, 실제로 우리가 처음 만난 날 결혼하자고 청혼했다. 그래서 나는 잠시 동안 이 몽골 건 전체에 대해 생각해봤고 내 반응은 나를 놀라게 했다. 나는 그 모험을 놓치고 싶지 않다는 것을 깨달았다. 그 삶은 내게 모든 것을 전환시켜줄 수 있는 기회를 주었고, 로완의 자폐증에 대한 우리의 슬픔을 치유에 대한 탐색으로 바꾸어놓을 수 있는 기회를 줄 것이다.

나에게 주어진 것은 사랑과 공포 사이에서 선택하는 일이었다. 그래서 나는 심호흡을 하고 좋다고 말했다. 하지만 그것이 나에게는 둘 다 유리한 일이라고 농담을 했다. 만약 여행이 실패한다면 나는 루퍼트에게 영원히 "내가 그럴 거라고 했잖아요"라고 말할 수 있고, 만약 그것이 성공적이라면 훨씬 더 좋을 것이기 때문이었다.

작가인 루퍼트는 말 타는 소년이라는, 여행에 관한 책을 써보겠다고 제안했는데 경비 일부와 우리가 여행 간 동안의 수입 손실을 상쇄할 수 있는 선금을 원했다. 하지만 그 제안이 루퍼트의 대리인에게 전해진 뒤 몇 달 동안 우리는 아무런 연락도 듣지 못했다. 우리는 신용 카드 한도를 채우며 비행기 표를 사기로 결정했다.

놀랍게도 약 2주 후 입찰 전쟁이 일어났고 루퍼트는 우리의 서툰 꿈을 뛰어넘는 선금을 받았다. 갑자기 모든 비용을 충당하고, 다큐멘터리를 만들고(〈말 타는 소년〉이라는 제목의), 로완의 미래를 위해 저축하기에 충분하고도 남는 돈이 마련되었다. 그것은 마치 삶이 모험을 하기로 한 우리의 결정을 지지하고 그렇게 하도록 우리를 가능한 한 많이 안심하게 해주는 것 같았다. 우리는 감사함에 압도되었다.

그래서 2007년 8월 우리를 위한 의식을 치르기 위해 아홉 명의 샤먼이 모인 몽골의 수도 울란바토르 외곽 성스러운 산기슭에서 우리는 감사한 마음을 갖고 참석해 있었다. 여행가이드 툴가에 따르면 대부분의 사람이 로완을 돕기 위해 수백 마일이나 떨어진 곳에서 왔다고 한다. 내 인생에서 가장 강렬한 오후였다. 처음에 로완은 싫어했고, 소리치고 저항했고, 혼란스러워했으며, 우리 주변에서 일어나는 모든 소음과 북소리를 이해하지 못했다(분명히 말하지만, 그는 식료품점을 방문할 때마다 보인 전형적인 모습보다 더 힘들어하지는 않았다).

그러고 나서 정말 기이한 일이 일어났다. 샤먼들은 내가 임신했을 때 검은 기운이 내 자궁으로 들어갔다고 말했고, 보드카로 내 은밀한 부분을 씻기 위해 나를 강으로 내려가게 했다. 그래, 보드카로 말이다. 또한 그들은 내 어머니 쪽 여성 조상 중에 정신병을 앓았던 어떤 이가 로완에게 매달리고 있다고 말했다. 사실, 내 어머니가 두 살이었을 때 외할머니는 자동차 사고로 여덟 살 된 아들을 잃었다. 어른이 되어 어머니가 집을 나와 결혼을 하고 몇 주 만에 외할아버지는 심장마비로 돌아가셨다. 외할머니는 슬픔에 빠져 미쳤고 결국 자살했다. 이것이 그들이 의미하는 여성 조상인가? 기이하다. 그러나 생각할 시간이 별로 없었는데 왜냐하면 루퍼트와 나는 산 쪽을 바라보며 무릎을 꿇게 되었고 샤먼이 생가죽 끈으로 우리를 (로완이 아니어서 얼마나 다행인지) 채찍질했는데 등과 팔과 다리가 고통스러울 정도로 빨갛게 부어올랐다. 그러는 동안 툴가는 초조하게 미소를 띠며 "울지 않는 것이 중요하다"라고 우리에게 말했다.

출산을 제외하고 이렇게 아픈 경험은 해보지 못한 것 같다. 풀밭에 무릎을 꿇고서 심호흡을 하고 생가죽 채찍이 내 피부를 관통하는 것을 느끼면서 나는 자신에게 연민을 보냈다. 채찍의 고통에 대한 연민, 자폐아를 가진 고통에 대한 연민, 다양한 방식으로 고통받는 세상 모든 사람에 대한 연민. 나는 샤먼이 가하는 고통이 치유의 의도에서 생겨난다는 것을 알았고, 그래서 그것을 견딜 수 있었다.

의식이 끝나자 "당신은 정신 나간 남편을 용서해줄 수 있나요?"라고 루퍼트가 물었다. 우리는 서로 껴안고 웃었다. 우리가 또 뭘 할 수 있었을까?

그리고 아름다운 일이 일어났다. 로완이 샤먼들과 놀면서 웃고 낄낄거리기 시작했다. 얼마 지나지 않아 놀랍게도 로완은 원의 끝에 서 있던 작은 소년에게 몸을 돌려 그를 껴안으며 '몽골 형제'라고 말했다.

그는 전에 그런 행동을 한 적이 없었다.

가이드 툴가의 아들인 이 어린 소년의 이름은 토무였다. 소년들의 놀라운 상호작용을 보며 툴가는 토무를 데리고 우리와 함께 여행하기로 결정했다. 로완은 첫 친구를 사귀게 되었다.

그래서 우리는 아무런 망설임 없이 장대한 여행 길로 들어섰다. 시작은 거의 재앙이었다. 로완은 말을 탄 첫날에 갑자기 자신감을 잃어 말을 완전히 거부했고 우리는 말을 버리고서 계속 자동차 안에 있어야 했다. 이것은 루퍼트를 가슴 아프게 했다. 왜냐하면 말은 그와 로완을 가장 잘 연결해주는 곳이었기 때문이다. 그러나 끝없는 여행 기간 동안 로완과 토무의 우정이 자라기 시작했고, 열린 초원 위에서 야영을 하며 길고도 불가능해 보일 정도로 아름다운 저녁을 보는 것은 순수한 기쁨이었다. 우리 아들 내면에서 무언가가 변하고 있었다.

우리는 신비한 순록 부족들의 땅인 시베리아로 북상하기 전에 야생 백조와 야생 마들이 사는 이상하고 꿈 같은 장소인 샤르가 호수의 성수에서 씻고 기도했다. 그들의 치료사는 그 지역에서 가장 강력하다는 평판이 있었다. 그러나 루퍼트는 이들 유목 민족들(수십만 년 전에 베링 해협을 건너온 최초의 미국 원주민들의 조상이라고 알려진)을 찾는 것이 매우 어려울 수 있다고 들었다. 그들을 찾고 로완을 위해 치료를 부탁하는 것이 우리 여행의 마지막 목표였다. 그러나 그들의 외딴 정착지로 가는 도로가 없었다. 그곳에 가려면 로완은 다시 말을 타야 했다.

나는 여행으로 인해 매우 지쳐가고 있었다. 시냇물로 채운 물병으로 하루에 세 번씩 다섯 살난 아들의 똥 묻은 속옷을 빠는 것을 상상해 보라(초원에는 세탁기도 건조기도 없다). 또한 나는 끔찍한 음식, 특히 토해놓은 것 같은 맛이 나는 아이락 airag이라고 부르는 고약한 냄새가 나는 알코올이 포함된 암말 우유에 싫증이 났다. 그럼에도 불구하고 무언가가 앞으로 끌어당기고 있었다.

로완은 마침내 말에 올라타 다시 한번 말타기를 즐기기 시작했다. 그래서 우리는 가이드를 따라 1만 2천 피트나 되는 길을 지나 순록 부족들의 고지대 여름 목장에 도착했다. 3일 동안 힘들게 말을 탄 후 우리는 마침내 그들의 천막에 도착했다. 로완은 마음에 들어했다. 몽골 어느 곳에서와 마찬가지로 여기 사람들도 우리를 매우 환영해주었다. 그와 토무가 탈 수 있도록 길들여진 순록들을 데려와서 상상할 수 없을 정도로 귀여운 아기 순록과 포옹을 하게 해주었다.

3일 동안 고스테라고 불리는 카리스마 있는 나이 든 샤먼이 로완을 치유했는데 로완이 아기 코끼리인 척하며 기어 다니는 동안 그는 그의 천막에서 타오르는 불빛 속에서 춤을 추며 북을 쳤다.

마지막날 밤 나는 이상한 꿈을 꾸었다. 평소 나는 거의 꿈을 기억하지 못한다. 돌아가신 나의 할머니는 꿈에서 죽은 아들과 함께 있었다. 이제야 그는 어른이 되었고, 그들은 함께 손을 잡고 행복하게 걸어갔다.

다음날 아침, 고스테는 우리가 가야 할 시간이라고 말했다. 또한 그는 우리를 정말로 미치게 만든 것들이—로완의 행동조절장애, 발작—오늘부터 멈출 것이라고 말했다.

나는 마음속으로 경계를 하고 있었고 루퍼트도 마찬가지였다. 그러나 다음날 강가에서 야영을 하는 동안 로완은 처음으로 자기 의지로 배변을 했고 스스로 몸을 씻었다. 이틀 후 그는 진짜 화장실에서 첫 성공을 거두었는데 이러한 일은 심지어 그의 할머니나 유료 전문가들조차 이룰 수 없었던 것이었다. 그 이후로 단지 몇 번의 발작만이 있었으며 집에 돌아온 지 몇 주 만에 그 발작들도 완전히 멈추었다. 그러는 동안 로완의 친구관계도 자라기 시작했다. 그는 심지어 스스로 벳시를 타고 다니기 시작했는데 루퍼트에게 있어서는 꿈의 성취였다.

샤먼들이었을까, 일종의 위약 효과일까, 아니면 그를 근본적으로 새로운 환경으로 데려가서 한계까지 밀어붙인 효과 때문이었을까? 솔직히 나는 모르겠다. 하지만 내가 아는 것은 가족으로서 우리는 위험을 감수했고 아무리 정신 나가 보일지라도 신뢰를 통해 치유를 발견했다는 것이다.

치료가 아니라 치유였다. 로완의 자폐증은 치료되지 않았다. 로완은 여전히 자폐적이다. 그러나 그는 자폐증과 함께하는 장애를 치유받았다. 요즘 로완은 너무 기능을 잘해서 일부 사람들은 그가 '자폐증 범주에' 있다고 말하는 데 어려움을 겪는다. 하지만 그의 자폐증은 그가 누구인지 그리고 그가 세상을 어떻게 바라보는지의 중심에 있을 것이고 우리는 어떤 다른 식이기를 원하지 않을 것이다.

루퍼트와 내가 몽골에서 받은 치유는 우리가 로완의 자폐증과 맞서 싸우는 것을 멈추고 진정으로 수용할 수 있게 해주었다. 자폐증이라는 신비에 마음을 열게 됨으로써, 저주보다는 모험으로 바라보고 배움으로써 우리는 로완의 자폐증이 우리에게 일어난 것 중 가장 좋은 것이라는 것을 깨달았다. 로완의 자폐증이 없었다면 우리는 믿기 힘들 정도로 흥미로운 삶을 살 수 없었을 것이다. 고스테는 로완이 아홉 살이 될 때까지 매년 훌륭한 전통 치료사에게 데려가야 한다고 말했다. 그것은 어느 전통이든 문제가 되지 않았다. 그래서 2008년에 우리는 그를 루퍼트와 친한 부시맨 치유사에게 보이기 위해 나미비아로 데려갔다. 그 치유사는 베사라는 이름을 가진 전능한 샤먼이었다(로완의 이름이 로완 베사 이삭슨이라는 것은 그들이 얼마나 가까운가를 보여주는 척도다). 2009년에는 호주에 있는 원주민 치료사에게 그를 데리고 갔다. 2010년에는 나바호 치료주술사를 만나기 위해 뉴멕시코와 애리조나로 여행을 갔다. 이러한 여정을 거칠 때마다 로완은 변화되었고, 우리도 변화되었으며, 가족으로서 더 가까워졌다.

우리는 로완과 함께했던 경험들을 다른 가족들과 공유할 수 있었다. 우리는 자폐아가 있는 가정들을 위해 4일짜리 '말 타는 소년' 캠프를 운영하기 시작했는데 말과 자연에 더 강하게 몰입할 수 있게 해주는 캠프였다. 부모들은 깜짝 놀랐는데 말을 하지 않던 아이들이 말을 타는 중에 첫 단어를 내뱉는 것을 포함하여 몇몇 아이가 이 캠프에서 주요한 돌파구를 찾게 되었다. 나는 캠프에서 부모들에게 자폐아를 양육하는 스트레스에 대처하려고 할 때 자기연민이 얼마가 필수적인가를 많이 이야기해왔다. 이 모든 것을 하면서 우리가 가지는 즐거움, 만족감 그리고 평범한 기쁨은 정말로 경외감을 불러일으킨다.

만약 당신이 그렇다고 말할 수 있다면, 자폐증은 선물이다. 로완의 매력, 유머, 재능, 자연에 대한 모든 강한 관심은 자폐증임에도 불구하고 그런 것이 아니라 그의 자폐증 때문에 그런 것이다. 왜 우리가 그걸 바꾸려고 했을까? 루퍼트가 나에게 상기시켜주곤 하는 말이 있다. "삶이 여러분에게 레몬을 줄 때 레모네이드를 만들라는 격언이 있다. 엿 먹어. 삶이 여러분에게 레몬을 줄 때 마가리타나 만들어요."

실습
3

불행 속에서 한 가닥 희망 발견하기

지금까지 당신의 인생에서 직면했던 큰 어려움 중 하나 또는 두 가지, 너무나 힘들어 그 당시 당신은 결코 극복할 수 없을 것이라고 생각했던 일을 떠올려보세요. 지나고 나서 보았을 때 그 경험을 통해 어떤 좋은 것이 드러난 것을 알 수 있나요? 한 사람으로서 성장하고, 중요한 어떤 것을 배우고, 여러분의 삶에서 더 많은 의미를 찾았나요? 만약 당신이 그 일로 인해 지금의 당신이 아니게 된다면 당신은 할 수 있다면 시간을 거슬러 올라가서 일어났던 일을 바꾸시겠습니까?

다음으로, 당신이 지금 직면하고 있는 도전에 대해 생각해보세요. 당신의 문제를 다른 시각으로 볼 수 있는 방법이 있나요? 당신의 현재 상황에서 드러나는 어떤 긍정적인 면이 있습니까? 배우는 기회, 경력

러브 유어셀프

의 가능성, 새로운 관계, 우선 순위의 재편성이 있습니까? 만약 당신이 현재 상황에 대해 긍정적인 것을 **어떤 것이라도** 찾아내는 것이 어렵다면 그것은 아마도 당신에게 좀 더 자기연민이 필요하다는 신호일 것입니다. 당신의 두려움이나 고통의 감정에 접근하기 위해 친절, 보편적 인간경험 그리고 마음챙김이라는 세 가지 관문을 이용하도록 노력하세요. 마치 가까운 친구가 들려주는 것처럼 친절하게 지지의 말을 해보세요. 아무도 보지 않는 경우 살짝 자신을 안아줄 수도 있습니다. 당신의 상황과 비슷한 문제를 가진 다른 사람들과 당신을 연결하는 방법에 대해 생각해보세요. 당신은 혼자가 아닙니다. 비록 당신이 그것을 별로 좋아하지 않더라도 몇 번 심호흡을 하고 상황이 일어나고 있다는 것을 받아들이도록 하세요.

이제 다시 바라보세요. 삶이 지금 당신에게 가르쳐주고 있는 것이 무엇인가요? 마음을 열고 생각을 열 수 있는 기회인가요? 이런 저주 같아 보이는 일이 실제로 축복일 수 있는 어떤 방법이 있을까요? 마가리타 한 잔 하시겠어요?

자기감사

·

우리의 가장 깊은 두려움은 우리가 무능하다는 것이 아니다. 우리의 가장 깊은 두려움은 우리가 측정할 수 없을 정도로 강력하다는 것이다. 우리를 가장 놀라게 하는 것은 우리의 어둠이 아니라 우리의 빛이다. 우리는 스스로에게 묻는다. 빛나고 아름답고 멋진 사람이 되어야 하는 나는 누구인가? 그런데 자신이 그렇지 않다고 단정짓는 당신은 누구인가? 당신은 신의 아들이다. 당신의 소심함은 세상에 도움이 되지 않는다. 당신이 움츠러들 이유가 없기 때문에 주변에 있는 사람들은 불안해하지 않는다. 아이들이 그런 것처럼 우리는 모두 빛나도록 되어 있다. 우리는 우리 안에 있는 신의 영광을 드러내기 위해 태어났다. 그것은 우리 중 특별한 몇몇에게만 있는 것이 아니고 모든 이 안에 있다. 우리가 우리 자신의 빛을 빛나게 할 때 우리는 무의식적으로 다른 사람들도 그렇게 하도록 허락한다. 우리가 우리 자신의 두려움에서 자유로워질 때 우리의 현존은 다른이들을 자유롭게 한다.

−메리엔 윌리엄슨, 《사랑으로의 귀환》

·

·

이 책에서 나는 우리의 실패와 무능력을 어떻게 자기연민으로 대할 것인지에 주로 초점을 맞추었다. 그러나 자기연민의 세 가지 기본 요소—친절, 보편적 인간경험, 마음챙김—는 우리 스스로에 대해 좋아하지 않는 것에만 적용되는 것이 아니다. 그들은 똑같이 우리가 **정말로** 좋아하는 것에 대해서도 적용된다.

러브 유어셀프

우리의 좋은 측면에 **감사하기**

때로는 우리 자신에 대해 무엇이 잘못되었는가를 아는 것보다 무엇이 좋은지를 아는 것이 더 어렵다. 자만심이 있는 것처럼 보이고 싶지 않은 사람은 자신의 긍정적인 특징에 대해 **생각하는** 것만으로도 불편해질 수 있다. 이런 이유로 많은 사람이 칭찬을 받아들이는 데 어려움을 겪는다. 당신은 자신의 유형을 알고 있다. "메리, 정말 멋져 보여요! 당신 블라우스가 맘에 드네요." "아, 고맙지만 가슴이 그렇게 납작하지 않은 사람에게 더 잘 어울릴 거예요." 칭찬은 우리를 당혹스럽게 만들 수 있고, 우리는 종종 어떻게 남의 시선을 의식하지 않고 반응해야 하는지 모른다.

물론 아첨은 모욕보다 훨씬 더 기분 좋게 느껴지지만 우리 중 얼마나 많은 사람이 칭찬을 진심으로 받아들일까? 칭찬을 내 것으로 받아들이고 즐겨라. 수많은 이유로 인해 자신에 대해 긍정적으로 느끼는 것은 흔히 당신이 생각하는 것보다 더 힘들다. 이러한 것들 대부분은 두려움에서 기인한다.

한 가지 두려움은 지나치게 높은 기대치를 설정하는 것과 관련이 있다. 우리의 장점을 대단치 않게 생각하는 것은 다른 사람들을 실망시키기보다는 다른 사람들에게 기분 좋은 놀라움을 줄 가능성이 더 높다. 매주 축구 경기에서 당신이 얼마나 형편없는 선수인가 반복적으로 한탄하게 한 후에 결승골을 넣는다면 팀 동료들에게 놀라운 칭찬을 받게 될 것이다. "당신이 그런 능력이 있는 줄 몰랐어요! 잘했어요!" 그와 동시에 만약 당신이 경기 종료 때 결정적인 슛을 놓쳤어도 여전히 동정을 받을 것이다. "음, 그래, 적어도 시도는 했잖아요." 반면에 당신의 기술에 대해 자랑스러워하고 자신감 있게 보이는 것은 일이 잘못되었을 때 당신을 공격하도록 만든다. "이봐, 당신은 대학 팀에서 최고의 선수라고 말한 것 같은데 어느 대학이었지? 균형 못 잡고 절뚝거리는 멍청이 대학?"

또한 우리는 우리에게 친숙한 악마를 놓아주는 것을 두려워한다. 만약 우리가 겸손한 습관을 가지고 있다면 우리의 긍정적인 자질을 인식하는 것이 낯설게 느껴질 것이다. 우리의 자아감은 무능력하다는 느낌으로 너무 가득 차서 자신을 가치 있고 소중한 사람으로 보는 것을 두려워한다. 역설적이게도 이것은 일종의 죽음처럼 느껴질 수 있기 때문에 우리의 부정적인 자아감은 살아남기 위해 열심히 싸울 것이다.

다른 사람들보다 더 나은 사람이 되어야 한다는 두려움은 또 다른 장애물이다. 우리가 우리 자신에 대해 괜찮다고 느끼기 위해서는 특별하고 평균 이상이어야 한다는 경쟁적인 문화에서 살고 있다는 사실은 의심의 여지가 없다. 하지만 그와 동시에 정상에 있으면 외롭다. 우리 정신의 일부는 우월성을 향한 상승이 고립으로의 하강이라는 것 또한 인식한다. 비록 우리는 높은 자존감을 원하지만 자존감은 다른 사람과 분리되고 단절된 느낌을 들게 하는 잠재적인 단점을 가지고 있다는 사실을 직관적으로 알고 있다. 내가 나의 위대함을 인정한다면 그것이 내가 당신보다 낫다는 것을 의미하고, 당신과 내가 더 이상 동등하게 관계를 맺을 수 없다는 것을 의미하는가? 높은 자존심을 갈망하면서도 동시에 그것을 두려워하는 양극적 방식은 스스로를 편안하고 자신감 있게 만들기 어렵게 한다.

기술 회사의 회계사인 토머스는 어떤 사람이라도 그를 칭찬해 주면 매우 어색하고 불편하게 느꼈다. 자신의 업무 성과에 대해 칭찬을 받았을 때 그는 공손하게 보이기 위해 재빨리 "감사합니다" 라고 말하고 주제를 바꾸곤 했다. 그는 마치 물 밖으로 나온 물고기처럼 느껴졌고 자신에게 긍정적인 스포트라이트가 켜질 때마다 울렁거릴 정도였다. 그는 칭찬을 받아들이거나 다른 사람의 칭찬 속에 어떻게 따뜻하게 머물 수 있는지에 대한 본보기가 없었다. 대신에 그는 자신이 그의 상사처럼 바뀔까 봐 무서워 죽을 것 같았는데 그의 상사는 스스로 근사하다고 생각하며 자만하는 사람이었다. 그는 상사의 자만심이 싫었고 그처럼 되는 것이면 무엇이든지 겁을 먹었다.

우리가 건방지고 자신만만한 상대편보다 겸손하고 자기를 내세우지 않는 영웅을 항상 응원하는 이유가 있다. 자기애가 강한 사람 말고는 어떤 사람도 자기애가 강한 사람을 좋아하지 않는다. 만약 우리가 우리의 긍정적인 측면을 인식하고 그것을 즐긴다면 우리가 이기주의자라는 것을 의미하는 것이 아닌가? 이기주의자들은 사랑스럽지 않다. 그렇지 않은가? 그것은 약간 진퇴양난적 성격이 있다. 만약 우리가 자신에 대해 좋은 점을 인정한다면 그것은 우리가 나쁘다는 것을 의미해야 하고, 그래서 좋은 기분을 느끼기 위해 우리는 자신에 대한 나쁜 무엇에 초점을 맞춘다. 어처구니없지 않은가? 하지만 우리는 모두 그렇게 한다.

그러면 이기주의라는 함정에 빠지지 않고 어떻게 우리의 자질을 축하할 수 있을까? 나는 그 대답이 자기연민이라고 믿는다. 비록 다른 모습이지만. 나는 그것을 '자기감사'라고 부르고 싶다. 모든 사람이 약점뿐 아니라 강점도 가지고 있다는 것을 인정하면서 우리 자신의 좋은 점을 즐길 수 있을 때 오만이나 우월감이나 지나친 자신감을 유발하지 않으면서 우리의 선함을 즐길 수 있게 된다. 서구 심리학의 창시자 중 한 사람인 윌리엄 제임스William James는 "인간 본성의 가장 깊은 원리는 감사받고 싶은 열망"이라고 쓴 적이 있다. 다행히도 우리는 다른 사람들이 우리를 인정하는 데 의지하지 않고 인정받고 싶은 우리 자신의 깊은 욕구를 스스로 충족시킬 수 있다. 우리는 자신의 아름다움을 인정할 줄 안다. 우리가 다른 사람들보다 뛰어나기 때문이 아니라 우리는 인간 본성의 아름다운 면을 표현하는 인간 존재이기 때문이다.

공감적 기쁨

불교에서 행복의 토대 중 하나는 '공감적 기쁨'으로 번역되는 **무디타**mudita이다. 이 상태는 우리가 다른 사람들의 좋은 자질과 상황에 대해 기뻐할 때 발생한다. 공감적 기쁨에 대한 이해는 자기감사의 의미를 더 잘 이해하는 데 도움이 되는데 이 두 가지가 밀접하게 연관되어 있기 때문이다. 공감적 기쁨의 바탕에 있는 기본적인 정서는 친절과 선의다. 만약 내가 당신의 행복에 관심이 있고 당신이 잘되기를 원한다면 나는 당신이 성공하길 바랄 것이다. 당신이 인생에 만족할 수 있도록 도와주는 재능과 선물을 당신이 가지고 있다면 나는 기쁠 것이다.

하지만 전형적으로 다른 사람들의 좋은 자질은 우리를 부족하다고 느끼게 만드는 경향이 있다. **저 여자는 정말 멋있으니 나는 못생긴 게 틀림없어. 그는 총명하니 나는 어리석은 게 틀림없어.** 다른 사람들이 빛날 때 질투를 하는 것은 우리를 고통스럽게 만드는데 이것은 우리가 많은 고통을 겪으며 산다는 뜻이다. 하지만 우리가 우리의 인식을 근본적으로 바꾸면 어떨까? 만약 우리가 다른 이들의 성취를 기뻐하고 그들을 위해 진심으로 행복감을 느낀다면? 그렇다면 이것은 우리가 행복하게 느낄 기회를 가진 사람들의 수만큼 행복하게 느낄 확률을 증가시킨다. 세계 인구의 최근 추정치를 볼 때 그것은 약 68억 퍼센트다!

공감적 기쁨의 필수적인 요소는 타고난 연결성을 인식하는 것이다. 우리가 더 큰 전체의 일부일 때 우리는 '우리' 중 하나에게 축하해줄 무언가가 있을 때마다 기뻐할 수 있다. 나는 오스틴에 있는 텍사스 대학교에서 일하고 있고, 우리 오스틴 사람들은 심각한 대학 축구 열병을 앓고 있다. 롱혼팀이 큰 경기에서 이길 때마다 도시 전체가 신이 난다. 물론 팀 지지자이므로 우리가 직접 그런 승리의 터치다운을 하지는 않는다. 그들의 성공을 기뻐할 수 있게 해주는 것은 우리가 팀과 하나라는 느낌 때문이다. 우리가 다른 사람들과 연결되어 있다고 느낄 때 우리는 그들의 영광을 충분히 즐길 수 있다. 하지만 만약 우리가 우리 지역 스포츠 팀 뿐만 아니라 모든 인류를 포함하도록 소속감을 넓히면 어떻게 될까? 그러면 우리 편은 언제나 이길 것이다.

물론 우리가 다른 사람에게 충분히 감사하기 위해서는 그들의 긍정적 자질을 인식해야 한다. 남편의 지능, 잘생긴 외모, 창의력, 유머감각을 당연하게 여긴다면 나는 남편의 좋은 특질을 의식적으로 자각하지 않을 것이다. 그러한 좋은 특질들은 당연히 그럴 것이라고 가정되고 예상되기 때문에 눈에 띄지 않을 것이다. 나는 그가 얼마나 놀라운 사람인지를 완전히 인식하고 인정하기 위해 그의 강점과 재능에 주목해야 한다. 이러한 이유로 공감하는 기쁨을 누리기 위해서는 역시 마음챙김이 필요하다.

자기감사의 기원

친절, 보편적 인간경험, 마음챙김의 특성이 다른 사람들의 고통을 향하여 적용될 때 그것은 연민으로 드러난다. 우리 자신의 고통에 적용되었을 때는 자기연민으로 나타난다. 다른 사람들의 긍정적인 자질을 향할 때는 무디타, 즉 공감적 기쁨으로 드러난다. 그리고 그것이 우리 자신의 긍정적인 자질로 향할 때 자기감사로 나타난다.

친절이 자기감사로 적용될 때의 특성에 대해 먼저 생각해보자. 많은 사람은 자신의 강점보다는 약점에 더 초점을 맞춘다. 앞서

러브 유어셀프

논의한 바와 같이 우리는 종종 우리의 긍정적인 특징들을 얕잡아 보는데 그것을 인정하는 것이 너무 무섭고 불편하게 느껴지기 때문이다. 그러나 만약 우리가 자신에게 친절하다면 우리는 우리의 좋은 자질에 대해 매우 기뻐할 수 있다. 자신이 좋은 아버지, 열심히 일하는 사람, 충실한 친구, 헌신적인 환경 운동가라는 사실이 놀랍지 않은가? 정직, 인내, 근면, 창의력, 관능성, 영성 그리고 공감 같은 특성은 칭찬할 만한 것 아닌가? 우리 자신에게 감사하고 진심 어린 칭찬으로 인정하는 것은 자기친절의 큰 선물이다. 우리 자신과 다른 사람들을 불편하게 만들 수 있으므로 이 칭찬을 큰 소리로 말할 필요는 없다. 하지만 우리는 우리가 받을 자격이 있고 우리에게 필요한 내적 인정을 스스로에게 줄 수 있다.

자기감사에 내재된 인간경험의 보편성에 대한 감각은 우리가 다른 사람들보다 더 낫기 때문이 아니라 모든 사람이 선함을 가지고 있기 때문에 우리 자신에게 감사하는 것을 의미한다. 자신을 무시하거나 평가절하하면서 다른 사람들의 선함에 감사하는 것은 우리와 그들 사이에 잘못된 구분을 만들어낸다. 하지만 우리는 모든 경험에 생기를 주는 우주적 생명이라는 힘이 독특하게 표현된 존재이므로 우리가 스스로를 존중할 때 우리는 모든 것을 존중하는 것이다. 선사인 틱낫한 스님은 이렇게 썼다. "당신은 훌륭한 현현顯現이다. 전 우주가 함께 모여 여러분의 존재를 가능하게 했다." 만약 당신이 **상호의존성**이라는 개념을 진지하게 받아들인다면 당신의 실패에 연민을 갖는 것처럼 당신의 성취를 축하하는 것 역시 자기중심적인 것은 아니다. 우리는 재능이 개인적인 것이라고 주장할 수 없다. 재능은 우리 조상들의 유전자, 부모의 사랑과 양육, 친구들의 관대함, 선생님의 지도 그리고 우리의 집단 문화의 지혜를 통해 태어났다. 원인과 조건의 독특한 결합이 지금의 우리를 만들어냈다. 그렇다면 우리의 좋은 자질에 대한 감사는 개인과 인간 종족의 모든 측면에서 우리를 형성하게 해준 모든 것에 대해 진정으로 감사를 표하는 것이다. 자기감사는 모든 창조물을 겸허히 찬미한다.

또한 자기감사에는 마음챙김이 필요하다. 우리가 다른 사람들에게 감사하기 위해 그들의 좋은 자질을 알아차릴 필요가 있는 것처럼 우리는 자신의 긍정적인 면들을 의식적으로 인식해야 한다. 그러나 우리가 자신에게 감사할 때 종종 불편함이 생기기 때문에 우리는 그러한 생각들을 의식적으로 인식되지 않게 한다. 이 새롭고 좋은 느낌을 어떻게 해야 할지 모르기 때문에 우리가 그렇게 나쁘지만은 않다는 생각을 억누르게 된다. 마음챙김은 우리가 이러한 습관적인 성향을 버리고 새로운 방식으로 사물에 접근할 수 있도록 해준다. 물론 마음은 습관적으로 긍정적인 것보다 부정적인 것에 집중한다. 이러한 경향은 우리가 자신에 대해 생각해볼 때 더 명백하다. 우리의 본능은 우리가 생존할 수 있도록 문제를 식별하고 그것들을 고치라고 말한다. 이것은 우리가 우리의 약점에 대해서는 집착하지만 좋은 자질은 당연하게 여긴다는 것을 의미한다. 한 여성은 자신의 젊음, 건강함, 똑똑함, 성공적인 경력 그리고 사랑하는 남자친구를 가지고 있다는 것은 태평스럽게 무시하면서, **'단 7킬로그램만 줄일 수 있다면'**이라고 반복해서 자신

러브 유어셀프

에게 말했다. 하지만 우리 자신에 대해 좋은 점이 무엇인지 알아차리겠다는 의도를 갖게 되면 부정적인 것으로 기우는 마음에 맞설 수 있다.

혹자는 만약 우리가 우리 자신의 좋은 점에만 너무 초점을 맞춘다면 성장이 필요한 영역을 무시하게 될 것이라고 우려할 것이다. 이것은 '지나치게' 초점을 맞추는 경우에만 사실이다. 만약 우리가 우리 자신을 한쪽으로 치우친 시각으로 본다면—'나는 완벽하고 결함이 전혀 없다'—분명히 문제가 될 것이다. 우리가 왜 이런 이분법적 사고의 함정에 쉽게 빠지는지 모르겠지만 그것은 도움이 되지 않는다. 모든 인간 존재는 긍정적인 특성과 부정적인 특성을 모두 가지고 있다. 좋거나 나쁘거나 둘 중 하나뿐인 과장된 이야기를 믿기보다는 우리는 실제로 존재하는 그대로 자신을 존경하고 수용해야 한다. 우리는 더 낫지도 더 못하지도 않다. 핵심은 균형과 조망을 가지고 있을 때 왜곡 없이 우리 자신을 볼 수 있다는 점이다. 태양이 뜨면 빛에 감사할 수 있고, 태양이 지면 어둠에 대해 연민을 가질 수 있다.

실습
1

당신 자신에게 감사하기

자신에 관해 정말 좋아하거나 감사하는 열 가지를 나열하세요(당신이 항상 드러내는 특성이 아니라, 단지 가끔 보이는 면이어도 괜찮습니다). 각각의 특성을 쓰면서 어떤 불편한 감정—당혹감, 자만심에 대한 두려움, 친숙하지 않음—을 알아챌 수 있는지 살펴보세요. 만약 불편함이 생기면 당신이 다른 누구보다 낫거나 완벽하다고 주장하는 것이 아니라는 것을 상기하세요. 당신은 당신이 가진 좋은 자질에 주목하고 있을 뿐입니다. 모든 사람은 좋은 특성을 가지고 있습니다. 자신의 이러한 긍정적인 측면을 인정하고 즐길 수 있는지, 그것들에 오래 머물러 있고 정말로 그것들을 받아들일 수 있는지 살펴보세요.

1. _____

_____

2. _____

_____

3. _____

_____

4. _____

_____

5. _____

_____

6. _____

_____

7. _____

_____

8. _____

_____

9. _____

_____

10. _____

_____

자기감사 vs **자존감**

겉으로 보면 자기감사와 자존감이 상당히 비슷해 보일 수도 있다. 결국 둘 다 우리의 좋은 자질에 분명한 초점을 두고 있기 때문이다. 하지만 몇몇 중요한 면에서 차이가 있다. 한 가지 중요한 구분은 자기감사는 공통된 인간경험을 인식하는 것에 주안점을 두고 있다는 점이다. 자존감은 분리와 비교, 다른 사람들보다 **더 나은** 것에 초점을 맞추고 특별함을 전제로 하는 경향이 있다. 반면, 자기감사는 연결성에 기반을 두고서 다른 사람들과 유사점을 보려 한다. 이는 모든 사람은 장점이 있다는 인식이다.

또 다른 중요한 차이는 자존감은 우리 자신을 선이나 악으로 **규정하는** 경향과 관련이 있다는 점이다. 자존감은 표상적인 자아 관념 수준에서 작용하는 가치 판단이다. 따라서 고유의 본질을 포착하기 위해 우리 자신에게 꼬리표를 붙인다(나는 말랐고, 부유하고, 성공했고, 아름답다 등등). 자존감은 **존재에** 대한 것이 아니라 우리가 누구인가에 대한 **관념**에서 비롯된다. 바로 이것이 높은 자존감을 갖기 위해 긍정적인 자아상을 그리는 것이 무엇보다도 중요한 이유다. 우리의 자아관념은 우리의 **실제** 자기와 혼동된다. 반면에 자기감사는 판단이나 꼬리표가 아니며 우리를 규정하지도 않는다. 자기감사는 우리 내부에 있는 좋은 것과 **관계 맺는** 방법이다. 자기감사는 우리가 완전히 규정될 수 없는 끊임없이 변하는 과정이라는 것을 인식한다. 그러나 우리의 영광된 순간은 분명히 알아차린다.

비록 우리를 특별하게 만들지 않더라도 우리 자신에 대해 감사해야 할 멋진 것들은 항상 존재한다. 내가 숨을 쉬고, 걷고, 먹고, 사랑하고, 친구를 껴안을 수 있다는 사실은—대개 모든 사람들이 이 능력을 갖고 있다—비록 그것들이 **평범하다는** 사실에도 불구하고 틀림없이 축하해야 할 능력이다. 사람들은 이런 선물 중 하나를 잃어버린 후에야 그것이 얼마나 경이로운지 깨닫게 된다. 그리고 우리 동료들에 대해 점수를 매기는 방식이 아니라 우리의 복잡하고 상호연결된 본성을 인식하는 맥락에서 우리 자신의 특별한 측면에 대해 감사할 수 있다.

자기감사의 마음을 갖게 되면 우리 자신에 대해 좋게 느끼기 위해 다른 사람들을 깔아뭉갤 필요가 없어진다. 당신의 성취를 인식하면서 **동시에** 나 자신의 성취에 감사할 수 있다. 나의 재능을 축하**하면서 또한** 당신의 재능도 기뻐할 수 있다. 감사는 우리 자신을 포함한 모든 사람에게 있는 빛을 인정하는 것이다.

우리 삶의 좋은 점에 대한 **감사**

　지금까지 우리의 개인적 자질에 대해 감사하는 것이 중요하다는 것에 대해 주로 논의해왔지만 감사하는 것을 우리의 전반적인 생활로 확대할 수도 있다. 자기감사는 내적으로나 외적으로 유익한 모든 것을 수용한다.

　삶의 좋은 상황들에 대해 감사할 때는 자만심과 이기주의에 대한 두려움이 생기지 않기 때문에 우리는 이러한 형태의 자기감사에는 좀 더 관대하다. 우리 삶에서 좋은 것—사랑하는 가족, 든든한 친구, 안정적인 직업—에 감사하는 것은 **자신에게** 감사하는 것만큼 어려운 일은 아니다. 하지만 부정적인 것에 초점을 맞추는 마음의 습관적 경향 때문에 우리는 종종 이러한 행운을 당연하게 여긴다. 우리는 삶의 고통을 해결하고 대처하는 것에 지나치게 사로잡혀 있다. 그래서 우리에게 즐거움을 주는 것에 충분한 관심을 기울이지 못하고 필요 이상으로 많은 고통을 겪는다. 그러나 연구 결과들이 증명하듯이 감사는 우리의 경험을 근본적으로 변화시킨다.

　《행복도 연습이 필요하다》에서 저자 소냐 류보머스키Sonia Lyubomirsky는 긍정적인 생활 환경은 행복에서 단지 약 10퍼센트만을 차지한다고 언급했다. 복권에 당첨된 것 같은 큰 사건 이후에도 사람들은 불과 몇 년 사이 이전 수준의 행복(불행)으로 다시 돌아가는 경향이 있다. 이러한 이유로 많은 심리학자는 우리에게 주로 유전적으로 결정된 행복 '설정점'이 있다고 주장한다. 하지만 이것은 일부 견해일 뿐이다. 또한 연구는 사람들이 자신의 삶과 관계하는 방식을 바꿈으로써 행복 수준을 상당히 높일 수 있다는 것을 보여준다. **무슨 일이** 일어나는가 하는 것이 중요한 것이 아니라 일어난 일에 대한 **태도가** 중요한 것이다. 류보머스키는 행복을 최대화할 때 몇 가지 주요 요소들이 차이를 만들어낸다는 것을 발견했다. 가장 중요한 것은 자신이 가진 것에 감사하는 것, 어려운 상황의 밝은 면을 보는 것, 다른 사람들과 비교하지 않는 것, 친절을 실천하는 것, 마음챙김을 하는 것 그리고 기쁨을 음미하는 것 등이다. 이 모든 요인은 자기감사라는 더 큰 개념 안에 정확히 포함되지만 우리는 특별히 감사와 음미 두 가지에 초점을 맞출 것이다.

감사와 음미

감사

종교는 보통 감사 기도를 바치는 형태로 일상생활 속에서 감사의 가치를 오랫동안 강조해왔다. 성서의 시편에 있는 이 문장을 생각해보자. "땅을 물 위에 펼치셨다. 그의 사랑 영원하시다. 큰 빛들을 내셨다. 그의 사랑 영원하시다. 낮을 다스리라고 해를 만드셨다. 그의 사랑 영원하시다."(시편 136: 6-9, 공동번역). 이러한 기도문들은 창조의 아름다움과 경이로움을 찬양하는 데 초점을 맞춘다. 감사는 모든 종교의 핵심이며 영적 성취를 위한 중요한 관문으로 여겨진다.

감사에 대한 연구에 있어서 최고 권위자 중 하나인 로버트 에먼스Robert Emmons는 감사하는 것이 행복을 직접적으로 가져다준다는 생각을 강력하게 지지하는 연구 결과를 발표했다. 그는 다른 사람들이나 하느님 또는 삶 자체로부터 우리에게 주어진 선물을 알아보고 감사하는 것으로 감사를 정의한다. 연구에 의하면 감사하는 사람들이 물질주의도 덜하고, 다른 사람들의 성공을 덜 부러워하며, 더 행복하고 희망적이며, 활력 있고 그들의 삶에 만족하는 경향이 있다고 한다. 연구는 감사하는 것이 우리가 배울 수 있는 어떤 것이라는 점도 시사한다.

한 연구에서 연구원들은 대학생 집단에게 10주 동안 그들의 현재 삶의 경험에 대한 주간 보고서를 제출하도록 했다. 학생들은 무작위로 세 그룹에 배정되었다. A 집단의 개인들은 그들이 감사하게 여기는 것에 대해 써야 했다('친구들의 관대함' '훌륭한 부모들' '롤링 스톤즈'). B 집단 학생들은 화나거나 짜증나는 일('주차장 찾는 것' '아무도 치우지 않은 지저분한 주방' '멍청한 운전자들')에 대해 쓰도록 요청받았다. C 집단은 대조군이었다. 즉, 이 집단에 속한 학생들은 단지 그 주 동안 그들에게 일어난 일들을 어떤 것이라도 써보되 그 결과가 긍정적이었다거나 부정적이었다는 등의 구체적인 언급은 할 필요가 없다는 요청을 받았다('신발장 청소'). 연구원들은 감사 그룹에 속한 사람들이 다른 두 집단보다 더 행복했을 뿐만 아니라 질병 증상도 덜 보고했고 다른 두 조건의 참가자들보다 더 자주 운동을 한다는 것을 발견했다. 감사는 우리의 감정적, 육체적 경험을 더 좋게 변화시킨다.

실습 2

감사 일기 작성하기

연구에 의하면 매일 감사 일기를 쓰는 것이 행복을 증진시키는 가장 좋고 믿을 만한 방법이라고 합니다. 당신은 아름다움과 경이로운 느낌을 불러일으키는 특별한 일기장을 고르고 싶어 할지도 모릅니다. 그러나 그것은 별로 중요하지 않습니다. 감사 일기를 작성하는 옳바르고 정확한 방법은 없습니다. 중요한 것은 당신에게 기쁨을 주는 것들뿐만 아니라 선물, 친절, 기분 좋은 놀라움 같은 매일의 좋은 순간들에 대해 적어볼 수 있는 특별한 시간을 따로 마련해두는 것입니다.

감사해야 할 새로운 것들을 계속해서 찾아보세요. 당신의 친구, 가족 그리고 사랑하는 사람들이 고정 출연자들이 되겠지만 이 연습이 진부해지거나 반복적이 되지 않도록 하세요. 어제 당연한 걸로 여겼던 어떤 선물을 즐겼나요? 햇빛, 법률 규범, 집안 배관? 우리를 믿을 수 없이 즐거움이 가득 찬 삶으로 이끌어줄 놀라운 일들은 끝이 없습니다.

좀 더 현실적이고 구체적으로 인식하기 위해 우리가 감사해하는 것에 대해 최대한 자세하게 적는 것이 도움이 됩니다. 예를 들어, '나는 내 고양이에게 감사해'라고 하는 대신 '나는 고양이가 내 다리에 비벼

대며 가르릉거리는 것에 감사하는데 사랑받는 느낌이 들기 때문이야'
라고 쓰세요.

비교적 짧은 시간 안에 감사 일기는 당신의 행복 수준에 지대한 기
여를 할 수 있을 것입니다. 여전히 감사해야 할 다른 것들이 있습니다!

음미

음미하는 훈련은 감사와 밀접한 관련이 있다. 음미는 우리에
게 즐거움을 주는 것을 **의식적으로 즐기는** 것을 의미한다. 즐거
운 경험에 머무르면서 좋은 와인처럼 우리 인식 속에서 음미하는
것이다. 우리는 종종 감각적인 경험이라는 관점에서 음미에 대해
생각한다. 게걸스럽게 먹기보다는 음식의 미묘한 맛과 향기를 알
아차리는 것이다. '해야 할 일을 하는 것'보다는 연인의 피부 냄새
를 맡고, 맛보고, 애무하는 것이다. 그러나 음미는 친구의 사랑스
러운 웃음소리, 낙엽의 아름다움, 잘 쓰인 소설의 만족스러운 깊
이와 복잡함 등을 즐기는 것처럼 모든 즐거운 경험에 적용될 수
있다.

우리가 경험을 음미할 때 우리는 현재 순간에서 일어나는 즐거
운 생각, 감각, 감정에 의식적으로 주의를 기울이면서 그것을 마
음챙김의 자각 안에 간직한다. 또한 우리는 기분 좋은 추억을 음
미할 수 있는데 우리가 인생의 파트너를 만난 날 혹은 새로 태어
난 아이를 처음 안았던 날 또는 프라하로 낭만적인 여행을 갔던
날처럼 즐거운 경험을 처음부터 다시 체험하고 감상할 수 있다.

음미는 즐거움을 연장하고 깊게 하기 위한 의도적인 행동이며, 그로 인해 즐거움의 아름다움을 느긋이 즐길 수 있다.

이 순간을 음미하기

당신이 특별히 맛있다고 생각하는 음식이나 음료를 고르세요. 다크 초콜릿 한 조각, 뜨거운 피자 한 조각, 버터가 들어간 바닷가재, 얼그레이 한 잔, 고급 샴페인 한 잔 등 당신에게 확실히 즐거움을 줄 수 있는 어떤 음식이나 음료도 좋습니다.

여러분이 그것을 먹거나 마실 때 가능한 한 많이 음미하도록 하세요. 당신의 모든 감각을 알아차리세요. 맛이 어떻습니까? 어떤 미묘한 맛이 있습니까? 달콤하거나 쓰거나 짠가요? 냄새는 어떻습니까? 어떤 향을 발견할 수 있나요? 머금고 씹고 삼킬 때 어떤 느낌이 드나요? 어떤 질감이 있나요? 어떻게 보이나요? 그것은 흥미로운 색을 가지고 있나요, 아니면 특별한 방식으로 빛을 받나요? 어떤 소리가 나요? (샴페인을 선택한다면 더 쉬울 수도 있겠지요. 하지만 여러분은 만족감을 주는 바삭바삭하거나 지글거리는 소리도 알아차릴 수 있을 거예요.) 속도를 늦추고 각각의 감각을 완전히 음미하면서 맛있는 음식의 모든 즐거운 감각에 흠뻑 빠져보세요.

다음으로 즐거움 그 자체를 경험하는 기분이 어떤지 알아차리세요. 당신은 목구멍에서 작은 기포, 가슴에서 따뜻한 느낌, 코에서 간지러움 같은 것을 느끼나요? 기쁨의 감각을 가능한 한 오래 즐기고 그것이 사라지면 그냥 가게 두세요. 그러고 나서 잠시 시간을 내어 삶의 위대한 선물 중 하나인 음식과 음료에게 감사와 찬사를 보내세요!

심리학자들은 음미하는 것이 행복에 미치는 영향을 조사했는데 이러한 연구에 따르면 삶의 즐거운 측면을 음미할 수 있는 사람들은 그렇지 않은 사람들보다 더 행복하고 덜 우울해한다고 한다. 한 연구에서 사람들에게 일주일 동안 매일 20분씩 산책을 하게 했다. 참가자들은 세가지 그룹 중 하나에 무작위로 배정되었다. 첫 번째 그룹은 꽃, 햇빛 등 가능한 한 많은 즐거운 것을 의식적으로 인식하고 무엇이 이러한 즐거움을 만드는지 생각하도록 지시받은 '긍정 초점' 집단이었다(12장에서 언급한 즐거운 산책 연습은 이 연구에서 영감을 얻었다). 두 번째 집단은 '부정 초점' 집단이었는데 이 그룹은 쓰레기, 교통 소음 등 가능한 한 불쾌한 것을 많이 알아채고 무엇이 이러한 것들을 그렇게 불쾌하게 만들었는지 생각해보도록 지시받았다. 세 번째 집단은 특별한 지시 없이 단지 산책을 하라는 말을 들은 대조군이었다. 그 결과 긍정적인 경험을 음미하라는 지시를 받은 사람들은 다른 그룹과 비교해볼 때 산책 후에 훨씬 더 행복해했다. 또한 후속 면담에서 그들은 그들 주변의 세상에 대해 더 큰 감사를 느낀다고 말했다.

단순히 시간을 들여 우리에게 즐거움을 주는 일상의 것들을 알아채고 음미함으로써 우리는 즐거운 경험을 극적으로 강화할 수 있다.

끊임없이 주는 선물

자기연민은 우리 자신과 우리 삶에 있어서 긍정적인 연을 한껏 즐길 수 있게 해준다. 그리고 놀라운 것은 이 기분 좋은 감정의 샘물을 활용하기 위해 특별한 일이 일어나야 하는 것은 아니라는 것이다. 좋은 기분은 놀랍도록 일상적일 수 있다. 멈춰서서 장미 향기를 맡기 위해 새로운 어떤 일이 생길 필요는 없다. 당신은 단지 코앞에 무엇이 있는지 주의를 기울이기만 하면 된다. 하루 종일 문제 해결 모드로 돌아다니며 당신 자신과 삶에 대해 무엇을 고치고 싶은지 생각하는 대신 하루에 몇 분간만 멈춰서 **고장나지 않은 것**에 대해 경탄할 수 있다.

당신은 이 단어들을 읽으며 지금 이 순간 생명으로 고동치는 신체를 가지고 있다는 것이 얼마나 놀라운지 느낄 수 있다. 한 페이지에 있는 구불구불한 모양들을 보면서 그 내용을 이해할 수 있다는 놀라운 사실에 대해 생각할 수 있다. 비록 당신과 나는 만난 적이 없지만 우리의 마음은 단어의 힘을 통해 소통할 수 있다. 놀라운 일이다! 당신의 삶을 가능하게 하는—보통 당연하게 여겼던—과정에 완전히 감사해하며 호흡이 콧구멍을 통해 들어오고 나갈 때 부드러운 차가움을 느낄 수 있다. 일상적으로 하루하루 존재한다는 경이로움은 그것을 모두 받아들일 수 있는 우리의 능력을 훨씬 능가한다. 하지만 조금의 감사만으로도 우리는 행복을 정말 특별한 정도로 증가시킬 수 있다. 프랑스 작가 드 라 로슈푸

러브 유어셀프

코de la Rochefoucauld가 언급했듯이, "행복은 사물 자체에 있지 않고 우리가 그들에 대해 가지고 있는 그 즐거움 안에 있다."

자기감사는 마음만 있으면 닿을 수 있는 곳에 있는 선물이다. 모든 사람은 각각의 모습을 가지고 있고 그들의 삶은 모두 감사를 받을 만한 가치가 있다. 좋고 아름다운 것이 모두 우리 주위에 있고 또 우리 안에 있다. 찬란함은 인간의 본성이며 우리 모두의 것이다.

결론

자기감사와 자기연민은 동전의 양면이다. 하나는 우리에게 즐거움을 주는 것에 초점을 맞추고, 다른 하나는 우리를 고통스럽게 하는 것에 초점을 맞춘다. 하나는 인간으로서 우리의 강점을 찬양하고, 다른 하나는 우리의 약점을 수용한다. 정말 중요한 것은 우리의 마음과 생각이 열려 있다는 것이다. 끊임없이 평가하고 비교하고 저항하고 집착하고 왜곡하는 게 아니라 우리는 그저 열려 있을 뿐이다. 그 모든 영광과 수치 속에서 우리는 우리 자신과 우리의 삶을 있는 그대로 보는 것에 열려 있다. 우리 자신을 포함한 모든 창조물에 대한 사랑에 예외 없이 열려 있다.

삶의 승리와 비극을 통과하면서 우리는 모든 것에 친절함을 가지고 공감한다. 우리는 모든 사람과 모든 것이 서로 연결되어 있음을 느낀다. 우리는 판단하지 않고 현재 순간을 알아차린다. 우리는 삶을 바꿀 필요 없이 삶의 모든 영역을 경험한다.

우리는 자신에 대해 좋게 느끼기 위해 완벽할 필요가 없고, 우리 삶은 우리가 만족하기 위해 어떤 특정한 방식일 필요가 없다. 우리 모두는 단지 연민과 감사 두 가지와 더불어 끊임없이 생겨나는 우리의 경험과 공감함으로써 회복하고 성장하고 행복해지는 능력을 가지고 있을 뿐이다. 만약 여러분이 상황을 바꿀 수 없고, 너무나 힘겹고, 우리 문화의 대항력이 너무 강하다고 느낀다면, 그 감정에 대해 연민하고 거기부터 시작하자. 각각의 새로운 순간은 근본적으로 다른 방식으로 존재할 수 있는 기회를 준다. 우리는 인간이 되는 기쁨과 슬픔을 모두 포용할 수 있으며 그렇게 함으로써 우리의 삶을 변화시킬 수 있다.

"좋거나 나쁘거나 둘 중 하나뿐인 과장된 이야기를 믿기보다는 우리는 실제로 존재하는 그대로 자신을 존경하고 수용해야 한다. 우리는 더 낫지도 더 못하지도 않다. 핵심은 균형과 조망을 가지고 있을 때 왜곡 없이 우리 자신을 볼 수 있다는 점이다. 태양이 뜨면 빛에 감사할 수 있고, 태양이 지면 어둠에 대해 연민을 가질 수 있다."

러브 유어셀프

Self Compassion: Stop Beating Yourself Up and Leave Insecurity Behind

초판 1쇄 인쇄 2019년 10월 15일
초판 1쇄 발행 2019년 10월 20일

지은이 크리스틴 네프
옮긴이 서광스님 · 이경욱
발행인 김진환

발행처 (주)학지사
발행처 이너북스 **주소** 서울특별시 마포구 양화로 15길 20 마인드월드빌딩
대표전화 02-330-5114 **팩스** 02-324-2345
출판신고 2006년 11월 13일 제313-2006-000265호
홈페이지 http://www.hakjisa.co.kr

ISBN 978-89-92654-53-1 03180
정가 16,000원

출판 · 교육 · 미디어기업 학지사

간호보건의학출판 **학지사메디컬** www.hakjisamd.co.kr
심리검사연구소 **인싸이트** www.inpsyt.co.kr
학술논문서비스 **뉴논문** www.newnonmun.com
원격교육연수원 **카운피아** www.counpia.com